중국 부자를 말한다

중국 부자를 말한다

박대훈 지음

경북대학교출판부

저자_박대훈(朴大勳)

저자 박대훈은 한양대학교 중어중문학과를 졸업하고, 베이징대학 국제관계대학원에서 국제정치학 석사 학위와 외교학 박사 학위를 받았다. 현재는 한양대학교 중어중문학과 겸임교수로 재직 중이다. 편저로 『생생 중국어 그림사전』을 출간한 바 있다.

중국 부자를 말한다

초판 1쇄 2015년 4월 30일 | **초판 2쇄** 2017년 3월 7일
지은이 박대훈 | **펴낸이** 김상동 | **펴낸 곳** 경북대학교출판부
출판등록 1973년 10월 10일 ㉣97호 | **주소** 대구광역시 북구 대학로 80
전화 053-950-6741~3 | **팩스** 053-953-4692
이메일 press@knu.ac.kr | **홈페이지** http://knupress.com
ISBN 978-89-7180-420-9 03320

정가는 뒤표지에 있습니다.
파본은 바꾸어 드립니다.

머리말

바야흐로 중국의 시대가 다가오고 있다. 우리에게 낯설게만 느껴졌던 팍스 시니카(Pax Sinica, 팍스(Pax)는 평화, 시니카(Sinica)는 중국이라는 의미로, 중국 중심의 세계 질서를 뜻함), G2(현재 정치·경제적으로 세계 2대 강국인 미국과 중국을 함께 일컬음), 차이메리카(Chimerica, 중국(China), 미국(America)의 영어 합성어로, 미국과 중국의 경제적 상호 의존·보완 관계를 상징하는 신조어), 브릭스(BRICS, 브라질(Brazil), 러시아(Russia), 인도(India), 중국(China), 남아프리카(South Africa) 공화국의 영문 첫 자모를 따서 만든 신조어로, 21세기 세계 경제의 새로운 동력으로 부상하고 있는 신흥 5개국을 일컬음), 친디아(Chindia, 중국(China)과 인도(India)를 함께 일컫는 신조어) 등의 용어들이 어느 순간부터 자연스레 회자되고 있고, 사람들은 중국의 비상을 당연시하고 있다. 중국이 미국에 버금가는 영향력을 가진 국가가 될 것이라는 예측은 점차 사실이 되어 가고 있다. 주지하는 바와 같이 21세기 중국의 국제적 위상 강화는 1979년의 개혁개방으로 대표되는 경제 정책 성공을 바탕으로 하고 있어서, 성공한 중국 기업가의 성공 스토리와 중국인의 경제 마인드에 관한 관심 역시 폭발적으로 늘고 있다. 현재 우리가 국제사회에서 체감하는 중국의 위상을 감안한다면 이러한 관심은 당연하다 할 수 있다.

우리는 '성공한 부자' 하면 스티브 잡스, 빌 게이츠 등과 같은 서구의 기업가들을 자연스레 떠올린다. 우리는 21세기 중국의 부상과 중국 기업가에 대해 막연하게 그 중요성을 인지하고 있지만, 세계의 성공 스토리와 경영의 지혜, 상인 정신에 관해서는 여전히 서구인들을 떠올린다.

이런 현실을 마주하고 있노라면 여러 가지 궁금증이 꼬리에 꼬리를 물고 생겨 난다. 예를 들면 이런 것이다. 중화제국의 화려한 역사 면면을 고려한다면 그 속에 우리가 주목하고 기억할 만한 성공한 부자의 철학과 경영 비법이 많이 존재하지 않았을까? 중국은 과거 수천 년 동안 세계 최대의 경제대국이지 않았는가? 그리고 우리는 그동안 현실 생활에서 자연스레 중국인들의 상인 기질을 언급하고 그들의 경제적 수완과 특유의 감각을 당연하게 인정하고 있지 않았던가? 실제 중국은 아편전쟁 이후 대략 150년 정도만 세계사의 변방 국가로 자리 잡고 있었을 뿐, 그 외 대부분의 시간 동안은 세계사의 중심 국가 역할을 하지 않았던가? 그리고 이제 굴욕의 역사를 거쳐 21세기에 이르러 세계에서 둘째 가는 경제대국으로 우뚝 서고 있지 않은가?

이러한 겹겹의 질문에 대한 답을 찾아 가는 과정이 바로 이 책 『중국 부자를 말한다』이다. 적을 알고 자신을 알면 백전백승이듯, 세계 최대의 경제대국으로 부상하고 있는 중국을 이해하고 뛰어넘기 위해서는 과거부터 현재까지 중국 부자들의 삶과 철학을 살펴보는 것이 무엇보다 중요하다고 생각한다.

『중국 부자를 말한다』는 다음 물음과 함께 역사 속 중국 부자 탐험에 나선다. 세계적으로 유명한 중국인의 상인 정신은 어떻게 형성되었을까? 중국인은 왜 돈을 열심히 벌려고 하는가? 역사 속 중국의 부자로는 누가 있었을까? 역대 중국 부자의 인생 역정은 얼마나 극적이었을까? 그들의 성공 비법은 무엇이었을까? 혹시 역사를 관통하는 중국인의 경제 마인드가 있지는 않을까? 만약 있다면, 과연 어떤 모습으로 표현되고 있을까? 중국의 전통적 경제 사상은 현대 중국 경제의 발전 과정에서 어떻게 구체화되고 있는가? 현대의 성공한 중국 기업가들은 이를 어떻게 활용하여 성공하였을까? 과거 중국의 부자와 현대 중국의 기업가들은 어떤 점이 유사하고 어떤 점이 상이할까?

『중국 부자를 말한다』는 크게 3부로 구성하였다.

먼저 제1부에서는 본격적으로 중국의 부자를 이야기하기 전에 우리가 이해해야 할 중국인의 부에 관한 배경지식과 경제문화에 대해 소개하였다. 과거와 현재의 중국 위상 변화, 부에 대한 중국인의 철학, 생활 속에 자리하는 중국인의 경제의식과 신념을 다루고, 재물신이 중국인에게 의미하는 바와 대표적인 재물신에 대해 조명한다.

제2부는 중화제국 시기의 중국 부자 이야기이다. 여기서부터 본격적으로 역대 중국의 부자들을 조명한다. 먼저 역사 속 부자 이야기를 다룬 사마천의 『사기』「화식열전」에 나타난 인물을 통해 고대 중국의 부자들을 살펴본다. 이어 명·청대 중국의 독특한 상업문화인 상방이 형성된 과정과 대표 상방 상인들의 이야기를 살펴본다.

제3부에서는 아편전쟁과 중국의 반(半)식민지화 과정, 신중국(新中國)의 성립, 개혁개방 시기를 거치면서 명멸해 간 다양한 부자와 기업가들을 시대·유형별로 분류해서 살펴본다. 먼저 중화제국의 몰락의 직접적인 원인이 되었던 아편전쟁을 전후하여 격변의 시대를 기회로 삼아 부자가 된 인물들을 소개한다. 또한 중화제국의 몰락이 근대화의 출발점

이 되는 과정에서 자생적으로 생겨난 기업가에 대해서 살펴본다. 그리고 1949년에 공산당 주도로 중화인민공화국이 성립된 이후 사회주의 국가에서 부자를 보는 관점과, 이 시기 대표적인 홍색자본가(紅色資本家)로 불린 기업가인 룽이런(荣毅仁) 일가의 이야기를 살펴본다. 마지막으로 중국이 다시 세계의 중심으로 돌아오게 된 직접적인 계기인 개혁개방 정책의 의미를 조명하고, 개혁개방 정책 실시 이후 중국에 다양한 형태의 부자들이 출현하게 되는 과정을 소개한다. 제8장은 관료 출신 기업가, 제9장은 해외 유학파 기업가, 제10장은 중국만의 색깔로 승부를 걸어 성공한 기업가, 제11장은 또 하나의 중국인 타이완과 홍콩의 기업가, 제12장은 태자상(太子商)과 여성 기업가에 관한 내용이다.

아울러 부록에서는 중국 공산당 기관지인 「런민르바오(人民日報)」가 2006년에 선정한 역대 중국의 최고 부자들을 소개하여, 역사 속 중국 부자들의 유형과 그들의 축재 방법을 관련 일화와 사례를 통해 쉽게 이해할 수 있도록 구성하였다.

중국이란 나라는 한마디로 설명하기 어렵다. 왜냐하면 세상 그 어떤 나라도 경험하지 못한 다양한 사상과 철학, 사회체제가 공존하는 나라이기 때문이다. 중국은 유학을 비롯한 제자백가의 사상적 토대가 존재하는 나라이며, 동시에 공산당이 주도하는 사회주의 체제를 유지하고 있는 나라이다. 게다가 1979년 개혁개방 정책을 실시한 이래로 정치적으로는 사회주의를, 경제적으로는 자본주의를 운용하는 독특한 형태의 국가체제를 형성해 왔다.

2014년 10월 21일 현재, 인터넷 검색 사이트인 구글에서 '중국'이라는 검색어를 치면 연관 자료가 4,920만 개나 검색된다. '미국'의 8,130만 개에 비할 수는 없지만, 1990년대 후반에 알리바바의 창업자인 마윈이 미국을 방문해서 처음으로 인터넷 검색창에 'China'를 검색했을 때 'NO DATA'라는 표시가 떴던 것을 감안하면, 중국이 얼마나 빠른 속도로 성장하고 있는지를 실감할 수 있는 대목이다.

미국 월가의 전설적 투자가인 짐 로저스(Jim Rogers)는 21세기 중국의 부상을 단언하고 자신의 딸에게 자신이 줄 수 있는 최대의 선물은 바로 중국어를 가르치는 것이라고 말한 바 있다. 미래는 중국의 시대임을 예감한 말이다. 많은 이들이 성공을 위해 중국을 공부하는 시대를 넘어 생존을 위해 중국을 공부하는 시대가 오고 있다. 부족하지만 이 책을 통해 중국에 대한 독자 여러분의 갈증이 조금이나마 해소되기를 진심으로 기대한다.

2015년 4월

박대훈

목차

제1부

중국인, 부에 눈뜨다

제1장

부자 중국과 중국의 부자

부자 나라 중국의 영화와 몰락

우리는 상품의 매매 또는 교역 활동에 종사하는 사람을 관습적으로 '상인(商人)'이라 불러 왔다. 이와 상응하여 그들이 종사하는 직업을 '상업(商業)'이라고 부른다. '상업(商業)', '상인(商人)'이라는 단어의 유래는 중국 상(商)나라에서 비롯된 것이다. 3천 년 전, 무왕(武王)은 상(商)나라의 주(紂)왕을 토벌하고 주(周)나라를 세웠다. 나라를 잃은 상나라 사람들이 설 땅이 없어지자 호구지책으로 선택한 것이 장돌림이었다. 이들은 세상 각지를 떠돌며 행상을 하여 생계를 유지하기 시작하였고, 이로부터 장사하는 사람들은 상나라 사람, 즉 '상인(商人)'이라고 불리게 되었다. 또한 상인이 종사하는 매매활동은 자연스럽게 '상업(商業)'으로, 그들이 매매하는 물건은 상나라 사람의 물품이란 뜻으로 '상품(商品)'이라 불리게 된 것이다.

일반적으로 경제력은 부(富)의 또 다른 이름이다. 중국은 당나라와 송나라 때에 이미 세계 제일의 강대국으로 자리 잡고 있었다. 실제로 북송 시기에 중국의 GDP 총량은 현재 기준으로 대략 265.5억 달러에 달해 전 세계 경제총량의 60%를 차지하고 있었다고 한다. 또한 북송 시기에 중국인의 일인당 평균 GDP는 2,280달러였다고 하는데, 당시 서유럽의 일인당 평균 GDP는 불과 427달러였고, 이후 제1차 공업혁명을 거친 영국인의 1인당 평균 GDP가 1,250달러 수준이었다고 하니, 북송 시기에 중국의 경제력이 어느 정도였는지 쉽게 가늠할 수 있다.

일반적으로 세계 최강의 국가가 되기 위해서는 단순한 경제 성장이나 커다란 경제 규모만으로는 부족하다. 영국의 런던학파 학자들은 한 나라가 강대국이 되기 위해서는 반드시 재화를 힘으로 전환하는 능력을 구비해야 한다고 하였다. 이러한 능력을 배양하기 위해서는 먼저 해양자원에 대한 통제력을 갖추어야 하며, 이를 통해 최상의 자원 배치를 실현하고, 자국의 이익을 극대화하는 능력을 구비해야 한다는 것이다. 역사적으로 보면 포르투갈, 스페인, 네덜란드, 영국이 그랬고, 현재의 미국이 이러한 능력을 활용하여 세계적인 강국이 되었다.

이는 현대에 와서도 마찬가지이다. 미국의 정치지리학자 사울 B. 코엔(Saul B. Cohen)도 현재 전 세계에서 가장 영향력이 큰 G8(Great 8) 국가는 모두 해양국가라고 지적하였다. 과거 중국 역시 세계 최고 수준의 조선기술을 바탕으로 해양국가의 면모를 과시하였다. 송대 중국의 조선기술은 매우 앞서 있었다. 송나라와 통상을 한 나라는 무려 50여 개국에 달하였다. 당시에 중국은 탁월한 선박 제조 기술과 세계 최고 수준의 항해기술을 보유하고 있었다. "항해사가 지리를 알아, 밤이면 별을 살펴 보고, 낮이면 해를 관찰하며, 날씨가 흐릴 때는 나침반을 사용하였다."라는 기록이 전해져 온다. 이러한 중국의 조선기술은 명 영락제(永樂帝) 3년인 1405년에 정화(鄭和)가 남해원정을 떠날 무렵 최고조에 이르렀다. 정화의 원정선은 길이가 44장(丈) 4척(尺), 넓이가 18장에 이르러, 당시 세계 최대의 선박이었다고 한다. 이를 현재 표기로 환산해 보면, 길이 151.18미터, 넓이 61.6미터로, 사람 천 명을 수용할 수 있는 크기이다. 당시 명나라는 선박 제조 기술, 함대의 규모, 항해 거리, 연속 운항 시간, 접촉 영역 등의 분야에서 동시대의 서구를 월등히 앞서고 있었다.

학자들은 정화의 남해 대원정으로 인한 무역거래가 명나라 정부에 가져다준 이익이 적어도 금 이삼십만 냥, 은 천만 냥 수준으로, 이는 송(宋)·원(元) 시기 시박사(市舶司, 현재의 세관에 해당하는 기구) 수입의 십여 배는 족히 될 것으로 추정한다. 그러나 명나라는 이러한 해양 기술의 우세를 국가의 장기적인 이익으로 연결시키지 못하고, 오히려 자국 상선의 해외 출항과 외국 상선의 중국 연해 진입을 금지하는 해금(海禁) 정책(중국에서 해상 무역을 금지하는 정책을 말함. 밀무역을 단속하고 치안을 유지하기 위해 실시한 제도로, 1397년에 명 초기 법률로 공포되었다)을 실시하여 해외 무역을 위축시키는 결과를 초래하였다. 그리하여 정화가 주도했던 해상활동은 1434년에 이르러 거의 전무한 실정이 되었다. 물론 이는 중국과 대륙 서북부에 위치한 몽고족과의 관계, 그리고 명나라의 수도 천도와 관계가 있었다. 명나라는 제3대 황제인 영락제 때인 1407년에 수도를 베이징으로 옮겼다. 명나라가 변경과 가까운 베이징[1]으로 수도를 천도한 것은 몽고인의 외부 위협에 대응하기 위함이었다. 그리고 1411년에 대운하(大運河)를 다시 개통하였다. 이는 장강(長江) 유역의 풍부한 물산인 쌀 등을 멀리 떨어진 베이징과 변경지역에 공급함으로써 연해 해상 상권과 바다 상인, 해군에 대한 의존도를 낮추기 위함이었다. 남부의 해상 이익집단과 북부의 대륙 이익집단 간의 정치·경제적 충돌은 점차 북부에 유리한 방식으로 해결되기 시작하였다. 이와 동시에 연해의 일본과 중국 해적들의 날이 갈수록 심해지는 밀수행위는 오히려 내륙 이익집단의 세력을 강화하는 계기가 되었고, 결과적으로 정부의 해상 상업 활동에 대한 추가적 제한 조치가 내려졌다. 1567년에 이르러서야 푸젠(福建)을 중심으로 하는 남부 이익집단의 요구에 의해 겨우 제한 조치가 해제되었다.

이후 청나라 때는 군대가 직접 세관을 관리하여 보다 엄격한 해금 조치를 실시하였다. 청대 초기에 정부는 반청 해상세력을 봉쇄하기 위해 관민의 사사로운 출항을 금지하였으며, 이를 어기는 자는 사형에 처하였고, 해안가에 제방을 쌓고 나무 울타리를 세워 곳곳에 방위 조치를 취하고 허가 없이 들어가지 못하게 하였다. 후에는 연안 지역 주민들을 육지로 강제 이주시켰으며, 강희(康熙) 연간에는 어촌 주민을 육지로 50리 이동시키고 가옥을 모두 불살라 버리기도 하였다.

이러한 청의 쇄국정책(鎖國政策)은 건륭제(乾隆帝) 시기에 이르러

1 이 책에서 언급되는 중국어 지명, 인명은 외래어표기법에 의거하여 표기하였다. 다만, 중국의 근대화 이전 시기와 신해혁명 전후의 인명과 지명 등은 어감과 상황 등을 고려하여 한자어로도 표기하였음을 알려 둔다.

본격적인 변화에 직면하게 된다. 영국이 중국과의 무역을 위해 1793년에 매카트니(Macartney) 백작을 외교사절로 중국에 파견하여 무역을 요청한 것이 계기가 된 것이다. 당시 매카트니 백작은 영국의 전권사절로 95명의 수행원과 600상자의 예물을 가지고 베이징에 입성하였다. 이에 청조는 황제를 알현하는 것이므로 신하의 예로 세 번 무릎을 꿇고 아홉 번 머리를 조아리는 예절인 삼궤구고두(三跪九叩頭)를 할 것을 요구하였다. 당시 매카트니 백작은 이를 거부하여 만남이 실현되지 않을 뻔했으나, 결국 건륭제는 복잡한 절차를 생략하고 보통의 예절로 알현하는 것을 허락하였다. 황제와의 만남에서 매카트니는 톈진(天津)과 닝보(寧波)에 무역항을 개설하고 영국 상선의 유지와 보수를 위해 섬을 대여해 달라고 요청하였으나, 건륭제는 청에 부족한 게 없다는 이유로 이를 거절하였다. 당시 중국은 조공(朝貢) 형태의 무역은 허락할 수 있어도 대등한 관계의 무역은 거절하였는데, 이는 중국이 여전히 천하의 중심이라는 자부심에 근거한 것이었다. 건륭제가 다스리던 청나라는 1750년 당시에 전 세계 GDP의 32%를 차지하는 세계 최강대국이었다. 그러나 이러한 중국의 자부심은 불과 100년이 지나지 않아 처참하게 무너지게 되는데, 그 계기가 바로 아편전쟁(阿片戰爭)이다.

아편전쟁은 중국 근대화의 시작이자 중화제국 몰락의 기점이다. 당시 영국은 산업혁명을 끝내고 중국을 교역의 대상으로 삼았지만, 무역에서 이익을 내지는 못하고 있었다. 영국은 중국에 모직물, 시계, 완구류, 향료, 인도 면화 등을 수출하였고, 중국은 영국에 비단, 차, 도자기, 난징 목면 등을 수출하였다. 당시의 무역 형태는 물물교환이었고, 일대일 교환이 어려운 나머지 상품대금은 은(銀)으로 지급하였다. 18세기 후반에 이르러 중국의 차(茶)가 영국인의 기호품이 되면서 영국의 차 수입이 폭발적으로 증가하였다. 이에 영국 측에서는 차 구입에 필요한 은이 부족하게 되었고, 영국의 무역상들은 손해가 심각한 상황을 타파하기 위하여 동인도 회사에서 생산된 아편을 중국에 밀수출하기 시작하였다. 1773년 당시 중국에 밀수출된 아편은 약 1천 상자에 불과했으나, 1821년에는 6천 상자로 증가하였고, 1839년에는 무려 4만 상자에 이르렀다. 당시 아편 1상자는 100명이 1년간 피울 수 있는 양으로, 1839년에 중국으로 밀수출된 아편이 4만 상자라는 것은 무려 4백만 명의 아편 중독자가 있었다는 것을 의미한다. 아편 중독과 더불어 심각한 문제가 발생하였다. 중국의 수입상들이 아편 구입을 위해 대량의 은을 지불하게 되면서 중국 내 은값이 폭등하게 되었다는 점이다. 당시 청나라는 세금을 은으로 거두고 있었으므로 은값의 폭등은 농민이나 자영업자들이 몇 배의 세금을 더 내게 되었다는 것을 의미한다. 당시에 청나라 관리들은 막대한 뇌물을 받고 아편 밀수를 허용하여, 아편이 심각한 사회문제로 대두되었다.

아편의 유입에 대한 청나라 정부의 입장은 완화론(緩和論)과 엄금론(嚴禁論)으로 나뉘었는데, 해마다 아편 금지의 목소리가 높아짐에 따라 도광제(道光帝)는 임칙서(林則徐)를 흠차대신(欽差大臣, 황제가 특정 사건을 해결하기 위해 전권을 부여한 3품에 해당하는 특별직책)으로 임명하여 광저우(廣州)에 파견하고 아편 금지에 대한 전권을 부여하였다. 이에 임칙서는 1839년에 후먼(虎門)에서 2만 2천 상자의 아편을 압수하여 바다에 뿌리고 석회를 흘려 폐기 처분하였다.

청나라의 이러한 대응에 대해 영국은 1840년 6월에 조지 엘리어트(George Eliot)를 총사령관으로 하여 16척의 군함과 4천 명의 해군을 마카오에 파견해 샤먼(廈門)을 공격하고 북상하여 베이징을 위협했다. 또한 광저우, 상하이(上海), 난징(南京)을 순차적으로 공격하여 역사적인 난징조약을 체결하게 된다. 영국과의 난징조약 체결을 통해 청나라는 홍콩을 영국에 할양하였고, 전쟁 배상금과 아편 보상금으로 2,100만 불을 배상하였으며, 광저우, 샤먼, 푸저우(福州), 닝보, 상하이의 5개 무역항 개방을 약속하였고, 대등한 무역관계 유지와 무역상의 안전을 보장하였다.

아편전쟁에서의 패배 이후, 중국은 서구 열강들과 수많은 불평등 조약을 체결하게 되어 정치·외교적 자주권을 상실하고 반(半)식민지 국가로 전락하였다. 경제적인 면에서도 영국을 비롯한 서구 열강의 자본주의 경제가 본격적으로 중국에 유입되면서 중국의 봉건 경제체제가 점진적으로 붕괴되었으며, 이 결과로 산업, 무역, 운수의 기반이 외국인에 의해 독점되고 중국 상인은 외국 상인의 하수인으로 전락하였다.

이렇게 해서 중국은 외세의 침입과 내부 분열 상황 속에서 극도의 혼란을 겪게 되고, 동시에 수천 년간 이어 왔던 세계사의 중심이라는 자부심도 잃어 갔다. 단, 경제 활동의 형식에서는 이러한 상황이 과거의 구식 상업 활동의 근본적인 개혁에 도움이 되어 근대적 경제 활동으로의 변화를 촉진하는 계기가 되었다. 중국의 상인도 아편전쟁을 계기로 구식 상인과 신식 상인으로 구별되었다.

아편전쟁 패배의 대가는 상상을 초월하였다. 중국은 1840년 이후

1979년 개혁개방 정책의 전면적인 실시로 세계 무대에 복귀하기까지 무려 140여 년간 세계사의 변방 위치에서 벗어나지 못하게 되었던 것이다.

21세기 부자 나라 중국 - G2의 시대

2007년 9월 1일, MBC는 한·미·일 공동 프로젝트로 2부작 〈메이드 인 차이나 없이 살아보기〉라는 다큐멘터리 프로그램을 방송하였다. 2007년 7월 23일부터 8월 22일까지 한·미·일 3개국의 일반 가정을 대상으로 집에 있는 물건 중에서 중국산으로 확인된 것은 모두 빼내어 프로젝트 완료 시점까지 사용할 수 없도록 조치한 후 그들의 생활을 살펴보기로 한 것이다. 집에서 없어진 물건을 대체하는 제품 구입은 가능하나 중국산 제품은 안 되며, 외부 생활—예를 들어 휴가나 외식의 경우—에도 동일한 규칙을 적용하는 방법으로 실험을 진행하였다. 한국 가정의 경우, 엄마는 집에서 사용하는 중국산 컴퓨터 모니터 때문에 이메일을 보내기 위해 아이를 들쳐 업고 순수 한국산 제품만 사용하는 PC방 순례에 나서는가 하면, 비 오는 날 중국산이 아닌 우산을 구하지 못해 딸 자매가 기저귀 가방을 둘러메고 세탁소 세탁 비닐을 뒤집어쓰고 뛰는 등 중국산 제품이 없어서 고군분투하는 장면이 방영되었다. 일본의 경우, 1박 2일에 걸쳐 집에서 찾아낸 중국산 물건은 전체 물건의 70%에 달했고, 전등과 신발을 압수당해 컴컴한 상태로 집에서 맨발로 버티기도 하고, 35도가 넘는 폭염에도 에어컨 없이 생활하는 상황이 발생하였다.

미국의 경우, 역시 LCD TV, 컴퓨터 등 가전제품의 80%가 중국산으로 판명되었으며, TV 보는 게 낙인 아빠, 커피가 없으면 하루도 못 지내는 엄마, 컴퓨터가 인생의 전부인 딸, 장난감 없이는 잠시도 못 견디는 아들의 고군분투 과정이 소개되었다. 이와 같이 중국산 제품은 우리가 알지 못하는 사이에 우리의 삶을 지배하고 있다.

지금과 같은 중국의 비약적 성장과 국제사회에서의 위상은 과거 140년간의 굴욕의 역사를 뒤로하고 국가 차원의 노력을 수십 년간 경주해 온 노력의 결과이다. 아편전쟁 이후로 세계 최강국의 지위를 박탈당하고 반식민지 국가로 전락한 중국은 중화인민공화국이 성립된 1949년에는 전 세계 GDP의 2.9%밖에 차지하지 못할 정도의 약소국으로 전락해 있었다. 거대 잠룡 중국의 새로운 부상은 이후 1978년 12월의 중국 공산당 제11기 3중 전회를 통해 개혁개방 정책이 본격화됨으로써 시작되었다. 중국 정부는 먼저 대내적으로 경제체제의 개혁을 결정하고 대외적으로 개방 정책을 실시하였다. 1980년부터는 광둥성(廣東省)의 선쩐(深圳), 주하이(珠海), 샨터우(汕頭) 등 5개 지역에 경제특구를 설치하고 외자를 적극적으로 유치함으로써 본격적인 경제 부흥을 위한 기반을 마련한다. 또한 중국은 2001년의 WTO(World Trade Organization, 세계무역기구) 가입을 계기로 과거의 비교적 수동적이고 내부 지향적이었던 경제체제에서 개혁개방 20년 동안 축적된 내부 역량을 바탕으로 본격적인 세계화를 추진하였다. 이는 중국이 더 이상 아시아의 변방 국가가 아니라 국제사회에서 지도적 역할을 하는 중심 국가로 변모하고 있음을 보여 주는 것이었다. 이러한 개혁개방 30여 년의 분투를 통해 중국은 명실상부한 글로벌 초강대국으로 부상하고 있다. 몇 가지 지표만 살펴보더라도 중국이 이미 세계 중심 국가의 반열에 올라섰음을 다음과 같이 알 수 있다.

첫째, 경제력과 관련된 각종 지표에서 중국은 신속히 세계 최강대국의 위치에 접근하고 있다. 중국의 1인당 GDP(국내총생산)는 2002년에 1,135달러에 불과하였으나, 2011년에는 5,042달러, 2013년에는 6,359달러에 이르러, 10년 사이에 5배나 성장하였다. 국가 전체 GDP 규모 역시 2002년의 1조 4,538억 달러에서 2011년에는 7조 3,185억 달러까지 폭발적으로 증가하였다. 2002년에 중국의 GDP는 전 세계 대비 4.4%로 미국 GDP의 14% 수준에 불과하였으나, 2011년에는 전 세계 GDP의 10%, 미국 GDP의 49%에 도달하여, 중국이 세계 2대 경제대국으로 성장하였다. 2010년에 2분기 GDP를 기준으로 일본을 제치고 세계 제2위의 경제대국이 된 중국은 2011년에는 GDP가 7조 3,000억 달러로 일본의 GDP 5조 9,000억 달러와 격차를 벌려 놓았다. 같은 기간에 중국의 수출입 역시 연평균 10%를 상회하는 속도로 증가하여 2001년의 5,097억 달러에서 2011년에는 36,420억 달러로 7배 이상 증가하였다. 영국 경제신문 「파이낸셜타임스(Financial Times)」는 2014년 5월에 세계은행이 주관한 국제비교 프로그램(ICP)과 국제통화기금(IMF) 자료를 분석하여 중국 경제가 구매력평가기준(PPS)을 기준으로 2014년 연말에 미국을 제치고 세계 최대의 경제대국이 될 것으로 전망하였다. 구매력평가기준(PPS)은 실제 상품가격을 반영하고 변동성이 높은 환율도 적용하여 그 신뢰도를 인정받고 있는데, 중국이 미국을 제치고 세계 최대 경제대국으로 부상할 경우에, 1872년에 미국이 영국을 제치고 세계 최대 경제대국으로 발돋움한 이래 142년 만에 세계 최대 경제대국의 자리가 바뀌게 되는 것이다.

둘째, 중국의 군사력 역시 글로벌 2대 강국으로 급속히 부상하고 있다. 중국의 국방비 지출은 2002년의 225억 달러에서 2011년에 899억 달러에 이르러 미국에 이은 세계 제2위의 자리를 확고히 하고 있다. 중국은 자체 항공모함인 랴오닝(遼寧)함을 2012년 9월에 실전 배치하였다. 중국은 그동안 육군 병력은 지속적으로 감축해 왔지만, 이와 비례하여 1989년부터 매년 군사비를 14%에서 17%로 증액시켜 군의 현대화를 지속적으로 추진해 왔다. 영국 군사 분석 기관 IHS 제인(IHS Jane)은 2000년대에 접어들어 중국이 스텔스 전투기 젠-20, 대항모 미사일 둥펑(東風) 21을 이미 개발하였다며, 2012년에 1,200억 달러 수준이던 국방비를 2015년에는 2,380억 달러로 증가시킬 것으로 예상하였다. 실제 중국의 국방비 지출이 GDP에서 차지하는 비중은 2011년의 1.51%에서 2012년에 2.18%로 늘어났다. 중국의 국방비 지출 증가율은 GDP 증가율의 2배 이상이며, 한국과 일본, 인도의 군사비를 합친 것과 비슷하다. 중국의 군사비 지출은 미국의 2010년 예산 6,980억 달러에 비하면 6분의 1 수준이지만 주변 국가들에 비해 충분히 영향력을 발휘할 수 있는 수준까지 부상하였음은 부인할 수 없는 사실이다.

셋째, 과학기술 분야에서도 중국은 명실공히 세계적 수준에 도달하였다. 개혁개방의 성과하에 중국은 1992년 921계획을 발표하여 본격적인 과학대국의 길을 모색하였다. 이후 국가 우주정책을 주관하는 국가항천국(CNSA)과 우주선 로켓 개발을 담당하는 항천공업공사(CASC)를 설립하여 우주계획을 구체화하고, 1995년에 러시아와 유인위성에 대한 기술협정을 체결하여 우주사업의 기반을 마련하였다. 뒤이어 중국은 1999년 11월 20일에 최초의 무인 우주선을 성공적으로 발사하고, 2003년에는 유인 우주선 발사에 성공하였다. 특히 중국은 2012년 6월 18일에 미국, 러시아에 이어 세계 세 번째로 유인 우주선 선저우(神舟) 9호와 실험용 우주정거장 톈궁(天宮) 1호의 유인 우주선 도킹에 성공함으로써 전 세계에 과학대국의 면모를 아낌없이 보여 주었다. 이 밖에도 중국은 2012년 6월에 심해잠수정 자오룽(蛟龍)호가 세계에서 다섯 번째로 해저 7,000미터까지 도달하는 데 성공하는 등, 세계 제2위의 경제력을 바탕으로 과학굴기(科學屈起)를 본격화하고 있다.

넷째, 중국은 세계 최대의 외환 보유국으로, 이는 중국이 실질적인 세계 최고의 부자 나라가 되었음을 말해 준다. 현재 중국은 엄청난 양의 외환을 보유하고 있을 뿐만 아니라 재정 역시 다른 강대국들에 비해 아주 양호한 수준이어서 급격한 경제위기에 빠질 가능성도 상대적으로 낮다. 중국은 2011년을 기준으로 31,811억 달러를 보유하여 세계 최대 외환 보유국이 되었다. 전문가들은 중국의 외환 보유고 중에서 70%가 미국에 투자되었으며, 이 중에서 미국 국채만도 1조 달러에 달할 것으로 추정하고 있다. 외환 보유뿐만 아니라 중국의 재정 역시 미국, 일본, EU 국가들에 비해 매우 건전한 편이다. 중국의 GDP 대비 정부 부채 비율은 19% 수준으로, 일본의 그것이 80% 수준인 것과 비교하면 중국의 재정 안정성이 어느 정도인지 쉽게 가늠할 수 있다.

중국이 외환 보유량을 지속적으로 증가시키는 것은 중국의 무역수지 흑자 구조의 지속적 확대라는 외형적 원인 외에도 청대 말기 이후 반복되었던 경제공황 상태에 대한 역사적 경험과 교훈에서 비롯되었다고 할 수 있다. 과거 청대 말기 중국은 과도한 빚으로 반(半)식민지화를 재촉한 뼈아픈 경험이 있었다. 특히 1901년의 의화단 봉기 때 러시아, 미국, 프랑스, 영국, 일본군이 연합하여 의화단을 몰아내고 청나라와 불평등 조약을 맺어, 청나라에 무려 4억 1천만 냥에 해당하는 배상금을 지불할 것을 강요하였다. 당시 청나라의 연간 세입이 2억 5천만 냥임을 감안하면 이는 실로 천문학적 금액이었다. 과도한 배상금에 더해 중국은 1940년 말까지 연간 4%의 이자를 치르며 39년간 거의 10억 냥에 해당하는 배상금을 갚게 되었다. 이를 위해 정부는 과도한 세금을 징수하였고, 관리들은 부패하였으며, 백성들은 고통에 신음하여 국가의 쇠망을 재촉하게 되었다. 과거 이러한 역사적 경험은 중국 정부가 대외관계와 경제 정책을 운용하는 데 기본적인 지침 역할을 하여 국가 자산을 지속적으로 확충하게 하는 계기가 되었다.

과거 역사의 교훈 아래 중국은 현재 3조 달러 이상의 외환을 보유하고 있다. 이는 중국이 부자 나라의 길로 접어들고 있음을 역설적으로 보여 준다. 중국의 외환 보유액 3조 달러는 원화로 따지면 약 3,300조 원에 해당한다. 이 금액을 쉽게 설명하자면, 중국은 자국의 외환 보유액 절반만 가지고도 2012년 기준 우리나라의 모든 상장기업 주식과 채권(각각 1,000조 원)을 살 수 있다. 2011년에 영국의 경제 주간지 『이코노미스트(The Economist)』는 중국이 3조 달러의 외환 보유액으로 살 수 있는 가상 기업 쇼핑 리스트를 발표하였다. 이에 의하면, 우선 이 돈으로 유럽 재정위기를 단번에 해결할 수 있다고 한다. 스페인, 아일랜드, 포르투갈, 그리스 등 재정위기를 겪고 있는 유럽 국가들이 발행한 국채를 다 합해도 1조 5,100억 달러밖에 안 된다. 둘째, 2011년 4월을 기준으로 중국은 외환 보유액의 3분의 1을 사용하여 애플, 마이크로소프트, IBM, 구글 등 미국의 4대 IT 기업을 모두 인수할 수 있다. 이들 4개 기업의 시가 총액이 9,160억 달러에 불과하기 때문이다. 셋째, 만약 중국이 부동산에 눈을 돌리게 된다면 외환 보유액의 6분의 1만을 사용하여 미국 맨해튼과 워싱턴 D. C.의 부동산을 모두 사들일 수 있다. 맨해튼은 2,870억 달러, 워싱턴 D. C.는 2,320억 달러면 구매할 수 있다. 또한 중국의 외환 보유액은 2011년 기준으로 전 세계에서 생산되는 모든 석유의 88%를 사들일 수 있는 금액이며, 미국 농경지 전부를 사들인다 해도 1조 달러가 남을 정도이다. 놀라운 것은 중국의 외환 보유액이 해마다 급속한 속도로 증가한다는 점이다. 중국의 외환 보유액은 1996년에 처음 1,000억 달러를 넘어선 뒤 10년 만인 2006년 9월에 1조 달러를 돌파했다. 그리고 4년 반 만에 다시 3조 달러를 돌파했다. 중국은 수출을 통해 막대한 무역 흑자를 거둠과 동시에 외국인 직접 투자와 핫머니 등을 통해 지속적으로 외환 보유액을 늘려 왔다.

결과적으로 세계 최대 외환 보유국인 중국이 머지않아 세계적인 부자 나라가 될 것이라는 장밋빛 전망은 여전히 유효하다. 2012년 10월 10일에 세계적인 증권회사인 크레디트 스위스(Credit Suisse)는 중국이 5년 이내에 가계 자산을 기준으로 세계에서 두 번째 부자 나라가 될 것으로 전망하였다. 즉, 중산층의 자산 규모가 가파르게 증가해 중국의 가계

자산 가치가 2017년까지 18조 달러가 증가하여 총 38억 달러에 도달할 것이며, 중국이 일본을 제치고 미국에 이어 세계 제2위에 오를 것이라는 예측이다.

이렇게 중국은 과거 140여 년간의 침체기를 벗어나 21세기 미국과 더불어 명실상부한 글로벌 G2(Great 2) 국가로 분류되고 있다. 결과적으로 중국은 개혁개방 30여 년의 고도성장을 통해 이룩한 강력한 경제력을 기반으로 정치, 경제, 군사, 문화 등 다방면에 걸쳐 국제적 영향력을 행사하는 대국으로 발전하고 있다.

중국인이 본 중국 부자, 세계가 본 중국 부자

지난 2001년에 미국 경제 전문 일간지인 「월스트리트 저널(The Wall Street Journal, WSJ)」은 과거 천 년 동안 세계에서 가장 부유했던 50인을 선정하였는데, 중국인 여섯 명이 이에 포함되었다. 칭기스칸, 쿠빌라이, 유근(劉瑾), 화신(和珅), 오병감(伍秉鑒), 쑹즈원(宋子文)이 그들이다.

중국의 중앙 관영지 「런민르바오(人民日報)」 역시 2006년 10월 4일에 중국 역사상 최고의 부자를 1위부터 10위까지 발표했다. 「런민르바오」가 선정한 중국 역사상 최고의 부자 1위는 명(明)나라 정덕제(正德帝) 시절의 환관 유근이다. 그는 부패한 관리의 전형으로, 권력을 이용해 총 330톤의 황금과 8,050톤의 은을 뇌물로 수수했다고 전해지고 있다. 기록에는 청나라를 건국한 리즈청(李自成)이 베이징(北京)성을 함락시키고 1년 동안 전국에서 거둔 국가 재정 수입이 은 200톤이라고 알려져 있다. 이를 환관 유근이 받은 뇌물과 비교해 보면 유근의 치부 규모가 상상을 초월하는 액수임을 알 수 있다.

유근 이외에 「런민르바오」가 중국 역사상 10대 부자로 선정한 인물은 청나라 건륭제(乾隆帝) 때의 탐관오리인 화신, 민국 시대에 재정부장을 지내면서 미국의 원조를 받아 개인의 부를 축적한 쑹즈원, 청대에 동인도 회사와의 무역을 통해 부를 축적한 오병감, 한무제와의 특수한 관계를 이용해 동(銅) 탄광을 개발하여 당대 최고의 부자가 된 서한 문제의 측근 신하 등통(鄧通), 누이가 황후가 되면서 천문학적 재산을 축적한 동한의 외척 양기(梁冀), 춘추전국시대 조나라의 거상으로 진시황의 친부로도 일컬어지는 여불위(呂不爲), 서진시대 형주 지방에서 운송업을 통해 돈을 번 석숭(石崇), 원대 말, 청대 초기에 강남지방에서 무역을 했던 거부 심만삼(沈萬三), 춘추 말기 와신상담이라는 고사성어로 유명한 도주공(陶朱公) 범려(范蠡) 등이다. 중국 역사상 최고 부자들에 관해서는 부록에서 별도로 다루기로 한다.

중국이 이렇게 많은 부자를 배출해 낸 것은 과거 세계에서 차지하고 있던 중국의 경제적 위상과 직접적인 관련이 있다. 당(唐), 송(宋), 명(明), 청(淸)대를 거치면서 중국은 중화사상을 바탕으로 동심원적인 중화질서를 형성해 왔다. 국가 간의 무역은 조공(朝貢)의 형태로만 가능했으며, 국내 자급자족이 가능하였기에 해외 진출에 적극적이지 않았다. 그러나 중국은 1840년의 아편전쟁을 계기로 급격한 쇠락의 길을 걷게 된다. 서구 제국주의 국가의 반(半)식민지 국가로 전락한 중국은 이후

140년 동안 세계사의 변방에 위치하게 되고 갖은 굴욕을 맛보아야만 했다. 이런 고난의 역사를 겪은 중국은 1979년 개혁개방 정책의 본격적인 실시를 통해서야 비로소 국제 무대 중심으로 귀환하기 시작한다. 개혁개방 30여 년의 노력은 중국 경제 규모의 절대적인 확대, 성공한 기업가들의 출현, 국민 생활수준의 향상 등 다양한 성과를 이루었다.

그 결과, 2012년 4월 18일에 미국 경제잡지 『포브스(Forbes)』가 발표한 세계 2,000대 기업에 중국 기업은 136개가 포함되어, 미국과 일본에 이어 제3위를 차지하였다. 『포브스』의 세계 2,000대 기업은 기업의 매출액, 이윤, 자산 및 시장가치 등에 대한 종합적 평가를 통해 선정되었는데, 중국의 경우에는 2012년에 15개 기업이 새로 포함되었다. 세계 2,000대 기업에 속하는 중국 기업 대부분은 국영기업이며, 4대 은행, 2대 석유회사 및 전력회사가 상위권을 차지하고 있다. 그중에서 중국 공상은행(工商銀行)과 중국 석유화학(中國石化, Petro China)은 각각 5위와 7위에 선정되었다.

또한 『포브스』가 선정한 세계 500대 기업에서도 중국 기업은 76개로, 일본의 68개를 제치고 세계 제2위를 기록하였다. 중국 기업은 1995년에 처음으로 세계 500대 기업에 포함되기 시작했지만, 이후 급성장하여 2010년에 46개, 2012년 76개로 증가하고 있다. 한국 기업은 모두 68개사가 선정되었는데, 미국, 중국, 일본, 영국에 이어 세계 5위를 기록하였다. 이 중 삼성전자는 26위, 현대자동차는 96위를 기록하여 아시아 기업의 성장세를 대표하였다.

『포브스』는 2012년에 아시아·태평양 지역 최우수 50강(强) 상장기업 순위를 발표하였는데, 매출, 순익, 자본 수익률, 주가 추이, 발전 전망을 기준으로 매출 또는 시가 총액 30억 달러 이상인 상장기업이 평가 대상이 되었다. 평가 결과, 중국 기업이 총 27개로 1위를 차지하였고, 이 중 다섯 개 기업이 10위 내에 포진하였다. 구체적으로 중국 최대 검색 사이트인 바이두(百度)가 2위를 차지하였으며, 부동산 개발 업체인 바이리구어지(百麗國際)와 완커(万科) 그룹, 금융업체인 중신(中信) 증권 등이 10위권에 포진하였다.

기업의 규모 확대와 더불어 중국에서는 다양한 형태의 부자들이 급증하고 있다. 2007년 HSBC 은행과 상하이 푸단(復旦) 대학의 공동 조사 결과에 의하면, 중국에는 개인 소득이 2만 달러가 넘는 중산층이 3,500만 명을 넘고, 향후 10년 안에 수입이 7,500달러에서 2만 5,000달러에 달할 중산층이 1억 명에 이를 것이라 하였다. 2006년 말을 기준으로 100만 달러 이상의 현금 금융자산을 보유한 사람만도 34만 5,000명에 이르는 것으로 나타났다. 중산층으로 분류되는 중국 본토 개인 부자들의 평균 자산은 미화 500만 달러로, 아시아·태평양 지역 부자들의 1인당 평균 재산 330만 달러를 훨씬 웃도는 것이다. 이 가운데 3,000만 달러 이상을 소유한 사람들이 5,000명에 육박하며, 중국의 중산층이 소유한 재산 총액도 1조 7,300억 달러에 달한다.

중국에 대한 외국 전문기관들의 평가 역시 장밋빛 일색이다. 미국 경제 주간지 『포브스』는 1982년부터 10억 달러 이상 순자산을 소유한 개인을 발표해 오고 있다. 개인의 재산은 개인이 소유한 상장기업 및 사기업의 지분, 부동산, 그림, 보석, 요트, 비행기, 현금 및 채무액을 포함하여 추산하였다. 2011년에 『포브스』에서 발표한 세계 부자 순위에 따르면, 세계 억만장자는 1,210명(2010년에는 1,011명)이며 이들의 총 자산은 4조 5천억 달러에 이른다. 세계 억만장자 1인당 평균 자산은 37억 달러로, 2010년 대비 2억 달러가 증가하였다. 부호가 가장 많은 국가는 미국으로 413명이며, 그다음으로 중국이 115명이었다. 2011년의 세계 부자 순위의 특징은 아시아 부호의 증가, 특히 중국인 부호가 급격히 증가한 것이다. 아시아·태평양 지역의 억만장자 수는 2010년의 234명에서 2011년에 323명으로 증가하여 처음으로 유럽권 억만장자 수 300명을 뛰어넘었다. 특히 2006년부터 중국인 부자 수가 급격히 증가하여, 중국인 억만장자는 2010년에는 64명에서 2011년에는 115명으로 증가하였다.

2014년 3월 3일에 『포브스』가 발표한 세계 억만장자 리스트는 중국의 약진이 얼마나 무서운지를 보여 준다. 『포브스』에 따르면 2014년에 전 세계에서 1,545명의 부자가 각기 보유한 순자산은 10억 달러 이상이다. 이 중에서 미국은 전 세계에서 억만장자가 가장 많은 나라로, 모두 492명이 순자산 10억 달러를 초과했고, 중국은 152명의 부자가 순자산 10억 달러를 돌파하여 세계 2위를 기록하였다. 아시아 최고 부자는 여전히 홍콩 창장(長江) 그룹의 리자청(李嘉誠) 회장으로, 310억 달러의 순자산으로 1위를 기록하였으며, 순수 본토 중국인으로는 다롄(大連) 완다(萬達) 그룹 왕젠린(王健林) 회장이 자산 151억 달러로 10위를 기록하였다. 주목할 사항은 중국 본토 출신 부자들의 역내 비중이 지난 2년간 부진했다가 2014년에 50%를 넘어 52.4%를 차지했다는 점이다. 이에 비해 홍콩과 타이완 부자들의 아시아 지역 내 비중은 각각 15%와 10%

였다. 중국 억만장자들의 업종을 살펴보면, 총 57명의 부자들이 부동산에 종사하여 전체 20%를 차지하였고, 나머지는 식음료, 바이오테크놀로지, 소매, 원자재 등의 업종에 종사하는 것으로 나타났다.

『포브스』의 세계 부자 순위 선정과 별도로, 중국의 부자 전문 연구소인 후룬(胡潤) 연구소는 1999년부터 독자적으로 중국 부호 순위를 발표해 오고 있다. 후룬 연구소의 2011년 재부(財富) 보고서에 따르면, 2011년에 중국인 부호의 총 자산은 2005년에 비해 70배 증가하였고, 중국 대륙에서 1,000만 위안(약 17억 원) 이상의 자산을 소유한 천만장자가 96만 명으로, 2010년의 87만 5천 명보다 9.5% 증가한 것으로 나타났다. 이들의 평균 나이는 39세로, 서양 부호에 비해 15세 어리며, 이 중 여성이 30%를 차지하고 있다. 또한 1억 위안(한화 170억 원가량)의 자산을 가진 부호는 6만여 명에 이르고 이 중에서 20%가 부동산 투자로 재산을 축적한 것으로 보고되고 있다.

후룬 연구소에서 2012년에 낸 보고서 통계를 보면, 중국 본토에서 재산이 1,000만 위안(한화 약 17억 원) 이상인 부자는 2011년 말 현재 102만 명으로, 전년도에 비해 6만 명(6.25%)이 증가하였다. 또한 1억 위안(한화 약 170억 원) 이상 부자는 6만 3,500명으로 집계되었다.

후룬 연구소에서 2013년에 낸 보고서 발표를 살펴보면, 2013년에 중국 10대 부자 중에서 10위에 해당하는 쉬자인(許家印) 헝다(恒大) 그룹 회장의 자산 규모는 최소 375억 위안(한화 약 6조 3,700억 원)으로, 2002년의 1위 부호 룽즈젠(荣智健) 중국국제신탁 회장의 당시 자산 70억 위안(한화 약 1조 1,900억 원) 대비 5배 이상 급신장하였다. 1위 왕젠린

2013년, 후룬 연구소에서 선정한 중국 10대 부자

순위	명단	자산
1	왕젠린(王健林) 다롄 완다 그룹 회장	1,350억 위안
2	쭝칭허우(宗慶後) 와하하 그룹 회장 가족	1,150억 위안
3	마화텅(馬化騰) 텅쉰 그룹 회장	620억 위안
4	웨이젠쥔(魏建軍) 창청자동차 회장	515억 위안
5	양후이옌(楊惠妍) 비구이위안 부회장 가족	510억 위안
6	리옌훙(李彦宏) 바이두 회장	500억 위안
	옌빈(嚴彬) 화빈 그룹 회장	500억 위안
8	쉬룽마오(許榮茂) 스마오 그룹 회장 가족	430억 위안
9	장진둥(張近東) 쑤닝 그룹 회장	395억 위안
10	장빈(姜滨) 거얼셩쉐(歌尔聲学) 회장 가족	375억 위안
	쉬자인(許家印) 헝다 그룹 회장	375억 위안

출처: http://finance.sina.com.cn/focus/2013hrbfb[2]

(王健林) 다롄 완다 그룹 회장의 자산 1,350억 위안과 비교하면 무려 19.3배 차이를 보여 주고 있다. 이렇게 중국 내 부자들의 자산 규모는 기하급수적으로 확대되고 있으며, 이는 중국 경제의 성장과 맞물려 있다.

1980년대에 개혁개방 정책이 본격적으로 실시되면서 중국 경제가 질적·양적으로 성장하고 1990년대에 IT 인터넷 혁명이 이루어지고 2000년대에 세계 경제가 블록화·글로벌화됨에 따라 현대 중국 부자들은 다

2 「新浪財經」, 2014년 10월 24일 검색, http://finance.sina.com.cn/focus/2013hrbfb.

2000~2013년 연도별 중국 최고 부자

연도	최고 부자	자산
2000	룽이런(荣毅仁) 중국국제신탁 회장 가족	150억 위안
2001	류융싱(柳永行) 동방희망 그룹 회장 형제	83억 위안
2002	룽즈젠(荣智健) 중국국제신탁 회장	70억 위안
2003	딩레이(丁磊) 왕이, 시나닷컴 회장	76억 위안
2004	황광위(黄光裕) 궈메이 그룹 회장	105억 위안
2005	황광위(黄光裕) 궈메이 그룹 회장	140억 위안
2006	장인(張茵) 지우룽제지 회장	270억 위안
2007	양후이옌(楊惠妍) 비구이위안 부회장 가족	1,300억 위안
2008	황광위(黄光裕) 궈메이 그룹 회장	430억 위안
2009	왕촨푸(王傳福) BYD 그룹 회장	350억 위안
2010	쭝칭허우(宗慶後) 와하하 그룹 회장 가족	800억 위안
2011	량원건(梁稳根) 싼이 그룹 회장	700억 위안
2012	쭝칭허우(宗慶後) 와하하 그룹 회장 가족	800억 위안
2013	왕젠린(王健林) 다롄 완다 그룹 회장	1,350억 위안

출처: http://finance.sina.com.cn/focus/2013hrbfb[3]

양한 사업 기회를 확보하고 사업 경쟁력을 확대하면서 지속적으로 성장해 왔다. 과거 국영기업의 낙후된 시스템을 현대적으로 개조하는 과정에서 사업의 기회를 얻기도 하고, 1990년대 인터넷과 IT 혁명의 격랑 속에서 미국으로 유학 간 인재, 이른바 하이구이(海龜)들이 귀국하여 창업을 함으로써 새로운 경쟁력을 확보하기도 하였다. 21세기에 접어들어서는

3 「新浪財經」, 2014년 10월 24일 검색, http://finance.sina.com.cn/focus/2013hrbfb.

13억 내수시장을 기반으로 규모의 성장을 질적 발전으로 업그레이드하여 외적 팽창의 기회를 가지는 등, 중국 기업과 기업인들은 지속적으로 면모를 일신하며 발전하고 있다.

중국의 부상과 강대국화는 우리에게 많은 도전과 기회를 제공한다. 2014년 현재, 중국은 한국의 최대 무역 파트너이며, 한국은 중국의 네 번째 무역 대상국이다. 중국을 제외하고 국가 발전과 생존을 논하는 것은 이미 의미 없는 외침이 되고 말았다. 이는 역설적으로 중국과 중국 경제에 대한 이해와 연구가 시대적 과제임을 알려 주고 있다.

제2장

부에 눈뜬 중국인

유가의 경제 마인드

현대 중국인들의 경제 활동에 영향을 주고 있는 뿌리 깊은 사상적 기초는 무엇일까? 사실 중국인이 지닌 경제 마인드의 근원을 설명하기에는 어려운 점이 많다. 중국인의 경제 마인드는 과거 수천 년에 걸쳐 중국인의 생활에 절대적인 영향을 미쳐 온 유학(儒学)을 비롯한 각종 사상들과 중국의 각 시대별 대내외적 환경, 역사적 사건 등이 총체적으로 결합되어 나타난 복합적인 산물이라 할 수 있기 때문이다. 이 중에서 공자, 맹자를 중심으로 하는 유학 사상의 기반은 중국인의 경제 마인드뿐만 아니라 삶의 전반에 걸쳐 지대한 영향을 미쳤다.

우리는 흔히 유가의 덕본재말(德本財末)을 근거로 유가에서 일반적인 경제 활동이나 재산 증식을 소인배나 행하는 사리사욕의 하나로 인식하는 것으로 본다. 그러나 유학이 경제 활동과 이익 추구를 무조건 배척한 것이 아님을 시사하는 표현이 유가의 경전 곳곳에서 발견된다. 예로부터 "백성들은 먹을 것을 하늘로 여긴다(民以食爲天)."라는 말은 중국 사회가 어떠한 사상적 가치보다 먹고사는 문제를 중요시해 왔음을 보여주고 있다. 공자는 백성들을 널리 구제하는 것이 성인의 충분조건이라 하여 민생을 중요시하였다. 맹자도 "생활이 안정되지 않으면 마음을 견지하기 어렵다(無恒産無恒心)."라고 하여 생산과 경제 활동을 중요시하였다. 이와 같이 중국인의 사상적 근간인 유학은 경제 활동을 부정하지 않는다. 다만 접근 방법에 있어서 부의 축적 과정에 주목하여 올바른 축재의 의미를 중시한다.

공자가 말한 "이로움을 보면 의를 생각하라(見利思義)."라는 표현은 합리적인 부의 축적과 정의로운 분배를 강조한 것이라 할 수 있다. 공자는 『논어』「이인편(里仁篇)」에서 부를 대하는 자신의 입장을 다음과 같이 표현하였다. "부귀는 모든 이가 얻고자 하는 것이지만 도리로 얻은 것이 아니면 머물지 않으며, 빈천은 모든 사람이 혐오하는 것이지만 도로써 얻은 것이 아닐지라도 버리지 아니한다(富與貴, 是人之所欲也, 不以其道得之, 不處也. 貧與賤是 人之所惡也, 不以其道得之, 不去也)."[4] 여기서 우리는 공자가 부 자체를 부정한 것이 아니라 부를 어떻게 이루느냐 하는 축재 과정과 방법을 중요하게 생각하였음을 알 수 있다. 공자는 서로 간의 다툼을 통해 부를 축적하는 행위는 부정하였지만, 백성들의 삶을 윤택하게 하기 위한 경제 행위는 인정하였고, 부의 공정한 재분배를

4 정당한 방법으로 얻은 부가 아니면 취하지 말고 비록 비정상적으로 가난하고 천하게 되었을지라도 빈천을 버리지 않고 편안하게 여기는 것이 군자의 태도라는 의미.

강조하는 경제관을 적극적으로 피력하였다.

여기서 우리는 근현대 중국을 대표하는 상인과 기업가의 대부분이 유학의 정신에 기반한 유상(儒商)이라는 점에 주목할 필요가 있다. 이 점은 유학이 경제적인 면을 무조건 도외시하지 않았으며, 동시에 도덕적 가치관으로 자리 잡은 유학의 경제 사상적 뿌리가 중국의 상인과 기업가 활동에 광범위하게 영향을 주고 있음을 보여 준다. 사람들은 공자가 경제와는 전혀 무관한 고고한 삶을 살았을 것이라 생각하지만, 실제로 공자에게는 개인적으로도 경제에 조예가 깊은 집안 배경이 있었다. 공자의 집안은 장사에 밝았던 상나라 유민 출신이고, 자신도 경제와 관련된 일을 적지 않게 하였다. 사마천의 『사기』「공자세가편(孔子世家篇)」에 따르면, 공자는 양곡 창고를 관리하는 위리(委吏)로서 회계를 잘 처리했고, 사직리(司職吏)라는 가축 관리로 가축을 번식시키는 일을 훌륭히 수행하였다. 유가 경전인 사서삼경(四書三經)에 담겨 있는 풍부한 경제 마인드는 공자의 이러한 배경과 경험이 반영된 것으로 볼 수 있다. 그러므로 공자가 인간의 욕망을 인정하고 부의 축적에 대해 긍정적 사고를 가졌다고 해서 이를 이상하게 생각할 필요는 없다.

『논어』「선진편(先進篇)」에는 제자인 자공이 시장 가격의 변동을 예측하여 재산을 증식한 것을 공자가 칭찬하는 장면이 나온다. 육례(六禮)에 수레 모는 기술을 선택하여 넣은 것은 공자가 직업의 귀천을 가리지 않았음을 나타내는 대표적인 예이다. 귀천을 불문한 공자의 직업관은 성상(聖商)으로 일컬어지는 범려(範蠡)가 장사에는 귀천이 없다고 한 귀천반복설(貴賤反復說)과도 일치한다. 공자는 재화의 생산과 소비, 수요

공급과 시장 가격에 대해 분명히 이해하고 있었다. 그는 『대학』에서 재화에 부족함이 없으려면 소비자보다 생산자가 많아야 하고, 소비 속도보다 생산 속도가 빨라야 한다고 언급했다. 또 『논어』「자한편(子罕篇)」에서는 값진 재화가 있으면 당연히 그것을 제값에 팔아야 한다고 주장하며, 자신은 가격을 아는 사람을 기다릴 줄 안다고 하였다. 이것은 공자가 재화의 수요 공급과 시장 가격에 따라 이루어지는 상거래를 통한 이재(理財)에 통달하고 있었음을 말해 준다. 공자는 정당한 상거래를 통한 이익의 추구를 배척하지 않았다. 그가 반대한 것은 모든 종류의 이익이 아니라 큰일을 그르칠 수 있는 소탐대실이나 불의한 것이었다.

공자는 국민 경제에 대한 사상도 뚜렷했다. 『논어』의 「학이편」과 「자한편」에서 국민들의 신용과 비용 절감이라는 경제관념을 강조하는가 하면, 「자로편(子路篇)」에서는 국가가 국민을 위해 우선적으로 해야 할 일은 국민을 부유하게 하는 것이라는 선부민론(先富民論)을 주장했다. 이것은 춘추전국시대의 대표적인 중상주의자이자 개방론자인 관중(管仲)의 사상, 즉 나라를 다스리는 방법에 있어서 국민을 부유하게 하는 것이 가장 먼저 해야 할 일이라는 '치국지도 필선부민(治國之道 必先富民)'과도 일맥상통한다. 또한 공자는 국가의 가난과 재화의 부족함보다 국민들의 불평등과 불안정을 더 걱정하여, 균형과 안정을 매우 중시하였다. 즉, 그는 재화 공급의 균형론자였던 것이다. 공자는 또 빈익빈 부익부를 조장하는 불공평한 과세에 대해 단호하게 반대했다.

공자와 더불어 유학을 대표하는 맹자 역시 부와 이익에 대한 자신의 의견을 피력하였다. 여기서 주목해야 할 점은 공자나 맹자가 부나 이익의 추구를 부정한 것이 아니라, 이익만을 위해 경제 활동을 하였는지, 아니면 인(仁)과 의(義)에 가치를 두고 생산 활동을 한 결과로 자연스럽게 부가 따라왔는지를 중시했다는 것이다. 백성의 마음을 잡는 방법을 논한 항산론(恒産論)과 백성의 먹고사는 문제를 농업으로 해결하는 방법을 다룬 무농론(務農論)은 맹자의 경제 사상에서 핵심적인 것이다. 맹자는 백성의 착한 마음이 항구적인 산업에서 비롯된다고 보고 하(夏)·은(殷)·주(周)의 제도를 예시하였다. 이는 물론 공자의 선부민론을 계승한 것이기도 하다. 『맹자』「등문공 상편」에 따르면, 고대 중국의 왕조들은 모든 성인 남자를 대상으로 고유한 토지 부역 제도를 실시하였다. 하(夏)는 전조(田租)의 형태로, 은(殷)은 공전(公田) 노역(勞役)으로, 주(周)는 생산량의 1할 과세 등의 방식으로 토지 제도를 운영하였다. 각각의 명칭은 다르지만, 이들 제도는 모두 백성들이 지속적으로 생업과 생산을 유지할 수 있게 했다는 공통점이 있다.

맹자는 또한 공평 과세와 감세가 경제 활동의 활성화에 매우 중요하다는 점도 역설하였다. 상인에게 부과되는 세금이 과중하지 않아야 시장에서의 재화 공급과 거래가 원활해지고, 공전(公田)에서 일한 농민들에게 사전(私田)에 대한 세금을 면제하면, 농민들은 각자 자기 밭에서 더욱 열심히 일하려 할 것이라고 주장하였다. 또 재정이 부족하지 않은데도 세율을 높이는 것은 야만적이며 산업을 망치는 처사라고 극구 반대했다. 이와 같이 맹자는 공자의 공평 과세론을 넘어 조세의 생산 인센티브 효과에 대해 주장하였던 것이다. 맹자는 인의(仁義) 정치가 공정한 분배와 나눔으로부터 시작한다고 보았다. 『맹자』「등문공 상편」에서 인정(仁

政)은 반드시 토지의 경계를 바로잡는 것에서부터 시작해야 한다고 하였다. 토지의 경계를 바로잡아야 생산물을 공정하고 균등하게 배분할 수 있다고 보았기 때문이다. 즉, 맹자는 경제 활동의 시작이 공정해야 하고 결과가 평등해야 함을 강조하고 있는 것이다.

이렇게 공자와 맹자로 대표되는 유가의 경제 사상은 현대의 경제 논리와 크게 다르지 않다. 다만 유가에서는 진정한 의미의 부란 정당한 과정과 절차를 거쳐 인을 실천하는 것으로, 예처럼 함께 나누어야만 비로소 가치 있다고 보았다. 이는 실천적인 면에서 경제적인 삶을 우선시하는 공자의 선부후교(先富後教)나 맹자의 무농흥학(務農興學)과 항산항심(恒産恒心)의 개념을 통해 발전해 왔다.[5] 유가의 이러한 경제 사상이 중국인의 삶 속에 전반적인 영향을 미치며 면면히 계승되어 온 것이다.

신화 속 중국인의 경제 마인드

신화로부터 계승된 경제 마인드

중국 신화시대라고 하는 삼황오제(三皇五帝) 때나 하·은·주 시대는

5 선부후교(先富後教)는 먼저 생활의 여유를 제공한 뒤에 예절을 가르친다는 의미이다. 무농흥학(務農興學)은 백성이 농사일을 열심히 하여 먹고사는 문제를 해결한 뒤에 학교 교육을 진흥시켜 인문 교화에 힘써야 한다는 뜻이다. 항산항심(恒産恒心)은 상시적인 생산이 있어야 상시적인 마음이 있다는 의미이다. 맹자는 항산이 없으면서 항심이 있는 것은 오직 선비에게만 요구되는 바이며, 보통의 백성은 항산이 없으면 항심도 없다고 말했다. 즉, 일반 백성들은 기본 생활 안정을 위한 경제적 바탕이 있어야 도덕적 죄책감을 느끼는 한결같은 마음을 가질 수 있다는 말이다.

오랜 기간 동안 중국인의 역사관과 세계관의 근간을 이루어 왔다고 해도 과언이 아니다. 중국인은 스스로 반고개천지(盤古開天地)와 삼황오제로부터 오늘에 이르기까지 끊임없이 역사의식을 보전하여 온 민족이라고 자부한다.

중국인의 경제 마인드는 태초신화로 알려져 있는 반고신화(盤古神話)에서 출발한다. 반고신화의 내용을 잠시 살펴보자.

> 태초의 천지는 어둡고 혼돈스러운 모습으로 마치 커다란 달걀과 같았다. 반고는 이 커다란 달걀에서 태어나고 자랐다. 1만 8천 년이 지난 후, 하늘과 땅이 갈라져서 가볍고 밝은 기운은 하늘이 되었고, 습하고 어두운 기운은 땅이 되었다. 반고는 천지에서 지혜로는 하늘을 뛰어넘고 능력으로는 땅을 뛰어넘었다. 이후 하늘은 날마다 1장(3미터)씩 높아졌고, 땅은 1장씩 아래로 두꺼워지게 되었다. 반고의 키도 매일 1장씩 커지게 되었다. 이렇게 또 1만 8천 년이 지나갔다. 하늘은 찌를 듯이 높아졌고, 땅도 끊임없이 두터워졌으며, 반고의 키도 극도로 높아져 있었다. 반고는 하늘과 땅이 다시 붙을까 두려워 매일 잠을 자지 않고 손으로 하늘을 받치고 다리로 땅을 버티고 있었다. 하루도 쉬지 않고 모든 힘을 바친 반고는 마침내 쓰러지게 되었다. 반고가 죽게 되었을 때, 그의 호흡은 바람과 구름이 되었고, 그의 목소리는 천둥소리가 되었으며, 왼쪽 눈은 태양이 되었고, 오른쪽 눈은 달이 되었다. 그리고 그의 사지(四肢)와 오체(五體)는 대지의 동서남북 사방의 유명한 산이 되었으며, 피는 강물이 되었으

> 며, 핏줄은 길로 변하였다. 그리고 그의 살은 논과 밭으로 변하게 되었고, 머리카락과 수염은 하늘의 별이 되었으며, 털은 꽃과 나무로 변하였다. 그의 이와 뼈, 골수는 반짝이는 금속과 단단한 돌, 둥근 진주와 아름다운 옥돌로 변하였으며, 땀은 이슬과 빗물이 되었다. 반고는 그의 온몸을 사용하여 세상의 만물을 창조하였다.

이 신화에서 밤낮을 가리지 않고 일한 반고의 모습은 죽어야만 쉰다는 중국인의 전통적 노동관과 경제의식을 대변한다. 또한 반고신화를 통해 중국인은 인간이 곧 신이자 자연이라는 생각을 가지게 되었다. 반고의 동작 하나하나는 우주의 변화였고, 그의 죽음은 육체의 부분 부분이 삼라만상으로 변하는 자연으로의 회귀를 의미한다. 이것이 바로 중국인의 인간자연일물(人間自然一物) 사상의 시초이며, 인간 소우주론의 원형이다.

반고신화 외에도 중국인의 일상생활과 경제생활에는 신화의 흔적이 적지 않다. 오늘날 시간의 기준으로 쓰이는 10간(幹)은 신화시대 열 개의 태양 이름에서 비롯된 것이다. 일반적으로 중국인은 염제(炎帝) 신농씨(神農氏)와 황제(黃帝) 헌원씨(軒轅氏)를 용(龍)으로 섬기는데, 중국인이 용을 숭상하는 것은 자신들이 염황(炎黃)의 후손이라고 여기기 때문이다. 중국인들에게 신화는 농업과 상공업을 이끄는 원동력이었다. 고대 자급자족의 자연경제에서부터 오늘날까지 먹는 문제를 해결하는 것이 급선무였던 중국인의 의식에서 농업의 중요성은 변함이 없었다. 그러나 상업은 시대에 따라 달랐다. 중국의 상업은 상(商)·주(周)대부터 성행하기 시작하였다. 특히 춘추시대 관중(管仲)이 상공농사(商工農士) 순으로 상업의 위치를 맨 앞에 놓은 것을 보면, 고대 중국에서 상업은 분명히 중요한 산업이었으리라고 추측할 수 있다.

그러나 진(秦)·한(漢)대 이후 법가, 유가에 의한 사상 통제가 이루어지면서 2천 년 가까이 중농억상(重農抑商) 정책으로 상업은 억압되고 천시되었다. 그럼에도 불구하고 중국의 상업은 꾸준히 발전해 왔다. 과연 그 힘은 어디서 온 것일까? 그것은 바로 신화였다. 중국인들은 농업과 함께 상업도 신농씨에게서 배웠다고 하는데, 이것은 상업에 대한 중국인의 경제 마인드의 연원도 신화임을 보여 준다. 신화에서 염제 신농씨는 농사법만 가르친 것이 아니라 사람들을 시장에 모아 장사하는 법도 가르쳤다. 이 신화의 영향은 중국 역사 속에 그대로 이어졌다. 수(隋)·당(唐) 시기에 정치적 안정으로 농업과 공업의 생산성이 제고되자 당대 개원(開元) 연간에는 도시 지역에 수많은 시장이 개설되었다. 당육전(唐六典)은 정오에 개장하고 일몰 전에 폐장했던 당시의 시장이 태양신 염제 신농씨의 시장 개장 시간과 같았음을 보여 준다. 이런 역사의 흐름을 통해 중국의 상업은 발전했고, 염제 신농씨는 오늘날까지 중국인의 경제 마인드에 살아 있는 최고의 농업의 신, 상업의 신, 의약의 신으로 추앙되고 있다.

중국에서 상업에 대한 억제 정책이 상당 기간 이어지는 상황에도 불구하고 상업은 지속적으로 발전하였다. 특히 당대 말기에는 균전제(均田制)가 붕괴되고 농업 생산력이 지속적으로 높아짐에 따라 쌀, 차 등 농산물이 상품으로 팔려 나갔고, 수공업의 발전으로 소금, 삼, 도자기 등이 수출상품으로 등장함으로써 상인의 존재가 부각되기 시작하였다. 한때 당의 국호를 주(周)로 바꿔 통치한 측천무후(則天武后)의 아버지는 지방의 유명한 호상(豪商, 대상인)이었다고 한다.

이후 송(宋)대에는 상업의 기능적 분화가 이루어져, 객상(客商, 외래 행상), 좌고(坐賈, 토착점포), 아행(牙行, 도매상), 아인(牙人, 중개상) 등이 출현하고 이슬람 세계, 인도네시아, 인도 등과의 대외무역도 활성화되었다. 이때 거상(巨商)들이 등장하고 그 영향력도 커져 인종(仁宗)은 차상(茶商, 차 도매상)의 딸을 황후로 맞이할 정도였다. 송이 망하고 요(遼), 금(金), 원(元) 왕조 때는 역병과 태양 흑점의 출현 같은 재해로 경제 침체가 이어졌는데, 한족 중국인들은 그것을 태양신 염제의 노여움 때문이라고 생각하였다.

명대에 이르러 중국은 과거 200년간의 침체에서 벗어나, 차, 소금, 도자기, 면직물 등을 독점 수출하는 산시(山西), 후이저우(徽州), 푸젠(福建), 광둥(廣東) 상방 등의 대상방(大商幇)들이 본격적으로 등장하였다. 당시 상방이 가졌던 부(富)의 수준은 정부의 부에 필적할 정도였으며, 명말 청초에는 상공업자의 신분 상승으로 사회의 귀천 등급이 바뀌기도 하였다. 명·청대는 중국인의 전통적 경제체제가 완결된 시기로, 신화시대 이래 형성된 경제 마인드를 현대 중국인에게 전승시켰다는 점에서 중요한 시기이기도 하다.

주목할 점은 중국인들의 신화가 단순한 고대의 전승에 그치지 않았고, 중국인들이 지속적으로 자신들의 신화를 만들었다는 점이다. 중국인은 역사적 인물을 신격화하여 재신(財神)으로 모셨다. 가장 보편화된 재신은 『삼국지』의 명장 관우(關羽)이다. 관우는 산시(山西) 윈청(運城) 출신이라는 이유로 처음에는 산시 상인들에 의해 재신으로 모셔졌지만, 점차 전국적인 재신이 되었다. 이후로 국제무역을 위한 항해의 기회가 많아지면서 10세기 중반에 마주(媽祖)라는 항해의 여신도 등장하였다. 전설에 따르면, 푸젠 출신의 여인이었던 마주는 어느 날 승천하여 선원들의 수호신이 되었다. 그녀는 병이 낫고 비가 내리는 행운을 전해 준다고 한다. 처음에는 민상(閩商, 푸젠 상인)에 의해 숭배되다가 이후 조정에서 천비(天妃), 천후(天后)로 봉해져, 푸젠, 저장(浙江), 광둥, 타이완(臺灣) 등 전국 각지와 동남아 각국 무역 거점에 마조묘(媽祖廟) 또는 천후궁(天后宮)이 건립되어 지금까지 숭상되고 있다. 조공명(趙公明)도 재신으로 받들어져, 지금도 음력 정월과 섣달 그믐날에 폭죽과 등화로 둘러싸여 성대히 모셔지고 있다.

중국인들이 재신을 모시는 전통은 불확실한 내세를 믿지 않는 중국인들의 현세기복적인 염원을 나타낸다. 중국의 현대화된 기업들은 거의 예외없이 회사 내에 재신을 모시고 있다. 많은 중국인들은 경제적 이득은 재신이 은혜를 베푼 결과이고 장래 기업의 흥망성쇠도 재신에 달려 있다고 생각한다. 이것은 중국인의 경제 마인드가 신화에 뿌리를 두고 있기 때문이다. 이렇듯 신화는 중국인의 경제 마인드에 실질적인 영향을 미치고 있다.

표현으로 살펴보는 경제 마인드

앞서 우리는 유가를 비롯한 제자백가 사상과 중국의 신화적 배경을 통해 중국인의 경제 마인드의 형성과 발전 과정을 살펴보았다. 중국인의 경제 마인드는 과거의 역사·문화적 배경과 함께 생활 속에서 수천 년에 걸쳐 개개인의 삶에 체화되면서 발전해 왔다. 그리고 현대의 중국인은 어느덧 자신도 모르는 사이에 스스로의 삶 속에 녹아 있는 그들 특유의 경제의식으로 무장되어 있다. 이를 우리는 중국인의 비즈니스 문화라고 말할 수도 있고, 그들의 경제관이라고도 말할 수 있다.

여기서 우리는 중국인이 현실생활에서 자주 사용하는 비즈니스 관련 표현을 통해 경제적 마인드가 그들의 삶에 어떻게 투영되고 있는지 살펴볼 필요가 있다. 다음은 가장 대표적인 중국의 비즈니스 관련 속담과 격언들로, 중국인의 경제관념을 이해하는 데 충분한 도움이 될 것이다.

풍물장의방안량(風物長宜放眼量)

이 말은 마오쩌둥의 칠률시 「류아즈 선생에게 보내는 시(赠柳亚子先生)」에서 유래되었다. 원래는 '인생은 때때로 이러저러한 어려움이 있지만 그래도 무한한 희망이 있다. 긴 안목으로 전체를 바라봐야 한다.'라는 의미이다. 중국인이 흥정을 할 때 자주 사용하는 일종의 설득 수단이다. 특히 상대방이 눈앞의 이익을 고집하는 경우에 많이 사용된다.

중국인은 일반적으로 평소 교류가 없는 사람에 대해서는 강함 불신감을 가지고 있어, 서로 신뢰할 수 있는 관계를 형성할 때까지 충분한 시간을 들여야 한다는 것이 중국인의 공통된 상식이다. 이럴 경우, 벽을 허무는 하나의 수단으로 풍물장의방안량, 즉 상대방에게 먼저 장기적인 이익을 함께 취할 자신의 의지를 제시하여 상대방의 신뢰와 공감을 얻어 내는 것이다.

호득불여현득(好得不如現得)

'지금이 아니면 기회는 없다.'라는 의미로, 풍물장의방안량의 발상과는 완전히 반대되는 사고방식이다. 이쪽에서 제시한 교섭 조건이 상대방에게는 너무 까다롭고 이익이 적어 불만스러워하는 경우, 그 상대방에게 이 타이밍과 찬스를 놓치면 눈앞의 이익마저도 잃을 우려가 있다고 역설하는 것이다. 미래의 이익을 바라보고 줄곧 기다리기보다는 현재의 이익을 재빠르게 취하는 쪽이 낫다고 상대방에게 다그치는 셈이다. 중국 역사에서 볼 수 있는 현저한 특징 중의 하나인 급격한 사회변동은 미래에 대한 정확한 예측이 불가능하게 했기 때문에 이해관계에 대한 판단과 선택을 할 때에 쉽게 식별이 가능한 현재에 무게중심이 놓이게 되고 만사를 속전속결로 추진해 나가는 경향이 짙어졌다.

친형제명산장(親兄弟明算帳)

'친형제간이라도 계산은 분명하게 하라.'라는 의미의 중국 속담이다. 즉, 아무리 가까운 사이일지라도 공과 사는 분명히 해야 한다는 중국인의 경제의식을 표현하는 대표적인 말이다.

일분전일분화(一分錢一分貨)

'싼 게 비지떡이다.'라는 의미의 중국식 표현이다. 중국의 화폐 단위는 원(元), 각(角), 분(分)으로 나뉘는데, 1원은 한국 돈으로 대략 170원에 해당하며, 1각은 17원, 1분은 1.7원에 해당한다. 중국 돈으로 1분이라는 것은 매우 작은 화폐의 단위를 의미하며, 내용을 직역하면 '1분을 들여 구매한 물건은 1분의 값어치를 하게 마련이다.'라는 것이다. 즉, 무조건 값이 싸다고 좋은 것이 아니라는 뜻으로, 값어치에 맞는 구매를 강조하는 중국인의 경제의식을 대표하는 말이 바로 이 말이다.

니불리재재불리니(你不理財財不理你)

'당신이 재물을 거들떠보지 않으면, 재물도 당신을 거들떠보지 않는다. 세상에 공짜는 없다. 가만히 있어서 하늘에서 돈이 떨어지는 경우도 없다.'라는 뜻이다. 이처럼 중국인들은 재물을 모으는 것에 대해 적극적인 행동을 강조하였다. 당신이 재물을 거들떠보지도 않는데 하물며 재물이 당신을 거들떠보겠는가? 이는 삶을 대하는 데 있어서 인간의 노력과 관심을 강조하는 표현임을 알 수 있다.

세상몰유면비적오찬(世上沒有免費的午餐)

세상에 공짜 점심은 없다는 뜻이다. 이 말은 아무런 대가 없이 저절로 들어오는 복은 없다는, 동서고금을 막론한 진리를 표현한 말이다. 이와 비슷한 의미의 다른 표현으로 '뚱뚱이는 한 입 먹어 된 것이 아니다.'라는 뜻의 반자불시일구흘적(胖子不是一口吃的)이라는 표현도 있다.

주향불파항자심(酒香不怕巷子深)

'술맛이 좋다면 골목의 깊이를 두려워 마라. 물건이 좋으면 손님은 저절로 찾아온다.'라는 뜻으로 사용된다. 중국에서 특히 베이징은 전통적으로 체면을 중시해 왔다. 그래서 사업에 있어서도 불필요한 광고로 사람들을 홀리는 것을 군자가 행할 일이 아니라고 금기시해 왔다. 이는 중국의 남부 상인들과는 대비되는 행동이다. 이 표현은 형식이 아닌 내용을 중시하자는 의미로 사용되는 대표적인 문구이다.

화비삼가불흘휴(貨比三家不吃虧)

'가게 세 곳 물건을 비교해야 손해를 보지 않는다.'라는 뜻이다. 중국인은 물건을 살 때에 반드시 세 군데 이상에서 제품의 가격, 품질, 거래 조건을 비교한 다음에 구입해야 손해를 보지 않는다고 생각한다. 현대의 사업에서도 중국 업체와 거래할 때에 이 점을 반드시 명심하여야 한다. 중국 업체와의 거래는 한두 번에 쉽게 결정이 나지 않음을 직시하고 긴 호흡으로 접근하는 태도가 필요하다.

유전능사귀추모(有錢能使鬼推磨)

'돈만 있으면 귀신에게도 맷돌질을 시킬 수 있다.'라는 뜻이다. 즉, 돈만 있으면 귀신도 부릴 수 있다는 뜻으로, 돈이 있으면 뭐든지 다할 수 있다고 생각하는 중국인의 생각을 엿볼 수 있는 표현이다. 사람의 죽음까지 연관시켜 돈을 버는 중국인의 적극적인 경제 마인드를 보여 주는 대표적인 표현이라 할 수 있다. 이 말의 유래는 다음과 같다.

옛날에 채륜(蔡倫)이라는 사람이 종이를 잘 만들어 돈을 많이 벌었다. 채륜의 형수 혜낭(慧娘)은 채륜이 종이 하나로 성공한 것을 보고 남편을 설득하여서 종이를 만들게 하였다. 하지만 그 부부가 만든 종이의 질이 너무 안 좋아서 아무도 사려고 하지 않았다. 그러던 어느 날, 경제 감각이 뛰어났던 혜낭은 남편을 시켜 관을 사 오게 하였다. 그리고 남편에게 아침에 곡을 하라고 한 다음, 자신은 스스로 관에 누워 사람들이 오기를 기다렸다. 이내 사람들이 모이자 혜낭은 관을 박차고 벌떡 일어나 모여 있던 이웃들이 깜짝 놀랐다. 이에 혜낭이 말하길, "내가 염라대왕 앞에 갔는데, 염라대왕이 나더러 맷돌질을 시키더라고. 그래서 한참 맷돌질을 하고 있는데 우리 남편이 태운 지전이 올라오더라고. 알고 보니 우리가 만든 종이가 하늘에서 돈으로 쓰이는 거야. 나야 돈이 많으니까 그 돈으로 다른 사람에게 맷돌질을 시켰지." 이 사건이 발생한 후, 이웃들은 그 말이 사실인 줄 알고 장례식이 있을 때마다 혜낭이 만든 종이를 사러 왔다. 죽은 사람이 하늘에서도 고생하지 않기를 바라는 중국인의 마음을 읽은 혜낭은 그 후로 큰 부자가 되었고, 이 속담은 돈과 관련한 중국인의 내면을 살펴볼 수 있는 대표적인 표현이 되었다.

산고황제원(山高黃帝遠)

'산은 높고 황제는 멀다.'라는 뜻이다. 만약 중앙에서 멀리 떨어진 곳에 있는 관료라면, 중앙정부에는 신경 쓰지 않고 원하는 대로 할 수 있다는 것을 의미한다. 즉, 중국에는 정부의 힘이 닿지 않는 곳이 많으므로, 중국의 지역적 특성을 잘 고려하여 비즈니스를 진행해야 한다는 말이다. 중국은 역사적으로 중앙정부의 권위가 지역 곳곳까지 내려가지 못하는 경우가 많았고, 이것이 현대에 하나의 전통처럼 남아 있는 게 현실이다. 상유정책하유대책(上有政策下有對策), 즉 '위로는 정책이 있고, 아래에는 대책이 있다.'라는 중국의 속담처럼, 중국을 단순한 하나의 덩어리로 보는 것은 중국을 객관적으로 보지 못하는 것임을 알려 준다.

천시지리인화(天時地利人和)

중국에는 천시, 지리, 인화가 비즈니스 성공의 3대 요소라고 말을 한다. 중국인들이 행운, 조건, 실력의 조화로움을 사업 성공의 으뜸으로 표현할 때 주로 쓰는 말이다. 이 말은 '하늘이 내려준 좋은 시기이고, 우월한 지리적 이점이 있으며, 사람들 간에 화목하고 조화롭다.'라는 뜻이다. 중국에서 회사를 설립하거나 외국의 회사들이 중국 내수시장을 개척할 때 천시, 지리, 인화라는 이 세 가지 요소를 사업 진행의 기준으로 고려해야 한다. 중국인은 이 세 가지 요소 중에서 어느 한 가지 요소가 부족해도 사업이 성공하기 어렵다고 생각한다. 투자를 유치하는 기관의 담당자가 "여기에서 회사를 설립하여 적합한 아이템으로 경영하면 돈을 벌 수 있습니다."라는 식으로 말하는 사람에게는 마지막으로 "천시하고, 지리하며, 인화합니까(天時地利人和嗎)?"라 반문하는 것이 중국 비즈니스 시작의 첫걸음이라 할 수 있다.

저조작인고조작사(低調作人高調作事)

직역을 하면, '낮은 자세의 인간이 되고, 높은 자세로 일을 한다.'라는 뜻이다. 즉, 겸손하게 처세하고 올바른 사람이 되며, 높은 요구와 기준으로 최선을 다해 일을 하여야 한다는 의미이다. 현대 중국에서 이 말을 자기 인생의 격언으로 명심하고 잘 지키고자 노력하는 기업인들이 나날이 많아지고 있다.

입향수속(入鄕隨俗)

'그 고장에 가면 그 고장의 풍속을 따라야 한다.'로, 로마에 가면 로마법을 따라야 한다는 의미의 중국식 표현이다. 실제 중국 비즈니스에서는 지역별 중국인의 문화와 전통을 이해하고 그들과 호흡을 맞추는 것이 성공의 첫걸음이라 말할 수 있다. 중국에서 일을 하게 되면 현지인들의 문화를 잘 파악하고 중국인들과 스스럼없이 어울리며, 허심탄회하게 남의 장점을 취하고 자기의 단점을 보완할 수 있어야 한다. 중국에서 사업에 성공하려면 이 문구를 반드시 기억할 필요가 있다.

선고후락(先苦後樂)

직역하면, '먼저 고생하고 마지막에 기뻐하라.'라는 뜻이다. 중국 사람들은 협상을 진행할 때에 먼저 어려운 문제를 꺼내어 상대방이 지치기를 유도하는 전략을 사용하는 경향이 있다. 즉, 핵심 쟁점이 아닌 내용으로 협상을 지연하고 상대방이 지쳤다고 생각되면 핵심 문제를 토론하는 것이다. 이는 역설적으로 처음에는 비록 어렵지만 중국에서 사업의 기반을 잘 다져 둔다면 그 이후에는 안정적인 기반에서 사업을 해 나갈 수 있다는 의미가 된다.

허장성세(虛張聲勢)

'실속은 없으면서 큰소리치거나 허세를 부린다.'라는 뜻으로, 중국인들이 자신의 결점을 감추기 위해서 허세를 동원하는 전략을 말한다. 중국 사람들은 자신의 연출을 앞세워 정관계 거물급 인사들을 동원하여 협상에 임함으로써 자신의 권위를 확보하고 사업을 원활히 하려는 경향이 있다. 이를 중국에서는 꽌시를 중요시한다고 하는데, 중국 특유의 특별한 인간관계인 꽌시를 이해하는 것은 중국 비즈니스의 첫 번째 문턱을 넘어서는 것이라 할 수 있다.

이 밖에 중국에서는 가격 흥정의 4계명이 전해져 오는데, 그 내용은 다음과 같다. 첫째, 살인자의 담력처럼 가격을 후려쳐라. 둘째, 낚시꾼의 인내심으로 서두르지 마라. 셋째, 외교관의 입처럼 상대 물건의 나쁜 점을 이야기하고 그럴듯하게 꾸며대라. 넷째, 정치가의 얼굴처럼 흥정은 얼굴을 두껍게 해야 한다.

중국의 비즈니스 관련 속담은 셀 수 없이 많다. 한국과 중국은 유가사상을 바탕으로 한 정서적 공감대가 형성되어 있는 동시에 사회체제, 역사적 사건 등에서 상이한 배경의 영향으로 이질적인 문화적 토대가 각기 존재하고 있는 것이 사실이다. 따라서 50%의 공감대로 나머지 50%에 대해 열린 마음으로 다가가고자 하는 노력이 중국인을 대상으로 비즈니스를 함에 있어서 지켜야 할 으뜸가는 자세임을 기억해야 한다.

제3장

재물신의 강림

중국 재물신의 유래와 형태

중국인의 최대 명절은 우리나라의 구정과 같은 음력 1월 1일 춘제(春節)이다. 새해가 되면 중국인들은 "신녠콰이러(新年快樂, 새해 복 많이 받으세요), 꽁시파차이(恭喜發財, 돈 많이 버세요)."라고 서로에게 인사말을 건넨다. 여기서 우리는 중국인들에게는 서로에게 하는 가장 일반적인 덕담이 돈 많이 벌라는 기원임을 알 수 있다. 이렇듯 중국인들은 새해 첫날을 금전에 관한 덕담으로 시작하고 자신들의 재물신(재신)에게 정성껏 소원을 빌기 시작한다.

중국인들은 음력 정월 초닷새를 포우(破五)라고 부르는데 음력 정월 초하루 이후 지켜 왔던 금기를 정월 초닷새에 깨트리기 때문이다. 빗자루로 먼지를 쓸지 않고, 여자들이 바느질을 하지 않으며, 머리를 자르지 않는 것 등이 금기사항이다. 이런 전통은 특히 중국의 남부지역에서 잘 지켜져 오고 있는데, 상점들도 대부분 정월 닷새가 지난 다음에야 문을 연다고 한다. 이러한 포우(破五)의 전통은 가난을 보내고 재물신을 맞이한다는 의미를 가진다. 음력 정월 초닷샛날은 중국인이 섬기는 재물신의 생일이다. 그래서 중국인은 매년 정월 초닷샛날과 음력 7월 22일이 되면 재물신에 제사를 드리는데, 이날을 특별히 차이선제(財神節), 또는 재물신에 제사를 지낸다는 의미에서 바이차이선(拜財神)이라고 부른다. 민간에서는 이날 집집마다 초롱을 걸고 폭죽을 터뜨리는 것으로 다음 해의 풍년을 기원한다.

차이선제의 유래는 여러 가지가 있지만 그중에서 한 가지를 소개하면 다음과 같다. 청나라 때에 지모(卽墨)라는 지역에서 비단 장사를 하는 주(周)씨 성의 상인이 살았다. 7월 21일 저녁에 장사를 마치고 잠이 든 그는 밤새 같은 꿈을 세 번이나 꾸게 되었다. 꿈에서 그가 장사를 하고 있는데 문밖에 남루한 옷차림을 하고 머리가 산발인 노인이 나타나 가게에 들어서면서 "내일이 내 생일인데…… 생일상을 받아 본 지 오래됐구나. 누가 생일상을 차려 준다면 꼭 장사가 잘되게 해 주겠는데……."라는 말만을 되풀이했다. 이튿날 주씨는 혹시나 하는 마음에 아침 일찍 일어나 제사상을 준비하고 폭죽을 터트렸는데, 이에 구경꾼들이 우르르 몰려들기 시작했으며 제사가 끝나자 앞다투어 가게에서 비단을 사 갔다. 그 후 주씨의 이야기가 마을에 전해지면서 매년 음력 7월 22일이면 지모에서는 점포마다 제사를 지내고 폭죽을 터트렸고, 이것이 중국의 차이선제 풍습이 되어 오늘날까지 전해져 내려오고 있다.

재물신은 중국인이 가장 숭배하는 신으로, 재물신 맞이 전통은 명·청

시대부터 시작되어 오늘날까지 이어지고 있다. 재물신은 도교의 속세신으로 민간에서 받들어 모시는, 재물과 보물을 불러오는 신령이다. 일반적으로 재물신은 문(文) 재물신과 무(武) 재물신으로 나뉘는데, 문을 대표하는 재물신으로는 비간(比干)과 범려(范蠡)가, 무를 대표하는 재물신으로는 도교의 신 조공명(趙公明)과 『삼국지』의 덕장 관우(關羽)가 추앙받는다. 조공명은 특별히 정재신(正財神)으로도 불리며, 민간에서 특별한 존재로 모셔진다.

평범한 중국인들의 생활을 자세히 살펴보면, 중국인들은 매일 사오샹(燒香, 향불 피우기)을 생활화하고 있다. 사오샹이란 신이나 부처님 앞에 향불을 피워 올리고 소원을 비는 것을 말한다. 중국 대륙 사람들은 물론 대만이나 홍콩 사람들도 마찬가지다. 특히 사업을 하는 사람들은 가정의 경제를 보호하는 재물신을 모셔 놓고 연중무휴로 향불을 피우며 정성을 들인다.

무(武)를 대표하는 재물신 – 관우(關羽)와 조공명(趙公明)

『삼국지』의 명장, 관우

관우는 중국 후한 말의 무장으로, 자(字)는 운장(雲長)이며 본래의 자는 장생(長生)이다. 충성심과 의리, 당당한 성품으로 인해 동아시아에서 가장 잘 알려진 장수로 손꼽힌다. 한(漢)대 이후로 남송(南宋)의 악비(岳飛)가 등장하기 이전까지 중국의 각 사서(史書)에 등장하는 후세 사람들은 용맹에 대해 이야기할 때 반드시 관우를 들어 말하였다고 한다. 의리의 화신으로 중국의 민담이나 민간전승, 민간전설에서 널리 회자되었고, 나중에는 신격화되어 관제묘(關帝墓)가 세워졌다.

관성제군(關聖帝君)은 관우가 신격화된, 도교 계통의 전쟁신이다. 도교에서는 관우를 신격화하여 전쟁의 신인 '관성제군'이라 부른다. 공자의 사당을 '문묘(文廟)'라고 하듯이, 관우의 사당을 '무묘(武廟)'라 하여 관우는 '무의 화신'으로 추앙받는다. 관우가 황제를 넘어서 신으로 추대된 이후에 중국 후대 왕조의 황제들은 자신들의 이름이 관우와 겹치지 않도록 하기 위해 스스로 피휘(避諱)를 하였다. 중국인들이 관우를 '운장'이라고 부르거나 '관공(關公)'이라고 하는 이유도 이 때문이다.

역사적으로 관우는 충의로 유명하여, 줄곧 유가로 나라를 다스리는 제왕들에게 전범(典範)으로 존중되었다. 이러한 기풍은 송대에 이르러 더욱 강렬해졌다. 실제 관우에게 왕이라는 작위가 붙기 시작한 것은 송나라 때이다. 송 휘종(徽宗)은 1102년에 관우를 충혜공(忠惠公)으로, 1108년에는 무안왕(武安王)으로 봉하였으며, 원 문종(文宗)은 1328년에 관우를 현령무안제왕(顯靈武安濟王)으로 봉했다. 관우가 신으로 추앙받게 된 시기는 송나라 때이다. 문(文)을 숭상하는 국가적 기풍하에 군사력이 상대적으로 떨어지게 되어 결국 거란족의 요나라에게 군사적 위협을 받게 되자 대표적 성리학자인 주희(朱熹)가 『자치통감(資治通鑑)』을 통해 난세의 영웅으로서 관우를 전쟁의 신 혹은 무신으로 국가 차원에서 신격화하였다.

명대에 들어서도 관우의 신격화 작업은 계속된다. 명 영락제(永樂帝)는 1402년에 정변을 통해 황제가 된 자신의 행동을 정당화하기 위하여 관우의 영검한 도움을 받아 황제가 되었다고 말하면서 관우를 황제로 높여 부르기 시작하였다. 이에 백성들 역시 관우를 신으로 숭상하기 시작하였고, 1594년 명 신종(神宗)은 관우를 제(帝)에 봉하게 된다. 관우의 묘는 관제묘 또는 관림(關林)으로 불리는데, 중국 역사상 '림(林)'자가 붙는 무덤은 공자의 무덤인 공림(孔林)과 관우의 무덤인 관림(關林)뿐이다. 관우는 중국 역사상 최고의 무장으로 신의의 상징이며 그의 충성심, 용맹, 무도, 인품은 중국인의 귀감이 되고 있다. 현재 관우는 공자와 더불어 문무이성(文武二聖)으로 불린다.

우리나라 역시 정유재란(丁酉再亂) 때 조선에 파견된 명나라 장수의 요청에 따라 전국 곳곳에 관우를 모시는 묘가 세워졌다. 이 중 가장 대표적인 장소가 동대문구 숭인동에 소재한 동묘(東廟)이다.

청대에 이르러 공자를 모시는 사당은 3,000여 개에 불과했지만 관우를 모시는 사당은 30만 개에 이르렀다고 한다. 관우는 후에 제왕으로 봉해져 역대 중국 황제 188명의 위패를 모시는 사당 안에 별도로 모셔져 황제를 보호하는 역할로 존경을 받고 있다.

중국에서는 일상적으로 관우 화상을 벽에 붙여 놓고 예를 올린다. 중국인들은 관우 화상을 살 때 절대 '산다(마이, 買)'는 표현을 쓰지 않고 청해서 '모셔 온다(칭, 請)'고 말할 정도로 관우를 숭배한다. 예전에 관제묘는 마을마다 세워져 셀 수 없이 많았으나, 문화대혁명 때 사구(四舊)타파(문화대혁명 때 마오쩌둥의 행동전위대인 홍위병(紅衛兵)이 타도의 대상으로 지목했던 네 가지. 즉, 옛 풍속·옛 사상·옛 관습·옛 문화를 일컬음)를 이유로 대부분 파괴됐다.

조선의 사신들 역시 중국 방문 뒤 관제묘와 관련된 많은 기록을 남겼고 이는 중국의 관제묘 연구에 귀중한 자료가 되고 있다. 조선의 문인 김창업(金昌業)은 『노가재연행일기(老稼齋燕行日記)』에서 "집집마다 관제화상을 받들어 모시고, 이른 아침부터 저녁까지 향을 피운다."라고 적고 있다. 박지원(朴趾源)은 『열하일기(熱河日記)』에 "천하 어디를 가나 관제묘가 있다. 궁핍한 변방과 몇 가구뿐인 작은 마을에도 아름다운 관제묘가 세워져 있다."라고 기록하고 있다.

그렇다면 관우가 중국인에게 재신으로 추앙받는 이유는 무엇일까? 일반적으로 상인들이 관우를 재신으로 받든 이유는 크게 네 가지이다.

첫째, 관우는 생전에 이재에 매우 밝고 회계 업무에 뛰어났으며, 필기법(筆記法)을 설계하여 일청부(日淸簿, 현재의 회계장부와 같은 개념)를 발명하였다. 이 계산 방식에는 원(原), 수(收), 출(出), 존(存)의 네 가지 항목이 있어 자료 통계가 매우 명확하였으므로 후대의 상인들은 관우를 회계의 전문가라고 인정하여 상업의 신으로 받들었다.

둘째, 중국의 상인들은 장사할 때 의리와 신용을 매우 중요시하는데, 관우는 신의를 모두 갖추고 있어 상인들이 관우를 삶의 표상으로 받들기 시작하였다.

셋째, 전설에 따르면 관우는 죽은 뒤에 진신(眞神)으로 다시 돌아와 전쟁을 도와주어 승리를 얻게 하였으므로, 상인들은 언젠가 자신들의 사업이 좌절되었을 때 관우처럼 재기하여 최후의 성공을 얻기를 희망하였다. 이러한 믿음이 청대에 여러 업종에 받아들여져 관우에 대한 숭배가 특히 성행하였다. 근래 세간의 가로회(哥老會)와 청홍방(靑紅幇)에서 특별히 관제를 받들어 제사를 지내며, 또 결의형제를 맺을 때에도 관제 앞에서 절을 하고 향을 살라 신의를 지킬 것을 맹세한다.

넷째, 산시(山西) 상인들이 관우의 고향인 윈청(運城) 소금호수 해지에서 소금 매매를 하면서 관우를 재신의 상징으로 삼았다. 중국 소금 생산량의 70%는 제츠(解池)에서 생산된다. 산시 상인들이 소금을 통해 재물을 축적하면서 해당 지역이 고향인 관우를 자신들의 보호신으로 숭배하기 시작하였고 이로부터 관우가 재신으로 승격화되었다. 이후 주변의 산시(陝西), 간쑤(甘肅) 상인들까지 재신으로 관우를 모시기 시작하면서 전국적으로 관우를 재신으로 모시게 되었다.

민간에서 추앙하는 대표 정재신(正財神), 조공명

조공명은 이름은 낭(朗), 자는 공명(公明)이라 하며, 흔히 조현단(趙玄壇), 조공원수(趙公元帥)라 불린다. 상나라 때의 인물로, 재물을 모으는 능력이 뛰어나 큰 부를 이루었다고 한다. 이런 연유로 그는 대표적인 무재신(武財神)으로 추앙받고 있다.

조공명은 현재 중국의 일반 가정에서 영향력이 가장 큰 재신이다. 민간에서 조공명에 대한 전설은 역사가 유구하다. 간보(干寶)의 『수신기(搜神記)』에서의 조공명은 사람의 목숨을 빼앗는 저승사자였다. 도홍경(陶弘景)의 『진고(眞誥)』에서는 질병으로 사람의 목숨을 빼앗는 온역신(瘟疫神)이었다. 수·당 시기의 『삼교원류수신대전(三教源流搜神大全)』

에는 조공명이 천상에서는 귀신이었다가 인간세상에서는 오방의 온역(瘟疫, 전염병의 일종)을 주관하는 오방역사(五方力士)의 하나로서 가을의 온역(瘟疫)을 담당하는 온신(瘟神)이었다. '온역을 퍼뜨리는 귀신'이라는 조공명의 특성은『열선전전(列仙全傳)』에서 더욱 구체화되어, 오방의 온귀에서는 팔부귀수(八部鬼帥)의 하나로 변화되었다. 원·명 시기의 팔부귀수는 귀졸을 각각 억만 명씩 거느리고 인간세계를 주유하였으며, 이 가운데 조공명은 귀졸을 거느리고 인간에게 이질(痢疾)을 퍼트려 무수한 인명을 해친다고 여겨졌다.

『봉신연의(封神演義)』가 세상에 나온 뒤, 조공명은 비로소 지난날의 사기(邪氣)와 귀기(鬼氣) 및 온기(瘟氣)가 충만한 모습에서 벗어났다. 인쇄술의 보급과 민간의 공연을 통해『봉신연의』가 널리 소개되면서 조공명은 비로소 사람들에게 재신으로 인정되었다. 여기에서 강태공(姜太公)은 원시천존(元始天尊)의 명(命)으로 조공명을 금룡여의정일용호현단진군(金龍如意正一龍虎玄壇眞君)으로 책봉하여, 그가 금은재보를 담당하고 길상과 복을 불러들이도록 하였다. 이때부터 조공명은 천하의 재부를 관장하는 재신이 되었다고 한다.

민간에서 떠받드는 조공명은 투구를 쓰고 전포를 걸치고 채찍을 들고 있으며 검은 얼굴에 수염이 덥수룩한 위압적이고 용맹한 모습이다. 그의 주변에는 항상 취보분(聚寶盆), 대원보(大元寶), 보주(寶珠), 산호 등의 보물이 있어, 재원(財源)이 끝이 없음을 강조하고 있다. 전설에 따르면, 조공명은 두 눈을 잃어 세력과 이익을 살피는 눈으로 사람을 볼 수가 없었으므로 공평하게 재부를 분배하였기 때문에 '공정재신(公正財神)'으로도 불린다.

조공명은 본래 도교의 호법신 가운데 하나이다. 얼굴은 흑색이고 머리에 철관(鐵冠)을 썼으며, 손에 쇠 채찍을 든 채 흑호(黑虎)를 타고 긴 수염을 흩날리는 위풍당당한 모습이다. 흑호(黑虎)를 타고 있으므로 '흑호현단(黑虎玄壇)'이라고도 한다. 주요 직책은 요귀를 잡는 것으로, 한 손에는 금륜(金輪)을 들고 한 손에는 철삭(鐵索)을 들고 있다. 도가 서적에서 조공명은 서방 금기(金氣)의 화신으로, 손에 금륜을 들고 상업이 순조롭고 이롭게 하는 직책을 맡고 있으며, 조공명을 위주로 행하는 법회를 '금륜여의대법(金輪如意大法)'이라 하였으므로, 민간에서 재신으로 간주하게 되었다.

명대에는 서아시아의 상인들이 중국에 와서 무역을 하였는데, 당시 중국에서는 이들을 '회회(回回)'라고 불렀다. 이들 대부분이 이슬람교를 신봉하였기 때문이다. 이들은 중국에 들어온 후 뛰어난 상술로 유명하여 조공원수가 회족이라는 전설이 발생하였고, 이에 조공명에 대한 제사에는 돼지고기를 사용하지 않고 쇠고기만을 사용한다고 한다.

재물신으로서 신격화된 조공명은 이후 근대 중국 남방에서 활발하게 모셔진다. 특히 타이완의 민간신앙에서 조공명은 '한단야(寒單爺)' 혹은 '감단야(邯鄲爺)' 등으로 불린다. 이는 조공명의 본래 호칭인 '현단(玄壇)'의 음이 푸젠성 남부지방의 말로 변화되면서 '한단', '감단'이라는 이름이 된 것으로 추측된다.

문(文)을 대표하는 재물신 – 비간(比干)과 범려(范蠡)

공정함을 대표하는 비간

비간은 상나라의 28대 태정제(太丁帝) 문정(文丁)의 아들로, 주왕(紂王)의 숙부이다. 이름은 비(比)이고, 간(干)이라는 나라에 봉해져 '비간'이라고 불린다. 자(子)가 성이므로 자비(子比)라고도 한다. 미자(微子), 기자(箕子)와 함께 상 말기 세 명의 어진 사람을 가리키는 삼인(三仁)으로 꼽히며, 중국의 민간에서는 '글과 재물(文財)'을 관장하는 문곡성(文曲星)의 화신(化身)으로 숭배되어, '문곡성군(文曲星君)'으로 불리기도 하고, 중국의 전설적 인물들과 함께 재물을 관장하는 재신에 포함된다.

비간에 얽힌 이야기를 살펴보자. 비간의 조카이며 상나라 마지막 임금인 주왕(紂王)은 총명하고 용맹했지만, 자신의 재능을 지나치게 자신하여 신하의 간언을 불필요하게 여겼다. 그는 술과 음악을 지나치게 즐겼으며 여자를 좋아했다. 특히 달기(妲己)를 총애하여 그녀의 말이면 무엇이든 들어주었다. 주왕은 세금을 무겁게 부과하여 녹대(鹿臺)라는 궁궐을 지었고, 연못을 술로 채우고 고기를 숲처럼 매달아 놓고 즐긴다는 '주지육림(酒池肉林)'이라는 말이 생길 정도로 방탕하고 사치스럽게 생활했다. 그리고 백성들의 원성이 높아지자 형벌을 강화시켜, 기름을 바른 구리 기둥을 숯불 위에 걸쳐 달군 뒤에 그 위를 맨발로 건너가게 하여 불에 타 죽게 하는 포락(炮烙)이라는 형벌까지 만들어 냈다. 그리고 비중(費中)이라는 사람을 등용하여 국정을 담당하게 했는데, 그는 아첨을 잘하고 사리사욕만 채웠기 때문에 백성들은 모두 그를 멀리하게 되었다.

이처럼 주왕이 정사를 돌보지 않자 일부 제후들이 반감을 드러내기 시작하였다. 이에 비간은 주왕에게 정치를 바로잡을 것을 주장하다가 죽었다. 민간 설화에 따르면, 주왕은 화를 내며 "성인(聖人)의 심장에는 구멍이 일곱 개나 있다고 들었다."라며 진짜 그런지 확인하겠다면서 비간의 심장을 꺼내도록 하였다고 전한다. 이후 상나라의 정치는 더 이상 회생하기 힘든 상태로 빠져들고, 기원전 1046년 주왕은 주(周)나라 무왕(武王)과의 목야(牧野)의 전투에서 패하고 자살하였다.

비간의 묘역은 지금의 허난성(河南省) 신샹(新乡)시 웨이후이(衛輝)에 있다. 비간 묘역은 은나라 후기에 만들어졌고, 주나라 무왕이 봉묘하고 중건하였다. 공자가 비간의 묘를 찾아 비석을 세우고, 은나라 비간이 이곳에 잠들었다는 '은비간막(殷比干莫)'이라는 글씨를 남겼다. 공자가 비문을 만든 이후로, 총 64개의 비석이 만들어졌는데, 진(秦), 한(漢), 당(唐), 송(宋)을 비롯한 중국의 모든 왕조는 이곳에 비석을 세웠다고 한다.

민간신화에서 비간의 모습은 문관으로 나타나며, 머리에 재상의 모자를 쓰고 손에 여의를 든 채 몸에 망포를 입고 원보에 발을 올려놓고 있다. 문을 대표하는 재신, 즉 문재신으로서 비간의 모습은 엄숙하고 맑다.

심장이 없어 일처리를 공정하게 하였다 하여, 비간은 후세에 재신으로 받들어졌다. 전설에 따르면, 비간의 도움을 받아 장사를 한 사람은 공평하게 거래하여 조금도 속이지 않았다 한다. 문재신 비간은 공정하여 사심이 없었다 하여 '공정재신(公正財神)'으로도 불린다.

부의 나눔을 몸소 실천한 범려

범려는 월왕 구천의 책사로, 당시 3천의 군사로 대국 오나라를 멸망시킨 정치가였다. 역사적으로 유명한 와신상담(臥薪嘗膽)의 배경이기도 했던 월왕 구천(句踐)과 오왕 부차(夫差) 간의 패권 다툼은 범려의 재간으로 월나라의 승리로 귀결되었다. 오나라를 멸망시킨 후, 범려는 공이 많으면 화가 따라온다며 모든 재산을 정리하고 월나라를 떠났다. 범려는 월나라를 떠날 때, 월왕 구천은 목이 길고 입이 새처럼 뾰족하여 고난은 함께하여도 즐거움은 함께할 수 없다고 하면서 그 유명한 토사구팽(兎死狗烹) 이야기를 남겼다.

이후 제나라에 도착한 범려는 스스로를 치이자피(鴟夷子皮), 즉 술고래라 칭하면서 농사를 짓고 장사를 하여 부자가 되었다. 그러나 이때 제나라 평공(平公)이 자신을 재상으로 삼으려 하자 범려는 제나라를 떠나 상업의 중심지인 정도(定陶)로 이주하였다. 이때 그는 스스로를 도주공(陶朱公)이라 칭하고 상업에 전념하여 막대한 부를 쌓았다. 범려는 상업을 국정을 살피는 것과 동일시하여 번성할 때는 행동을 자제하여 쇠퇴를 막고 반대로 쇠락할 때에도 낙담하지 않고 가능성을 보고 기회를 만들어내야 한다고 생각하였다. 실제로 그는 이를 구체적으로 적용하여 가격이 낮을 때 구매하여 보관한 후 가격이 높을 때 이를 되팔아 엄청난 부를 확보하였다. 사마천은 『사기』「화식열전」에서 범려가 부의 축적에만 몰두하지 않고 가난한 백성을 구제하고 경제적으로 어려운 사람들을 보살핀 의인이라고 칭송하고 그를 가장 이상적인 부자로 손꼽았다. 범려는 현재에도 상성(商聖)으로 칭송되며 깨끗한 부자의 모범으로 중국에서 회자되고 있다.

상인으로 성인의 경지에 오른 것으로 추앙받는 범려에게는 어떤 특별한 것이 있을까? 도주공 범려에게는 다른 사람과 구별되는 그만의 경제철학이 있었다. 그 내용은 다음과 같다.

첫째, 모든 사물은 천할 때가 있으면 귀할 때가 있다는 것이다. 범려는 사물의 돌아가는 이치를 이해하고 있었다. 그의 상술의 핵심은 '귀함이 정점에 이르면 오히려 천하게 되고, 천함이 바닥에 닿으면 오히려 귀하게 된다'는 것과 '귀중한 것은 하잘것없는 물건을 버리듯 내다 팔고, 천한 것은 귀한 보석을 대하듯이 취한다'는 것이다. 그는 시장의 수요와 공급의 법칙을 이해하고 가치의 법칙이 상품 생산의 문제에 직접적으로 연관된다고 인식하고 있었다.

둘째, 양질의 물건은 소비자와 판매자 모두에게 이익이 된다는 것이다. 범려는 상품의 질이 생산자와 판매자 간의 신뢰 형성에 중요하며, 이것이 시장에서의 경쟁력이 된다고 판단하였다. 그는 시기와 사람을 선택하는 일을 중시하였는데, 여기에서 사람을 선택한다는 것은 물건을 구매해 줄 소비자를 파악한다는 의미로, 범려는 장사의 대상을 확정하고 제품의 질을 통해 사업의 승부를 결정해야 한다고 생각하였다.

셋째, 박리(薄利)는 수단이고 다매(多賣)는 목표라는 것이다. 이익을 남기는 것은 상인의 목표이다. 범려가 다른 사람들과 달랐던 것은 팔 때 가격을 올리지 않으며, 사들일 때 가격을 깎지 않았다는 점이다. 왜냐하면 그는 값을 올리고 내리는 것은 자신이 관여할 일이 아니라 시장 경제의 원칙에 맡겨야 한다고 생각했기 때문이다.

넷째, 재화와 돈은 마치 물이 흐르듯이 원활히 회전되어야 한다는 것이다. 범려는 물건을 비축하는 것과 동시에 회전을 신속히 할 것을 강조하였다. 상품이든 돈이든 시장에서 물이 흐르듯 원활하게 돌아다녀야 한다는 것이다. 그는 물건을 기다릴 줄 아는 끈기도 있었고 동시에 신속하게 회전시킬 줄도 알았다. 즉, 유통의 유기적인 활용을 통해 부의 창출을 극대화하였다.

다섯째, 다양한 상황을 고려해서 종합적으로 판단해야 한다는 것이다. 범려는 월왕 구천의 복수를 도운 후에 복수가 환란을 가져올 것이라 판단하여 가산을 정리하여 장사를 시작하였다. 먼저 제나라로 가서 해변을 일구어 크게 재산을 불렸다. 이에 염업과 농업, 임업을 겸하였다. 그 후 하늘 아래 교역의 중심이라 일컬어지던 도(陶)로 이주하여 본격적으로 상업을 일구었다. 기록에 따르면, 그는 가축을 기르고 농사를 지었으며, 후에 장사를 하여 10%를 이문으로 취하였다고 한다. 이렇게 그는 농업, 목축, 상업과 유통을 하나로 결합한 종합경영을 진행하였다. 그는 양식업에도 능하여 『양어경(養魚經)』이라는 저술도 진행하였다.

여섯째, 무완물(務完物)과 무식폐(務息幣)의 원칙을 지키는 것이다. 무완물은 거래에서 반드시 물건의 품질을 엄격하게 따져야 한다는 뜻이며, 무식폐는 돈을 수중에 쥐고 있으면 안 된다는 뜻이다. 즉, 상업에 종사하는 사람은 자본을 끊임없이 움직여야 한다는 것이 그의 사업원칙이었다. 그는 상업 자본의 특징이 자본을 유통시켜 더욱 많은 자본을 획득하는 데 있다고 보았다.

일곱째, 여시축(與時逐)의 원칙을 지켜라는 것이다. 여기서 시(時)란 농사의 시기를 가리키는 것이 아니라 시장 상황을 의미한다. 범려는 시장 상황을 판단하는 능력을 중요시하였다. 가뭄과 홍수, 기근 등의 상황은 수시로 변화한다. 상인은 시장 변화의 추세와 규칙성을 알고 이를 실제로 이용할 줄 알아야 돈을 벌 수 있는데, 이것이 여시축 원칙이다.

범려는 이렇게 현대 경제이론에서 활용되고 있는 경제의 기본원칙을 이미 당시의 경제환경에 맞게 직접 판단하고 적용하여 막대한 부를 창출하였다. 범려의 화식 과정에 대해서 사마천은 다음과 같은 내용으로 서술하였다.

> 범려는 회계산의 치욕을 씻고 나서 이렇게 탄식했다. "계연의 일곱 가지 계책 중에서 월나라는 다섯 가지를 써서 뜻을 이루었다. 나라에서는 이미 써 보았으니, 나는 이것을 집에서 써 보겠다." 이리하여 그는 작은 배를 타고 강호로 다니다가 성과 이름을 바꾸어, 제나라로 가서는 치이자피라 자칭했고, 도로 가서는 주공이라 자칭했다. 그는 이렇게 생각했다. '도는 천하의 중심으로 사방의 여러 나라로 통하여 물자의 교역이 이루어지는 곳이다.' 그리고 장사를 하며 물자를 쌓아 두었다가 시세의 흐름을 보아 내다 팔아서 이익을 거두었는데, 사람의 노력에 기대지는 않았다. 그러므로 생업을 잘 운영하는 사람은 거래 상대를 고른 뒤 자연의 시세에 맡긴다. 그는 19년 동안에 세 차례나 천금을 벌었다. 또 그것을 두 차례에 걸쳐 가난한 친구들과 먼 형제들에게 나눠 주었다. 이것이 이른바 '부유하면 그 덕을 즐겨 행한다'는 것이다. 나중에 그는 늙고 쇠약해지자 일을 자손

> 에게 맡겼다. 자손들이 가업을 잘 운영하여 재산을 늘려 억만 금에 이르는 부자가 되었다. 그런 까닭에 부를 말하는 사람은 모두 도주공(陶朱公)을 일컫는다.

범려는 사회적 부의 의미를 이해하고 부의 사회적 기여를 몸소 실천한 사람이다. 또한 범려는 항상 제삼자의 입장에서 사고함으로써 정치, 군사, 사업의 성공을 일구어 내었다. 범려는 나아가야 할 때와 물러나야 할 때를 알았다. 능력, 인품, 실천을 겸비한 중국 부자가 바로 범려였다.

제2부

중화제국 시기, 중국 부자 이야기

제4장

사마천의 『사기』와 그 속의 부자들

사마천, 『사기』, 그리고 「화식열전(貨殖列傳)」

기원전 100년에 한(漢) 무제(武帝)가 장수 이릉(李陵)에게 군사 5천을 주고 흉노(匈奴)를 토벌하도록 하였는데 결과적으로 이릉이 전투에 대패하고 흉노에 투항한 사건이 발생하였다. 이후 이릉이 감금 상태에서 탈출하여 돌아오자 한 무제가 이에 책임을 물어 그를 사형에 처하고자 하였다. 사마천은 고향 친구인 이릉을 위해 변호를 하였지만, 같이 괘씸죄에 걸려 역시 사형에 처해지게 되었다. 그런데 당시 사형을 언도받은 사람은 사형을 면하는 대신 두 가지 형벌 중에 하나를 선택할 수 있었다. 하나는 벌금 5만 전을 내는 것이고, 다른 하나는 궁형(宮刑), 즉 거세를 당하는 것이었다. 당시 돈 5만 전은 지금으로 따지면 5억 원 정도에 해당하는 거액이었다. 사마천과 그의 가족은 사형이나 궁형을 면하기 위해 사방으로 돈을 빌리러 다녔지만 결국에는 실패를 하고 말았다. 왜냐하면 돈의 액수도 문제였지만 그것보다 사람들은 황제에게 찍힌 사람에게 돈을 빌려 주었다가 후에 어떤 화를 당할지 모를까 두려워하였기 때문이다. 결국 사마천은 거세를 당하게 되었고, 세상에 대한 자신의 회한과 분노를 담고 부친 사마담의 유지를 받들어 필생의 역작인 『사기』를 완성하게 된다. 사마천은 자신이 돈이 없어서 궁형에 처해지는 현실에 직면하면서 세상에서 경제력이 얼마나 중요한지 몸소 절감하게 된다. 그래서 사마천은 인간의 부에 대한 욕망과 권력, 철학에 대해 보다 적극적인 관심을 가지게 되었는데, 이를 구체화한 것이 『사기』의 「화식열전」이다. 『사기』에는 중국 역사상 최고의 인물 중심의 사건 기술 형태인 기전체 통사로, 본기, 표, 서, 세가, 열전의 다섯 부분으로 나뉘어 2천 년간의 중국 역사가 서술되어 있다. 또한 사마천은 『사기』를 통해 자신의 주관적인 사상과 견해를 드러내어, 치국의 방법에 대한 개인적인 의견까지도 서술하였다.

「화식열전」은 『사기』 열전 70편 가운데 하나로, 농상공업으로 부를 축적한 인물들의 일대기에 관한 내용을 구체적으로 담고 있다. 월왕 구천의 책사였던 범려부터 공자의 제자인 자공, 백규(白圭) 등 춘추전국시대에서 사마천이 살던 시기까지의 부자들 이야기가 서술되어 있다. 제목의 '화식(貨殖)'이라는 말은 그 한자 표기에서도 알 수 있듯이, '화(貨)'란 재물을 나타내고 '식(殖)'은 벌어들인다는 의미이다. 즉, 「화식열전」은 재물을 벌어들이는 사람들의 이야기, 즉 부자 이야기이다. 「화식열전」은 중국 최초로 돈과 경제의 중요성을 강조한 사서이다. 그 내용을 살펴보도록 하자.

세계 최초의 부자 이야기 기록이기도 한 「화식열전」은 몇 가지 측면에서 특별한 의미를 가지고 있다.

첫째, 사마천은 「화식열전」을 통해 재물이 사람 간의 관계를 규정한다고 보고 재물에 대한 인간의 본능적인 욕망을 지적하고 있다. 사마천은 "보통 사람들은 상대방이 자기보다 열 배 부자이면 몸을 낮추고, 백 배 부자이면 그 사람을 두려워하고, 천 배 부자이면 그 사람의 일을 하고, 만 배 부자이면 그 사람의 노예가 되는 것이 사물의 이치다."라고 하였다. 즉, 가까운 사람이 조금 부자가 되면 어떤 이유를 들어 그 사람의 운으로 치부하지만, 많은 재산을 가지게 되면 그 사람을 두려워하면서도 동시에 가까이 가고자 하고, 엄청난 재산을 보유한 사람이라면 그 사람에게 일이라도 얻어 볼까 잘 보이게 되고, 그 사람이 유명한 사람이라면 그 사람의 노예라도 되려고 하는 것이 사람의 본성이라는 것이다.

또한 사마천은 이익을 추구하는 것은 인간의 본능이라고 강조하였다. 그는 "세간에 '천금을 가진 부잣집 자식이 길거리에서 죽는 법은 없다'라고 하는데, 이는 빈말이 아니다. 천하의 사람들이 왁자지껄 모여드는 것도 이익 때문이고, 소란을 떨며 흩어지는 것도 이익 때문이다. 1,000승의 마차를 가진 왕, 1만 호를 가진 제후, 100채의 집을 가진 갑부들도 가난을 걱정하는데, 하물며 호적에 간신히 이름이나 올라 있는 백성들은 말해서 무엇하겠는가? 사람들이 모이고 흩어지는 것은 이익 때문이다. 단지 낭만적으로 모이는 것은 오래가지 못할 뿐더러 명분이 있을지언정 실속이 없다. 사람들의 이익을 잘 조화시켜 주는 것이 중요한 것이지, 사람들이 이익을 추구한다는 것을 뭐라 할 이유는 없는 것이다."라고 하여 이익을 위한 개개인의 활동에 긍정적인 견해를 드러냈다. 이처럼 사마천은 「화식열전」을 통해 재물이 사람 간의 관계를 규정한다는, 인간의 본능적인 측면을 간파하고 있다.

둘째, 사마천은 「화식열전」을 통해 자유로운 경제 활동의 중요성을 강조하고 능력에 따른 치부 과정을 긍정적으로 평가하고 있다. 사마천은 「화식열전」에서 부에 대한 자신의 견해를 다음과 같이 밝히고 있다.

> 가난한 사람은 부자의 마음을 잘 모르나, 부자들은 가난한 사람들의 마음을 잘 안다. 부자가 되고 싶으면 부자가 어떤 생각을 하고 어떻게 행동하는지부터 보아야 한다. 예쁜 여자를 본능적으로 좋아하듯이 모두들 본능적으로 부자가 되고 싶어 한다. 예쁜 여자도 용기 있는 사람이 취하듯, 부자도 용기 있고 지혜로운 사람만이 될 수 있다.

빈부의 법칙은 어느 누가 부를 빼앗아 갈 수도 줄 수도 없으며, 지혜로운 자는 능히 부유해질 수 있고, 졸렬한 자는 곧 빈곤해진다는 것이다. 재물이 없는 빈민은 오로지 힘써서 일할 수밖에 없고, 재물이 있으나 많지 않을 경우에는 곧 지략으로써 조그만 재산을 취하며, 부유한 사람은 기회를 노려 투기를 함으로써 큰 재산을 모으게 된다. 부를 모으는 것은 어느 고정된 한 업종에 종사해야만 비로소 실현해 낼 수 있는 것이 아니며, 재부(財富)란 본래 고정불변의 주인이 있는 것도 아니다. 수완이 있는 자는 능히 재부를 자신의 것으로 만들 수 있는 반면, 무능한 자는 가지고 있던 재산도 와해된다.

또한 그는 상품 교환을 부정하는 노자(老子)의 주장에도 반대의 의견을 분명히 하였다. 사마천은 만약 노자의 말을 현재의 목표로 삼고자 한다면 먼저 사람들의 눈과 귀를 모두 막아 버리는 방법 이외에 다른 방법이 없을 것이라고 단언하였다. 그는 그 이유에 대하여, 사람들은 귀와 눈에 좋은 소리와 색깔을 모두 즐기려 하고 입으로는 각종 맛있는 고기를 끝까지 맛보려 하며 몸은 안락과 향락을 즐기고 마음은 권세와 지위의 존귀함을 과시하는 데에 두기 때문이라고 하였다.

셋째, 사마천은 「화식열전」을 통해 상인의 사회·경제적 역할을 강조하였다. 사실 사마천 이전 시대에 중국에서는 상인을 국가를 좀먹는 존재로, 상업을 게으르고 가난한 자의 잡기 정도로 치부하였다. 실제로 전국시대에 진 효공은 상앙(商鞅)의 변법을 시행하면서, 농업 생산에 진력하여 곡물과 직물의 공납이 많은 자에게는 부역을 면제했고, 상업에 종사하면서 게으르고 가난한 자는 관비로 삼았다. 농업을 중시하고 상업을 철저하게 억압하는 이러한 극단적 조치는 유목민족이었던 진나라 백성들을 농경민족으로 전환시키는 과정에 효과적이었던 정책으로, 이로부터 진나라의 국력이 급속하게 강대해졌다. 당시의 실권자였던 상앙은 국가의 부강이란 농업 생산과 군사력에 의해 결정되는 것으로, 오직 농업과 군사력이 강해야만 비로소 국가가 안전하고 군주가 존귀할 수 있다고 인식했다. 따라서 반드시 농업을 본업으로 정해야 했다. 반면 상업은 이른바 말업(末業)이며, 상인은 식량을 생산하지 못하고 도리어 식량을 소모하기 때문에 국가에 이로움이 없고 농민의 농업 종사에 좋지 못한 영향만 준다고 간주했다. 왜냐하면 농민이 상업으로써 능히 부자가 될 수 있다는 점을 알게 되면 반드시 농사를 짓지 않게 된다는 것이다. 진시황은 천하를 통일한 뒤 이러한 중농억상(重農抑商) 정책을 더욱 강화하여, 병역이나 노역을 피해서 도망간 사람, 데릴사위로 들어간 사람, 장사하는 사람 등을 징발하여 육량(陸梁) 지역을 공격하고 계림(桂林), 상군(象郡), 남해(南海) 등의 군(郡)을 설치했으며, 죄를 지어 유배 보내야 할 사람들을 여기에 파견하여 지키도록 했다. 이로써 알 수 있듯이, 상인은 심지어 범죄자로 취급되기에 이르렀던 것이다. 한나라도 중농억상의 경제 정책을 국책으로 삼았다. 한나라 때 상인은 천민으로 간주되었고, 상인은 보통 호적을 지닐 수 없었으며 별도의 호적을 만들어야 했다. 이른바 시적(市籍)이었다. 동시에 상인들은 각종 인신모욕을 받아야 했다. 이렇듯 상인을 천시하는 사회의 압도적 분위기 속에서 사마천은 오히려 상인의 경제·사회적 역할에 주목했다. 당시에는 비록 법령에 의해 상인을 천시하는 정치적 압박이 존재했지만, 상인은 이미 부귀해져 있었다. 그래서 사마천은 용감하게 화식가(貨殖家)에 대한 열전을 기술했고, 거기에서 상인 존재의 역사성과 합리성을 강조했다. 사마천은 화식가가 자본과 실력을 축적하는 과정에서 발휘된 그들의 장점을 잘 묘사하였다. 사마천의 눈에는 사업 현장에서의 그들의 지혜가, 전쟁터에서 계책을 내고 천리 밖의 승리를 결정하는 모사(謀士)와 지자(智者)들의 그것에 전혀 뒤지지 않았던 것이다.

사실 사마천이 『사기』를 집필하던 기원전 100~90년대는 유교가 아직 한의 국교로 확고히 자리 잡은 시기가 아니었다. 기원전 145년생인 사마천은 어떤 의미에서 보면 유교의 영향을 받기 전 마지막 세대라고 할 수 있다. 이런 이유로 사마천의 「화식열전」에는 비유교적인 시각이 담긴 표현이 곳곳에 언급되어 있다.

넷째, 사마천은 「화식열전」을 통해서 부 자체가 가지는 순기능에 주목하고 주위에 설파하였다. 그는 "못이 깊어야 물고기가 있고, 산은 깊어야 짐승이 살듯이, 사람은 부유해야만 인의(仁義)가 따른다. 부유한 사람이 세력을 얻으면 더욱 세상에 드러나고, 세력을 잃으면 빈객도 줄어들어 쓸쓸하게 된다. 이런 일은 오랑캐 나라에서는 더욱 심하다. 속담에 '천금(千金)의 아들은 시장에서 죽지 않는다'고 했는데, 그것은 정녕 빈말이 아니다."라고 하여 부자가 되는 것은 인의를 실천하고 덕을 나눌 수 있는 긍정적 가치가 있음을 강조하고 있다. 그는 「화식열전」에서 도주공 범려와 자공의 예를 들어 부의 사회적 환원의 구체적 사례를 보여 주기도 한다.

다섯째, 사마천은 「화식열전」을 통해 노동의 숭고함과 책임 있는 경제 활동, 근면성실의 중요성을 거듭 강조하고 있다. 다음 표현은 사마천의 이런 생각을 대변해 준다.

> 집은 가난하고 어버이는 늙고 처자는 어리고 철따라 조상의 제사도 지내지 못하고 친척과 친구로부터 음식과 의복까지 신세를 지고 있는 데다 자신은 어떻게 해 볼 수 없게 되어서도 부끄러운 줄 모르는 사람은 이미 갈 데까지 간 사람이다. 그러므로 무일푼인 사람은 노동을 하고, 다소의 재산이 있는 사람은 지혜를 써서 더 늘리고 많게 하려 하며, 이미 많은 재산을 가진 사람은 시기를 노려 더욱더 비약을

꾀하려 한다. 이것이 이식(利殖)의 대강이다. 이제 생계를 꾸려 나가는 데 몸을 위험에 던지지 않고 수입을 얻으려 하는 것은 현인이 한결같이 힘쓰는 바이다. 그러므로 농업으로 부를 얻는 것이 최상책이고, 상업에 의한 것이 그다음이고, 간악한 수단으로 부를 잡으려는 것이 최하책이다. 그건 그렇다 치고, 세상을 등지고 산야에 묻혀 사는 청렴한 선비만큼 근행하는 것도 아닌데, 오랫동안 빈천하게 살면서 즐겨 인의를 말하는 패거리 역시 부끄러운 일이라 할 것이다.

여섯째, 사마천은 「화식열전」을 통해 상대방의 지위 고하와 신분의 차별을 뛰어넘는 부자의 인간적인 면모를 강조하였다. 특히 사마천은 제(齊)나라 때 조간(刁閒)의 예를 들어 차별 없는 부자의 모범 사례를 제시하고 있다.

제(齊)나라 사람들은 습속으로 노예를 천시했는데, 조간만은 노예를 사랑하여 정중히 대했다. 교활한 노예는 사람들이 싫어하게 마련인데도 조간은 이를 받아들여 물고기와 소금 장사를 시켜 돈을 벌어들이게 했다. 조간은 많은 거기(車騎)를 거느리고 군의 태수와 교제한 일도 있는 신분이었으나 더욱 노예들을 신임하였고, 마침내 그들의 도움으로 수천만의 부를 쌓았다. 그 때문에 벼슬을 하여 관직과 봉록을 받는 몸이 될 것이냐, 아니면 조씨의 노예가 될 것이냐 하는 말까지 있을 정도였다. 이것은 조간이 뛰어난 노예를 부유하게 해 주고, 마음껏 그들의 힘을 주인을 위해 바치게 한 것을 칭찬한 것이다.

마지막으로, 사마천은 「화식열전」에서 부자가 되는 데 직업의 귀천이 없음을 강조하였다. 사마천은 「화식열전」 말미에 다음과 같이 직업에 관한 자신의 생각을 남긴다.

> 대체로 아껴 쓰고 부지런한 것은 생업을 다스리는 바른 길이다. 그렇지만 부자가 된 사람은 반드시 기이한 방법을 사용했다. 밭에서 농사짓는 것은 졸렬한 업종이지만 진나라의 양씨는 이것으로써 주에서 제일가는 부호가 되었다. 무덤을 파서 보물을 훔치는 것은 나쁜 일이지만 전숙은 그것을 발판으로 하여 일어섰다. 도박은 나쁜 놀이지만 환발은 그것으로써 부자가 되었고, 행상은 남자에게는 천한 일이지만 옹낙성은 그것으로 천금을 얻었고, 술장사는 하찮은 일이지만 장씨는 그것으로 천만금을 얻었으며, 칼을 가는 것은 보잘것없는 기술이지만 질씨는 그것으로써 제후들처럼 식사를 했다. 양의 위를 삶아 말려서 파는 것은 단순하고 하찮은 일이지만 탁씨는 그것으로 기마행렬을 거느리고 다녔다. 말의 병을 치료하는 것은 하찮은 의술이지만 장리는 그것으로써 종을 쳐서 하인을 부리게 되었다. 이것은 한 가지 일에 전념한 결과이다. 이로써 보건대, 부유해지는 데는 정해진 직업이 없고, 재물은 정해진 주인이 없다. 능력이 있는 사람에게는 재물이 모이고, 능력이 없는 사람에게는 기왓장 부서지듯 흩어진다. 천금의 부자는 한 도읍의 군주에 맞먹고, 억만금을 가진 부자는 그 즐거움이 왕자의 그것과 같다.

『사기』 속 부자 이야기

자공(子貢) - 유상(儒商)을 대표하는 중국 기업가의 원조

무릇 공자의 이름이 천하에 알려진 까닭은 그의 부유한 제자인 자공이 공자를 앞뒤로 모시고 도왔기 때문이다. 이는 바로 "권세를 얻으면 세상에 더욱 드러난다는 말이 아닌가?"라는 사마천의 「화식열전」 내용과도 일맥상통한다. 누군가 천하에 큰 뜻을 품는다고 해도 돈이나 재력이 뒷받침되지 않으면 안 된다. 세상을 다스리려고 하면 이를 움직일 수 있는 돈이 반드시 있어야 한다. 혼자 숲 속에서 바른 말이나 하면서 고고하게 살아가는 사람은 그저 산속의 작은 메아리에 그치게 된다는 것이다.

과거 유교적 사회질서 속에서는 사농공상(士農工商)이라는 계급이 존재하였고, 이러한 계급체제에서 상인 계급은 최하층에 속했다. 왜냐하면 사회 분위기상, 학문과 진리를 논하는 사대부는 고귀한 존재였고, 농민과 기술자는 사회에 필요한 재화를 생산하는 데 비해, 상인은 아무것도 생산하지 않고 단지 이익만을 추구한다고 여겨졌기 때문이다. 그러나 『논어』에서 묘사된 공자의 모습을 비추어 보면 공자는 우리의 예측과는 달리 상업이나 경제 활동을 경시하지 않았음을 알 수 있다. 왜냐하면 공자는 백성들에게 있어 가장 중요한 문제는 바로 먹고사는 것에 대한 보장이라고 생각했기 때문이다. 흔히들 공자의 제자들 중에서 빼어난 재능을 지닌 열 명의 제자들을 가리켜 공문십철(孔門十哲)이라고 하는데, 이 중 자공이라는 제자가 있었다. 『논어』와 『사기』에는 자공에 대한 다양한 서술을 접할 수 있는데, 자공은 뛰어난 언변에 재능이 있을 뿐만 아니라,

천부적으로 경제 감각이 뛰어나 후에 거상(巨商)이 되었다. 공자가 자신의 고향인 노(魯)나라를 떠나 56세에서 68세까지 13년간 자신의 사상을 실현시켜 줄 임금을 찾기 위해 동서남북으로 돌아다니면서 70여 명의 임금을 만났던 주유열국(周遊列國)의 여정을 경제적으로 지원한 제자가 바로 자공이었다.

「화식열전」에서 사마천은 자공에 대하여 다음과 같이 서술하고 있는데, 여기에서 우리는 유교적 사상을 기반으로 한 기업가로서 자공의 면모를 살펴볼 수 있다.

> 자공은 공자에게 배운 뒤 물러나 위나라에서 벼슬하고, 조나라와 노나라 사이에서 물자를 쌓아 두기도 하고 팔기도 하여 재산을 모았다. 공자의 70여 제자들 중에서 자공이 가장 부유했다. 원헌(原憲)은 술지게미나 쌀겨조차도 제대로 먹지 못하면서 후미진 뒷골목에서 숨어 살았다. 자공은 사두마차를 타고 기마행렬들을 거느리며 비단을 폐백으로 들고 제후들을 찾아갔으므로 가는 곳마다 왕들이 몸소 뜰까지 내려와 대등한 예로 맞이하지 않는 자가 없었다. 대체로 공자의 이름이 천하에 널리 알려지게 된 것도 자공이 공자를 모시고 다니며 도왔기 때문일 것이다. 이것이 이른바 세력을 얻어 더욱 세상에 드러나는 일일 것이다.

자공이 훗날에도 사람들에게 칭송을 받는 이유는 사업적 성공과 더불어 고상한 인품과 박학한 지식을 갖춘 진정한 유상의 모습을 보여 주었기 때문이다. 이익을 보고도 의를 먼저 생각하는 유상의 전통을 중국 최초로 만들어 낸 인물로서, 자공은 오늘날까지 많은 사람들에게 귀감이 되고 있다.

계연(計然) - 중국 최초의 경제 이론가

계연은 중국 최초의 경제 이론가이자 실천가로 불린다. 옛날 계연이 살던 진나라는 잉여 생산품을 여러 나라에 내다 팔기 위해 각종 개방정책을 취했고, 그 결과 진나라 남쪽 일대에는 거상들이 생겨나기 시작하는 등, 상업적 활동 기회가 빈번해졌다. 계연은 당시 이런 기회를 이용해 염업(鹽業)으로 상당한 부를 쌓았다고 한다.

계연에 관한 이야기는 사마천의 「화식열전」을 통해 보다 구체적으로 살펴볼 수 있다.

> 옛날, 월왕 구천은 회계산에서 고통을 겪으면서 범려와 계연을 기용했다. 계연은 이렇게 말했다. "전쟁이 있을 것을 알면 미리 방비를 해야 하고, 때와 쓰임을 알면 그때 필요한 물건을 알게 됩니다. 이 두 가지를 분명하게 알면 모든 재물의 실정을 알 수 있습니다. 그러므로 세성이 서쪽에 있으면 풍년이 들고, 북쪽에 있으면 수해가 발생하며, 동쪽에 있으면 기근이 들고, 남쪽에 있으면 가뭄이 듭니다. 가뭄이 든 해에는 미리 배를 준비해 두고, 수해가 있는 해에는 미리 수레를 준비해 두는 것이 사물의 이치입니다. 6년마다 한 차례 풍년이 들고, 6년마다 한 차례 가뭄이 들며, 12년마다 한 차례 흉년이 듭

니다. 쌀값이 한 말에 20전이면 농민들이 고통을 받고, 90전이면 반대로 상인들이 고통을 받습니다. 상인들이 고통을 받으면 상품이 유통되지 않고, 농민이 고통을 받으면 논밭이 황폐해집니다. 쌀값이 비싸도 80전을 넘지 않고, 싸도 30전 아래로 떨어지지 않게 하면, 농민과 상인이 다 함께 이롭습니다. 쌀값을 안정시키고 물자를 고르게 유통시켜 관문이나 시장에 물건을 넉넉하게 하는 것이 나라를 다스리는 길입니다. 물자를 축적하는 원칙은 물건을 온전한 채로 보전하는 데 힘써야 하는 것이지 물화를 오래 쌓아 두는 것이 아니며, 물자는 서로 교역하고, 상하기 쉬운 것을 팔지 않고 남겨 두어서는 안 되고, 또 비싼 것을 오래 가지고 있어서도 안 됩니다. 물건이 남아도는지 모자라는지를 알면, 그것이 귀한지 천한지를 알 수 있습니다. 비쌀 대로 비싸지면 헐값으로 돌아오고, 쌀 대로 싸지면 비싼 값으로 되돌아갑니다. 비싼 물건은 오물을 배설하듯이 내다 팔고, 싼 물건은 구슬을 손에 넣듯 사들입니다. 물건과 돈은 흐르는 물처럼 원활하게 유통시켜야 합니다."

월나라가 계연의 방책을 실천에 옮긴 지 10년이 되니, 나라는 부강해지고 병사들은 많은 상을 받게 되었다. 병사들은 목마른 사람이 물을 얻는 것처럼 적군의 화살과 돌을 향해 용맹스럽게 달려나가게 되었고, 드디어 강한 오나라에 복수하여 중국에 병력을 떨쳐, 월나라는 5패에 꼽히게 되었다.

백규(白圭) – 중국 상인의 선구자

백규는 중국 상인의 비조(鼻祖)로 추앙받는 인물이다. 백규는 풍운이 교차하는 춘추전국시대에 태어났고, 위(魏)나라의 고관을 지냈다. 그는 상업에 뛰어나 부를 이루었고, 천하에 명성을 얻었다. 사마천은 『사기』 「화식열전」에서 그를 치생조(治生祖), 곧 민생을 경영하는 데 있어서의 비조, 즉 상업의 조사(祖師)라고 칭했다. 또한 사마천은 백규를 가리켜 상업 경험이 풍부할 뿐 아니라 이를 잘 활용할 줄 알았다고 하였으며, 또 그의 경상(經商) 이론은 탁상공론이 아니라 식견이 뛰어나고 효과가 있었다고 하였다. 백규는 시대의 변화에 낙관적이었으며, 장사에 능했고, 상인이 전체의 20%를 차지하는 주나라를 대표하는 가장 전형적인 상인으로 칭송되고 있다.

특히 상업에 천부적인 재능을 타고난 백규는 오랫동안 상업에 종사하면서 자신만의 경상 이론을 확립하게 된다. 그는 경상은 반드시 낙관시변(樂觀時變)해야 한다고 주장했다. 즉, 농업 생산의 동향 변화와 시장의 시세 변화에 자주 주의해야 한다는 말이다. 그래야 시기를 잘 잡아서 이익을 취할 수 있다는 말이다. 그리고 '다른 사람이 버리면 나는 취하고, 다른 사람이 취하면 나는 내놓는다'는 경영 원칙을 취했다. 매년 양식이 풍성하게 나올 때면 오곡을 사들이고, 비단, 칠 등을 팔았다. 양잠으로 비단이 나올 때면 비단을 사들이고, 대신 양식을 팔았다. 그는 백성의 생활필수품을 운영하면 시장이 넓고 판로도 많으며, 다른 사람과 매매 가격으로 다툴 필요가 없이 큰 이윤을 얻을 수 있다고 말했다. 그 이유는 때에 따른 가격 차이에서 오는 것이었다. 한번은 상인들이 한꺼번에 면화를 투매하여 면화 가격이 아주 낮아진 일이 있었다. 백규는 이를 보고, 수하에게 시켜서 면화를 구매한다는 팻말을 내걸게 했다. 그리고 그들로부터 재고를 모두 사들였다. 나중에 장마가 오래 지속되면서 면화 수확이 좋지 않자, 수중에 면화를 가지고 있지 못한 상인들은 사방으로 면화를 찾아다녔다. 이때 백규는 비싼 가격으로 재고를 모조리 팔아 넘겨서 큰 이윤을 보았다.

백규는 해마다 농사가 풍년인지 흉년인지에 대한 예측을 아주 중시하여 기후 변화를 열심히 연구하였다. 그리고 그는 식량 생산의 풍년·흉년에 대한 규칙을 경험으로 알게 되었다. 그에 따르면 이렇다. 12년을 주기로 농사에는 일정한 규칙이 나타난다. 일반적으로 3년마다 큰 변화가 있다. 예를 들어, 앞의 3년이 풍년이었으면 뒤의 3년은 왕왕 가뭄이 든다. 그리고 가뭄이 든 후에는 홍수가 난다. 홍수가 난 뒤에는 다시 풍년이 드는 것이 자연의 이치다. 풍년과 흉년 사이의 곡물 가격은 2배 이상 차이가 난다.

백규는 또한 상업을 하는 데 있어서 취여관(取與觀)을 확실히 정립해야 한다고 주장했다. 일단 기회가 오면 독수리가 사냥감을 채어 가듯 과감해야 하고 조금의 망설임도 있어서는 안 된다는 것이다. 재산 관리에서 우물쭈물하며 관망하는 것은 기회를 놓치는 것이라는 의미이다.

백규는 나라의 재산을 관리할 때도 큰 것부터 챙겼고 전체적인 국면을 고려했다. 그러나 경영에서는 작은 이익도 그냥 넘기지 않았다. 그는 잔꾀를 써서 속이지 않았다. 화물 유통을 생산 발전과 연계시켰고, 이렇게 해서 경영으로 돈을 벌고 생산에도 유리하도록 하였다. 그는 남는 것으로 부족한 것을 메우고, 풍년에 거둔 것으로 흉년에 부족한 것을 메우고, 전국 각지의 물자를 서로 모자라는 곳에 지원하게 해 주면, 보국안민(輔國安民)이 이루어지고 국가는 부유해진다고 보았다. 구체적인 방법은 이러했다. 만일 어느 지방에서 양잠을 하여 비단이 많이 나게 되면, 이곳의 제품을 구매하는데, 구매 방법은 그 동네에서 부족한 곡식 등을 주고 바꾸는 것이다. 만약 어느 지방에서 식량을 많이 생산하면 그곳의 식량을 사는데, 마찬가지로 비단과 같은 필수품을 가지고 교환한다. 이렇게 하여 전국의 화물이 골고루 유통되면 백성의 생활에 도움이 되고, 사람들은 거기에서 이윤을 획득할 수 있다는 것이다. 이것이 일거양득이고, 나라에도 이롭고 백성에게도 이롭다는 것이 백규의 주장이었다.

「화식열전」에는 백규가 '욕장전취하곡(欲長錢取下穀), 장석두취상종(長石頭取上種)'의 경제 사상을 주장했다고 적혀 있다. 즉, 돈을 벌기 위해서는 좋지 않은 곡식을 먹을 수 있지만, 종자로 삼는 것이라면 그다음 해의 풍성한 수확을 위한 것이므로 가장 좋은 곡식을 선택해야 한다는 말이다. 최상의 곡물만이 그다음 해의 풍성한 수확을 보장해 줄 수 있다. 백규가 생활하던 시대에 곡물은 시장에서 가장 중요한 상품이었다. 소비자들은 통상적으로 일반 평민이었고, 그들의 소비수준은 그저 배만 채우면 되는 것이었다. 그래서 상인들이 주로 가지고 있는 상품은 하급의 곡물이었다. 상인들은 귀족이나 대지주 등에게만 상급의 곡물을 제공했다. 우수한 종자는 농부들에게는 재부의 기초이다. 그리고 상인들에게도 공급원을 보장해 주는 것이 된다. 그래서 좋은 곡물은 농민들이 이를 파종하게 하여야 한다는 것이다.

박리다매(薄利多賣) 원칙은 백규가 숭상하던 경영 원칙이다. 백규는 큰 이익을 추구했다. 그러나 큰 이익은 반드시 값비싼 상품을 거래함으로써 실현되는 것은 아니라고 생각했다. 값비싼 상품은 일반인들이 구매할 수 없는 것이고 판매량에도 한계가 있다. 저렴한 상품은 반대로 일반인의 필수품이고 동시에 수요도 많으므로 이로써 이익을 얻을 수 있는 것이다. 동시에 그는 상품의 품질도 중시했다. 품질이 가장 좋은 상품만이 신용을 얻을 수 있고, 시장에서 환영받을 수 있다고 보았다.

백규가 살던 시대는 정치, 군사의 지위가 경제의 지위보다 높았다. 그러나 백규는 경제를 정치, 군사와 동등하게 중요시했다. 그는 "내가 생산을 주관하는 것은 이윤과 여상이 모략을 세우고, 손자가 병법을 쓰고, 상앙이 법을 행하는 것과 같다."라고 하였다. 그리고 상업에도 큰 지혜와 자질이 있어야 하고 인의의 마음이 있어야 한다고 주장하였다.

당시에 재난과 전쟁과 세금 부담이 가중되면서 투기전매, 매점매석 등의 현상이 성행했다. 일부 부유하지만 어질지 못한 상인들은 이를 통해서 단기적인 이익을 얻으려 했다. 이것은 백규의 이민후재취재(利民後再取財, 백성을 이롭게 한 후에 재물을 취한다) 원칙에 어긋나는 것이었다. 맹목적으로 이익의 최대화를 추구하는 자는 소인배와 같은 무리들이며, 치국평천하의 기백을 가진 자만이 항상 생산자를 고려해 주고 장사도 안정적이고 장기적으로 할 수 있다는 것이 백규의 생각이었다.

백규는 후세 상인들이 상인의 시조로 존경하는 대표적인 인물이다. 송나라 경덕 4년에, 송 진종(眞宗)은 백규를 상성(商聖)에 봉하였고, 민간에서는 백규를 '인간재신(人間財神)'이라 부르며 신패를 만들어 모셨다.

관중(管仲) - 상인 개혁가이자 정치가

관중은 춘추시대 제나라의 재상으로, 공자 규(糾)를 배신하고 소백(小白), 즉 후의 제나라 환공을 춘추 5패의 최초 패자로 만든 인물이다. 우리에게는 그와 포숙아(鮑叔牙)의 우정을 나타내는 관포지교(管鮑之交)라는 고사성어로 친숙한 인물이다. 『사기』 「관안열전(管晏列傳)」에서는 관포지교의 유래를 다음과 같이 소개하고 있다.

> 관중은 말했다. "내가 가난했을 적에 포숙(鮑叔)과 함께 장사를 했는데, 재물을 나눌 때 항상 내가 포숙보다 더 많이 차지하였지만, 포숙은 나를 욕심 많은 사람이라고 생각하지 않았다. 내가 가난하다는 것을 알았기 때문이다. 일찍이 포숙을 위해 일을 계획했다가 그를 더욱 곤란해지게 했던 적이 있었는데, 포숙은 나를 어리석다고 생각하지 않았다. 사람의 일은 잘 풀릴 때와 잘 풀리지 않을 때가 있다는 것을 알았기 때문이다. 나는 일찍이 세 번 벼슬했다가 세 번 임금에게 쫓겨난 적이 있었는데, 포숙은 나를 무능하다고 생각하지 않았다. 내가 때를 만나지 못했다는 것을 알았기 때문이다. 내가 일찍이 세 번 전쟁터에 나갔다가 세 번 도망친 적이 있었는데, 포숙은 나를 겁쟁이라고 생각하지 않았다. 내게 늙은 어머님이 계신 것을 알았기 때문이다. 공자 규(糾)가 패했을 때 소홀(召忽)은 그를 위해 죽었지만 내가 옥에 갇혀 치욕을 받았을 때에도 포숙은 나를 부끄러움을 모르는 사람이라 생각하지 않았다. 내가 부끄러워하는 것은 작은 절개를 지키지 못하는 것이 아니라, 공명을 천하에 드러내지 못하는

것이란 것을 알았기 때문이다. 나를 낳아 준 이는 부모지만, 나를 알아준 사람은 포숙이다."

형편이 어려운 가정에서 태어난 관중은 부지런히 일을 하여 많은 재물을 모으게 되었다. 그리고 이 과정에서 사회에 대한 인식의 폭을 넓히고 정치·경제적 상황에 대해 깊이를 더하게 되었다. 관중은 어린 시절 포숙아와 교분을 맺은 후에 동업을 시작하여 자산이 금세 1만 관에 이를 만큼 큰 부자가 되었다. 이 과정에서 포숙아는 관중이 치국의 재능을 가진 숨은 인재임을 간파하고 그를 아껴, 다른 면에서의 약점과 부정을 이해하고 감싸주었다.

훗날 관중은 제나라 재상이 되어 모든 국사를 관장하며 개혁을 진두지휘하였다. 그는 사회 제도와 군사 제도를 결합한 군민전투 체제를 시행하여 군사력을 길렀고, 소금과 철, 금의 생산을 정부가 직접 관리하고, 바다에 인접한 지리적 장점을 살펴 상업을 발전시키고 교역을 장려하였다. 또한 식량의 자유 매매, 사유 경제 정책을 실행하고, 빈민을 구제하고 세금을 공정하게 징수하여 민생을 안정시켰다. 이러한 관중의 주도하에 사회·경제체제 개혁을 진행한 제나라는 국부를 축적하고 이를 기반으로 춘추 5패의 첫 번째 패자가 되었다.

일반적으로 관중의 경제관은 그의 저서인 『관자(管子)』에 상세하게 나타나 있다. 관중은 자신의 저서 『관자』를 통해 "사람은 곳간이 넉넉할 때 예절을 알고, 의식의 부족함이 없어야 부끄러움을 안다."라고 말하여, 정치의 목적이 백성의 삶을 윤택하게 하는 것이며, 이를 위해 법을 융통성 있게 적용해야 한다고 주장했다. 지금까지 『관자』는 모두 76편이 전해지는데, '경언(經言)', '외언(外言)', '내언(內言)', '단어(短語)', '구언(區言)', '잡편(雜篇)', '관자해(管子解)', '경중(輕重)' 등 여덟 가지로 분류된다. 여기에는 정치·경제·사회 등 다방면에 걸친 그의 사상과 원칙이 녹아 있다.

이 중에서 경제를 전문적으로 다룬 것은 '경중' 편이다. 최초에 '경제학(economics)'이라는 단어가 '경중학(輕重學)'으로 번역된 적이 있었을 정도로, 경중(輕重)은 곧 중국 전통 경제 사상을 가리킨다. 실제로 전국시대에서 서한시대까지 집집마다 『관자』를 소장할 정도로, 『관자』는 대중적으로 널리 보급된 책이었다. '경중' 편은 시장경제냐 계획경제냐의 논쟁을 넘어선 시장의 원칙을 제시한다. 관자가 말하는 시장경제는 공사를 구분한 국가 개입과 국가 주도하의 시장경제다. 특히 시장은 자유방임 상태의 시장과는 다르며 개인의 사적 소유권 역시 절대적인 것이 아니다. 관중은 국가가 시장경제를 자유방임 상태로 내버려 두면 빈익빈 부익부 현상이 심화되고 사회 안정을 위협할 것이라고 경고한다. 따라서 남는 것을 덜어 부족한 부분을 보충하는 방법으로 조화로운 발전을 도모해야 한다고 말한다. 관중의 "백성의 이익을 조절하지 못하면 경제 통제를 통해 나라를 잘 다스린다고 할 수 없다."라는 지적은 서구의 시장경제 이론이 간과하고 있던 부분이라 할 수 있다.

이 밖에도 『관자』에는 "상인이 조정에서 권력을 장악하면 뇌물이 권력 상층부로 흘러 들어간다."라며 자본을 보유한 상인들이 사회의 재화를 독점하도록 방치해서는 안 된다는 지적도 있다. 결론적으로 관자의 핵심 사상은 부국안민(富國安民)이다. 나라를 부유하게 함과 동시에 국가의 주인인 백성들을 평안하게 하겠다는 의지다. 실제 관중 역시 엄청난 부자로 유명하였다. 관중의 부유함은 제나라 공실과 맞먹을 정도였지만 제나라 사람들은 관중의 공로가 많았으므로 이것이 분에 넘치는 사치라고 생각하지는 않았다고 한다.

관중에 대한 평가는 긍정적인 부분과 부정적인 부분이 함께 존재한다. 『논어』에는 공자가 관중이 검박(儉朴)하냐는 질문을 받는 대목이 나온다. 이에 대해 공자는 관중이 시장의 점포를 자기 것으로 하였으니, 검박하다고 할 수는 없다고 답한다. 그리고 자공과 자로가 공자에게 관중이 공자 규를 배신하고 제 환공(桓公)을 보좌한 것에 대하여 묻자, 공자는 "관중이 제 환공을 도와서 천하의 패주가 되게 하였다. 만일 관중이 아니었다면 우리는 모두 머리를 흐트리고 소매를 열어젖힌 채 야만족의 통치하에 살고 있었을 것이다."라고 하면서 관중을 긍정적으로 평가하였다. 다만 공자는 관중의 인간됨됨이에 대해서는 도덕적으로 완벽하지 않다고 생각했다. 오점이 있는 인물이므로 극력 제창하기에는 부적절하다고 본 것이다. 이처럼 공자는 관중에 대해 그가 소박하지 않은 삶을 살았다고 비판하였지만, 그가 춘추시대 최초로 천하를 통일하고 민생을 안정시킨 것에 대해서는 높이 평가하였다.

관중은 제나라의 국정을 개혁하고 정비하는 과정에서 상공업의 발전에 주력하였다. 그의 기본 방침은 본(本)과 말(末)을 두루 중시하는 것으로, 여기서 본은 농업을, 말은 상공업을 가리킨다. 젊어서 상업에 종사한 경험이 있는 관중은 상공업의 육성이 부국강병으로 가는 지름길이라고 생각하였다. 특히 제나라는 바다에 면해 있어, 풍부한 물산과 편리한 교통 등 상공업 발전을 위한 천혜의 조건을 갖추고 있었다. 그는 주요 사업의 국가 관리를 기본원칙으로 하여 소금과 철을 직접적으로 관리하였고, 또한 시장이 없으면 백성이 빈곤해진다는 생각으로 민간의 상업 거래를 본격적으로 진행하여, 제나라의 부국강병의 기틀을 마련했다는 평가를 받는다.

제5장

중세를 휘어잡은 중국 상방과 부자

꽌시(關係)와 중국의 상방 문화

중국에서 꽌시(關係)라 함은 일반적으로 개인 간의 비공식적인 네트워크로 정의된다. 즉, 꽌시는 두 주체 간의 비공식적인 관계를 말한다. 꽌시는 시발점이 공식적 접촉이든 사적인 접촉이든 비공식적이라는 특징을 가지며, 꽌시는 공식적 조직과 직접적인 관련이 없이 공식적인 영역 밖에서 형성되는 경향을 띤다. 그래서 꽌시의 두 주체는 개인적이고 인간적인 관계를 기초로 한다. 꽌시가 유지되기 위해서는 상호 간의 인간적 접촉과 친근감이 중요하다. 꽌시는 또한 일방적인 아닌 상호 간 쌍방향의 관계이며, 지속적인 호의를 표시함으로써 교환되고 유지된다. 꽌시는 상호 신뢰를 바탕으로 하는데, 원래 비공식적인 상호관계이기 때문에 공식적인 수단으로 약속 이행을 보장할 수 없다. 그래서 상호 간의 비공식적인 의무를 이행할 것이라는 믿음에서 꽌시가 유지된다.

흔히 중국에서 비즈니스를 할 때 꽌시가 제일 중요하다고들 말한다. 그러나 자동차에서 윤활유가 매우 중요하기는 하지만 윤활유로 차를 움직일 수 없는 것과 마찬가지로 중국 비즈니스에서 꽌시가 중요한 요소임에는 분명하나 꽌시만으로 모든 일을 해결할 수는 없다. 그렇지만 특수한 경우에 중국에서 꽌시는 안 되는 일도 되게 하고 될 일도 안 되게 할 수 있다.

꽌시의 생명력은 사회의 제도화나 제도의 투명성 증가와 어느 정도 반비례 관계를 가진다. 이는 중국의 개혁개방과 국제화가 더욱 본격화되고 제도적 환경이 지속적으로 개선됨에 따라 그 효용성이 점차 적어질 수 있음을 예상하게 한다. 2000년대 들어 중국의 국제기구 가입 등으로 인해 중국 시장이 글로벌 기준의 잣대에서 관리됨으로써 꽌시의 비중 역시 축소될 수 있다. 하지만 중국 특유의 개인적인 문화와 지방주의·관료주의적인 특성은 중국의 제도화 과정이 결코 순탄치 않거나 중국 특유의 새로운 형태의 제도화 가능성이 있음을 내포하기도 한다. 제도를 만드는 것과 제도를 실천하는 것은 별개의 문제로 중국에서의 꽌시는 시기와 상황에 따라 차이는 있겠지만 여전히 생명력을 가진 주요한 비즈니스 매개임은 틀림없는 사실이다. 따라서 적재적소에 꽌시를 활용하는 것은 중국인의 또 다른 상관습이다. 특히 중국은 고문(顧問) 제도를 넓게 활용하고 있는데, 이는 중국의 꽌시 문화와 밀접한 관계가 있다. 고문이란 한 분야에서 최고의 전문가 또는 고위직을 수행하다가 은퇴한 퇴직자들이 고문이라는 직함을 통해 업계에 다양한 영향력을 행사하는 것을 말한다. 중국 정치에서 은퇴한 국가원로들이 여전히 일정한 영향력을 가지는 것도 이런 맥락에서 이해할 수 있다.

상방(商幇)은 상부상조하는 조직을 형성하고 있는 상인 집단을 가리킨다. 중국 상인들은 주로 지연(地緣)과 업연(業緣)을 기반으로 단체를 결성한다. 중국의 대표 상방인 산시(山西) 상방과 후이저우(徽州) 상방은 출신 지역에 따라 형성된 대표적인 상방이다. 이 밖에 동일 업종의 상인과 상점이 조직한 단체인 행회(行會)가 있다. 오늘날에는 특정 지역 중심의 상방, 행회, 그리고 개인 상공업자가 참여하는 상회(商會)가 조직되어 활동하고 있다.

중국 최초의 상인 조직은 당·송대에 관방에 의해 조직된 행(行) 또는 행회(行會)이다. 당시 행이나 행회는 상인의 자발적인 힘으로 형성된 것은 아니고, 세금 수취의 편리를 위해 관에서 강제적으로 조직한 단체이다. 이 조직에 속한 상인은 각각 행인(行人), 행상(行商) 등으로 불렸다. 각 행에는 행두(行頭), 행수(行首) 또는 수장(首長)이라 불리는 우두머리를 두었다. 행두는 같은 품목을 취급하는 상업 구역의 수장이면서 그 조직의 대표였다. 행회가 상공업자 자신의 이익을 보호하는 조직이 아니라 관방이 상공업자를 규제하고 징세(徵稅)하기 위한 도구였기 때문에 행두는 관방의 이익을 대표했다. 따라서 행두는 시장에서 관방의 행정 명령을 전달·집행하는 직책이었다.

그에 반해, 상방은 주로 지연 관계를 기초로 상황에 따라 업무 관계로 조직되기도 하였다. 출신 지역에 따라서 상방은 본방(本幇)과 객방(客幇)으로 나뉘는데, 현지 출신 상인이 조직한 것을 본방이라 하였고, 외지 상인이 조직한 것을 객방이라 불렀다. 상방은 일반적으로 지역을 상위 개념으로 하고 있기 때문에 지역성을 강하게 띠고 있다. 상방은 외지에 회관을 건립하고, 자기들이 숭배하는 신령과 선현이 있고, 공동으로 지키는 경영 이념이 있으며, 주도적인 업종이 있다는 점에서 공통성을 지니고 있다. 그러나 각각 지역문화라는 모체를 갖고 있기 때문에 개별적인 특색 역시 뚜렷했다.

역사적으로 상인은 원래 장사를 혼자서 하거나 일족과 함께 했다. 그러나 후에 상품 생산이 늘고 상품의 종류가 급속히 증가하자 상업 자본이 비약적으로 거대화되고 상인의 수도 급증하였다. 이에 상인들은 새로운 변화에 대한 대책과 더불어 관의 간섭에서 자신을 보호하기 위해 상인 조직을 만들었는데, 이것이 바로 상방이다. 상방은 지연과 혈연을 바탕으로 모인, 규율이 비교적 느슨한 조직이나 집단이었고, 그 수 또한 헤아릴 수가 없이 많았다. 중국에서는 이 가운데 대표적인 열 개의 상방을 별도로 10대 상방이라 불렀다. 이들의 결속과 조직력은 유명했고 명·청 시대 중국 경제를 좌지우지했다.

개혁개방 이후 중국은 빛의 속도로 경제 발전을 거듭해 왔다. 그리고 중국은 세계의 공장에서 세계의 시장으로 그 면모를 일신하고 있다. 글로벌 G2 국가로 발돋움한 중국의 기업 문화에는 과거 중국의 상업과 무역을 호령했던 전통의 상방 문화가 자리 잡고 있다. 따라서 중국의 대표 상방의 문화와 역사를 헤아리는 것은 현재의 중국 경제를 이해하고 미래의 중국 경제를 예측할 수 있는 현명한 방법이라 할 수 있다.

먼저 상방의 유래를 살펴보자. 상(商)이란 한자는 본래 '헤아리다'는 뜻으로, 밖에서 안을 본다는 의미이다. 과거 사람들은 멀고 가까움을 헤아리고, 남는 것과 부족한 것을 잘 판단해 사방의 재화를 유통시키는 것을 상(商)이라 했다. 상과 비슷한 개념으로는 가(賈)의 개념이 있었다. 가는 '지키다'의 뜻이다. 쓸모 있는 물건을 잘 지켜 사람들이 사러 오기를 기다렸다가 이익을 도모하는 것이 바로 가이다. 『한서(漢書)』의 저자 반고(班固)가 저술한 유가 경전 『백호통의(白虎通義)』에 나오는, 행상(行商)과 좌상(坐商)의 차이와 같은 개념이다. 현대식으로 설명하자면, 상은 수출과 직접 판매 위주의 기업이고, 가는 내수 위주의 대리 판매 조직이다. 방(幇)은 패거리이자 결사(結社) 조직인데 일종의 이익집단이다. 따라서 '상방'은 같은 지역에 뿌리를 둔 상인 조합이자 기업 협회라 할 수 있다.

중국은 지대물박(地大物博, 땅이 넓고 생산되는 물건은 많다)의 나라이다. 큰 땅덩어리에 사는 중국인들은 타향에서 고향 친구를 만나는 것을 자신들의 4대 즐거움으로 친다. 동향 사람이라면 과거에 친했건 친하지 않았건 모두 한 가족이란 말도 있다. 그만큼 중국인들의 고향 사랑은 남다르다. 이를 장사에 적용해 상방은 이러한 중국인들의 지역 개념을 중시하여 생겨났다. 만리타향에 나온 동향인들이 인적·판매 네트워크를 구축하고 서로 자금을 융통하고 함께 시장을 개척하는 것, 그것이 중국 상방의 힘이다.

명·청대를 대표하는 상방

산시(山西) 상방[진상(晉商)]

산시 상방은 '진방(晉幇)' 또는 '진상(晉商)'이라 불리며, 명·청대에 발전한, 중국을 대표하는 상방이다. 산시성 평양부(平壤府), 택주(澤州), 노안부 등 서남부 출신자들이 주를 이루었다. 이 지역은 토지가 척박하여 일상생활에서 필요한 것을 모두 먼 곳에서 조달하였으나, 석탄, 철, 소금, 대추, 감, 배 등 경제성 있는 지역특산품이 있어, 이곳 상인들은 일찍부터 이를 가지고 객지로 나가 장사를 하였다. 그들은 명초에 개중법(開中法)[6]이 실시되자 지리적 장점을 이용하여 양곡과 소금의 유통에서 많은 부를 축적하였다.

청대에 이르러 진상은 중국에서 상인 수가 가장 많고 자본력이 가장 강하며 전국적으로 가장 널리 세력이 분포된 상인 집단으로 자리 잡았다. 그리고 전국적인 모금 활동 때마다 솔선수범하여 부의 나눔을 실천하였다. 예로부터 진상은 근검하고 고생을 견딜 줄 알며 신용을 잘 지키고 속이지 않는 것으로 유명하다. 이는 산은 많고 강이 적은 열악한 자연 조건이 그들을 고생을 두려워하지 않고 근검하도록 길러 냈기 때문이다. 또한 진상은 모은 돈을 다른 데에 재투자하지 않고 남몰래 숨겨두는 습관이 있었다. 진상은 일치단결하여 사업을 공동으로 경영하였고, 토지에 투자하여 상인, 지주, 관료가 공생하는 삼위일체의 구조를 형성했다.

진상은 중국에서 최초로 환어음을 취급하는 은행의 일종인 표호(票

6 개중법(開中法)은 명대 홍무 3년에 시행된 세금 제도이다. 정부는 호부의 공고를 통해 상인을 모집하여, 주로 국경 부근의 지정된 장소에 군량을 비롯한 군수물자를 제공하게 했다. 막대한 국방비의 절감을 위해 전국 각지의 상인들로 하여금 병사들에게 필요한 양식과 생활용품을 북변으로 가져오게 하고, 대신 증명서를 발급해 준 제도를 말한다.

號)를 창립하기도 하였다. 도광제(道光帝) 연간(1821~1850)에 이르러 화폐경제가 발전함에 따라 진상의 상업 자본과 금융 자본이 결합하기 시작하면서 근대적 개념의 은행인 표호가 생겨났다. 진상의 대표적인 인물로는 뇌이태(雷履泰)가 있다. 뇌이태에 관해서는 뒷부분에 별도로 소개한다. 취급 품목이 많고 활동 범위가 넓었던 진상은 무려 500여 년 동안 중국의 상권을 휘어잡았다. 중국을 대표하는 제5세대 영화감독인 장이머우(張藝謀)의 영화 〈홍등(紅燈)〉에는 산시 상인의 삶이 구체적이고 생동감 있게 표현되어 있다.

앞서 간략히 언급한 바와 같이 진상은 명나라 초기에 산시 지역의 핑야오(平遥) 고성(古城)이 군사적으로 주목을 받으면서 상업적으로 도약할 계기를 맞는다. 몽고에 대적하기 위해 성 안에 있는 많은 수의 군사를 어떻게 먹여 살릴 것인지 고민하던 명 태조가 산시성(山西省)을 중심으로 활동하던 진상을 활용하기로 결정하였기 때문이다. 이에 진상은 전국 각지의 물자를 가져와 군사에게 납품하고, 소금 판매권을 명 정부로부터 획득해, 천하제일의 상인 집단으로 세를 키워 나갈 기반을 마련하였다. 진상은 소금 판매권을 기반으로 명·청대 지역 경제와 도시 발전을 촉진하고 국내 무역을 확대하는 데 지대한 공헌을 하였다. 특히 당시 북방의 크고 작은 도시들이 흥성하게 된 것은 진상의 상업 활동과 직접적인 관계가 있다고 봐도 무방하다. 이 중 산시의 윈청(運城)은 소금 거래로 발전한 도시로, 인구 증가와 더불어 상업적 거점 도시의 역할을 하였다. 경제적 토대를 착실히 쌓은 산시 상인들은 이후 톈진과 상하이 등 대도시로 이동하면서 전국에 걸친 도시 경제 발전에 견인차 역할을 해 내었다.

진상의 활발한 상업 활동은 명나라 이전에도 이루어지고 있었다. 마르코 폴로의 『동방견문록』에는 "이곳에 오니, 많은 도시와 요새가 있으며, 상업과 제조업이 발달하였다. 이 지역의 상인들은 전국 각지를 돌아다니며 막대한 이익을 챙겼다."라는 내용이 있는데, 이는 진상이 이미 거대한 상인 집단으로 성장했음을 보여 준다. 진상의 대표적인 인물로 알려진 거성 차오구이파(喬貴發)는 차와 실크 등 중국의 내륙 특산물을 몽골과 러시아에 팔아 많은 이윤을 취했다. 중국 내륙과 북방 지역 간은 원거리였음에도 불구하고 많은 이윤이 보장되었기 때문에 진상은 중국의 남북을 오고 가는 데 주저하지 않았다. 이는 다른 지역 상인들이 감히 엄두도 내지 못할 무역을 묵묵히 해낸 진상의 신념과 강인함을 보여 주는 부분이라고 할 수 있다. 이렇게 진상은 오랜 세월 동안 남북을 오고 가며 원거리 무역 상업의 근거지를 마련했는데, 옛말에 '족적편천하(足迹遍天下, 진상의 발길이 중국 전역에 닿지 않은 곳이 없었다)'라는 문구가 남아 있을 정도로 그들의 활동은 대단하였다.

그렇지만 최고의 전성기를 구사하던 진상 역시 청대 말기에 이르러 몰락하기 시작한다. 주요 원인은 진상 자체에 있기보다는 봉건 왕조의 착취와 서방 제국주의의 침략 때문이었다. 청대 건륭제 때 전성기를 맞았던 진상은 이후 청의 쇠락과 함께 점차 조정의 금고로 전락하면서 몰락하기 시작한다. 수차례에 걸친, 청나라 정부에 대한 재산 헌납으로 수많은 부상(富商)들은 몰락의 길을 걷게 되었고, 많은 현지 상인들의 금고가 바닥나 조정에서도 더 이상 그들을 착취할 수 없는 극한의 상황이 되었다. 마침내 신해혁명 기간에 진상의 표호들이 잇달아 습격을 당하고, 그 결과로 부도가 나기 시작해 하나둘씩 문을 닫아야만 했다. 이후 진상의 경영 신화는 1930~1940년대에 이르러 종지부를 찍고 말았다.

소금의 독점 판매와 원거리 무역, 그리고 금융업을 통해 많은 이윤을 획득했던 진상을 지배하던 정신은 과연 무엇이었을까? 여러 기록에 따르면, 진상은 어마어마한 부의 축적에도 불구하고 평생 검소하였으며, 끝까지 목숨보다 신뢰를 우선시하였다고 한다. 진상의 집에는 항상 거대한 거울이 배치되어 있었다고 한다. 이는 진상이 비록 많은 부를 축적하기는 하였으나 여전히 사회적으로 낮은 계층에 속해 있었기 때문에 돈을 소유하는 데 조심하고, 무엇보다 되도록이면 사회의 모범이 되도록 노력하겠다는 의미에서였다.

이쯤에서 중국 대표 상방인 진상의 정신과 전통을 정리해 보자.

첫째, 진상은 사업에서 신의를 으뜸으로 삼았다. 신용을 제일로 여기는 상업 신조 아래, 상인들의 자질도 충성과 신의를 가장 중시했다. 또한 성실함과 신용을 근본으로 삼는 전통은 몇백 년 동안 전승되면서 하나의 집단적 의식을 이루게 되었다.

둘째, 진상은 합작 경영 방식을 폭넓게 활용하였다. 진상의 합작 경영은 상호 간의 신뢰라는 토대 위에 세워졌다. 진상은 합작 경영에 투자한 사람들뿐만 아니라 부하 직원들과도 합작 관계를 맺고 이윤을 나눠 가졌다. 이에 직원들은 항상 주인의식을 가지고 업무에 임했다.

셋째, 진상은 검소하고 소박하며 부지런하였다. 산시 지방은 풍속이 소박한 곳으로, 이곳 사람들은 근검절약하는 기풍을 최고로 여겼다. 이러한 지역적 기풍을 진상은 사업에서도 계속 살려 나갔다. 진상은 장사를 잘하려면 일을 꼼꼼히 해야 하며, 작은 일부터 성실히 잘해야 경쟁력이 있다고 믿었다.

넷째, 뛰어난 안목과 관대한 인품은 진상의 정신적 토대였다. 진상은 넓은 시야로 전체적인 형세를 내다보며 예리한 관찰력으로 사업적 기회를 간파하고 적시에 기회를 틀어쥐는 재능을 가지고 있었다. 그리고 상호 간 협동을 중시하면서 남에게 관대하여, 갈등을 잘 조절했으며 넓은 아량과 대범한 기풍이 있었다.

다섯째, 진상은 시장의 변화에 따른 임기응변에 능했다. 그들은 비즈니스의 사소한 변화를 면밀히 관찰하는 데도 능했으며 정세의 변화에도 발 빠르게 대처하였다.

여섯째, 진상은 사업에 있어서 박리다매 방식을 선호하였다. 그들은 그들만의 열정과 세심한 서비스로 고객을 유치하였다. "장사에는 푼돈의 이윤도 소중하다. 이윤을 따지지 않는 장사는 헛장사다." 진상이 따르는 이 격언은 진상의 이러한 면모를 잘 보여 준다.

일곱째, 진상은 장사에는 언제나 위험이 있으며 그 위험을 어떻게 처리하느냐가 성공의 관건이라는 원칙에 충실하여 각종 위험에 대담하게 대처하였다. 그들은 상여(相與, 함께 어울림)와 신대(愼待, 신중하게 처리함)를 장사의 대원칙으로 삼았다.

이 밖에도 진상이 활동한 지방이 농업지대임에도 불구하고 진상은 인재 발굴에도 앞장섰다. 중국에서 보통의 지역에서는 대다수의 사람들이 관리가 되기 위해 공부를 하였지만, 산시 지방의 경우에는 가장 우수한 인재들이 관리가 되기보다는 상업에 종사하고자 하였다고 한다. 진상을 한 문장으로 표현한다면 "의리와 혁신을 삶 속에서 치열하게 실천하고자 했던 상인 집단이었다."라고 할 수 있다.

후이저우(徽州) 상방[휘상(徽商)]

중국의 역대 상인 집단을 대표하는 두 번째 상방은 바로 후이저우 상방이다. 후이저우 상방은 '휘상(徽商)', '휘방(徽幇)'으로 불린다. 신안강(新安江)을 따라 활동하였으므로, 이 상방에 속한 상인들을 '신안 상인'이라고도 한다. 명대 후이저우부(徽州府)는, 안후이성(安徽省) 최남단과 저장성(浙江省)과 장시성(江西省)의 경계에 위치한 이(黟), 흡(歙), 휴녕(休寧), 무원(婺源), 적계(績溪) 이내, 기문(祁門)현, 이렇게 여섯 개 현이 여기에 해당된다. 이곳은 저장성과 장시성의 경계 지역으로, 주변에 산이 많고 토지가 적어 식량이 부족하였다. 다만 이 지역을 관통하는 신안강이 항저우까지 연결되고 주변에 작은 지류들이 많아, 수상교통에 유리했다. 따라서 일찍부터 이 지역 사람들은 해상교통을 활용하여, 부족한 식량은 인근 장시성에 의지하고 이곳에서 많이 나는 목재, 칠기, 차나, 뛰어난 손기술이 돋보이는 문방사구류를 내다 팔아서, 창장 하류 지역의 시장에서 많은 활약을 했다. 이 지역 인구 중 "농부가 셋이면 장사하는 사람이 일곱"이라 할 정도로 많은 사람이 장사를 하느라 외지에 나가 있어, 만력(萬曆) 연간에는 창장 유역에 "휘상이 없는 도시가 없다."라는 말이 회자될 정도였다. 초기에는 주로 식량과 지역 생산물에 의지했으나, 점차 범위를 확대하여 소금과 면포, 비단, 차, 그리고 징더전(景德鎮)의 자기까지, 거의 모든 사업에 뛰어들었다. 특히 창장 중상류 지역에서 생산되는 곡식, 목재, 약재, 그리고 화북과 동북의 면화, 콩 등을 취급하여, 남북 상로와 동서 상로를 장악하고 진·현·주·부와 대도시를 연결하는 유통망을 확보했다.

휘상이 상업에 종사하게 된 다른 주된 이유는 명대 초기의 시대적 배경과 깊게 연관되어 있다. 역사적으로 원나라는 농민 봉기에 의해 멸망하였기 때문에 명대 초기의 통치자는 무엇보다도 강력한 정권을 구축하고 민심을 안정시키는 데 온 힘을 쏟았다. 그리고 생산을 장려하여 여러 효과적인 조치를 시행함으로써 산업의 발전이 이전에 비해 눈에 띄게 되었다. 생산력의 발전은 농업과 수공업을 자연스럽게 분리시켰고, 농민 중에서 수공업만 전문으로 하는 이들이 나타나게 되었다. 이는 상품경제가 사회에서 차지하는 비중이 나날이 커지고, 농산물 및 수공업품이 상품화되고 시장이 확대되었음을 의미한다. 즉, 명·청대는 송대 이후 지속되어 온 경제 발전 추세가 양적·질적으로 더욱 확산되고, 인구의 급증, 농업 생산력 증대 등 상업의 비약적인 발전이 일어났던 시기였다. 특히, 각지의 시장을 연결하는 유통망이 형성되어, 지역의 경계를 뛰어넘는 원거리 무역이 활발해지면서 상인들의 활동이 빈번해졌고, 이는 휘상의 도약에 객관적 근거를 제공하게 된다.

휘상은 강력한 자본력으로 세상에 이름을 떨쳤다. 휘상은 자본을 생산에 투자해 상품 자본이라는 새로운 흐름을 이끌었는데, 명대에 염색 천을 취급한 면포 가공업에 투자한 경우가 그 대표적인 예이다.

휘상은 상도의를 중시해서 유상의 대표로 인정받았다. 후이저우 상인들은 상인이면서 선비이고, 장사를 하면서 유학을 좋아한 유상이라는 점에서 다른 지역의 상인들과 구별된다. 후이저우 상인들은 자신의 거주지에 서재와 화실을 갖추고 문물 전적을 비치하고 단체를 만들어 유학자들을 널리 사귀었다. 또한 마을에 많은 서원과 의원을 세워 운영하였고, 저명 학자를 초빙하여 강의를 듣거나, 지방지를 편찬하기도 하였다. 이러한 이유에선지 몰라도 역사적으로 후이저우에서는 주희(朱熹) 등 대학자들이 배출되었다. 장쩌민(江澤民), 주룽지(朱鎔基), 후진타오(胡錦濤) 등 현대 중국 국가 지도자들도 이 지역 출신이 많다.

후이저우 상인들은 내부적으로 긴밀히 협력하여 사업을 확장시켰다. 이들은 돈을 아끼지 않고 학교를 세워, 자녀들이 공부하여 관리가 되도록 힘썼다. 휘상은 권력과의 관계가 밀접하여, 명대 중엽 이후 흥성하여 300여 년간 번영하였으나 아편전쟁 이후 급속히 쇠락하였다.

후이저우 상인들의 집안은 나무가 썩지 않도록 금칠을 한 장식들이 집안 곳곳에 있을 만큼 화려하였다. 진상이 자신들의 재력을 감추고 항시 조심하는 마음가짐을 강조했던 것과는 달리, 휘상은 재력을 과시하고 화려한 문화를 향유하는 특징을 보였다. 후이저우 상인들은 자신들이 상인이면서도 관리가 되기를 원했고, 교육에 돈을 아끼지 않았으며, 학문을 익혀야 진정한 상인이 된다고 여겼다.

휘상의 특징을 정리하면 다음과 같다.

첫째, 휘상은 민간에서 관아까지, 하늘에서 호수까지, 폭넓은 활동범위를 자랑한다. 휘상도 진상처럼 사업의 족적을 중국 각지에 남겼다. 난징이나 베이징 같은 대도시, 지방 중소도시, 작은 촌락, 오지 마을, 사막, 남해의 섬에 이르기까지 다니며, 몸을 던져 장사를 했다. 이런 휘상의 모습을 빗대어, '휘상이 없다면 고을이라 할 수 없다'고 할 정도였다.

둘째, 휘상은 초기에 소금, 식량에서 출발하여 문방구, 전당포 등 취급 업종이 다양했다. 휘상은 돈을 벌 수 있는 일이라면 무엇이든 했다. 소금, 식량, 면, 차, 목제품 등은 휘상의 주요 취급 품목이었지만, 이 밖에도 문방구나 전당포 등 경영하는 업종이 다양하였다.

셋째, 휘상은 풍부한 자산을 가진 상인 집단이었다. '후이저우 대상인은 보통 1백만 냥의 자본이 있고, 중상인도 20~30만 냥은 가지고 있다'는 말이 있을 정도로, 휘상의 자본력은 전국에 걸쳐 유명하였다. 명대 가정제(嘉靖帝) 연간에 엄세번(嚴世蕃)이란 사람이 천하 부자들의 순위표를 만들었는데, 그중 가산 50만 냥 이상의 부호 집안 17개 중에 휘상은 두 집안이 포함되어 있었다고 한다.

넷째, 휘상은 가능성이 있다고 판단하면 그에 대해 적극적이고 과감한 투자를 아끼지 않았다. 대표적인 예를 들면, 수나라 때 쑤저우(蘇州) 지역에서 목면의 색포(色布, 염색 천)에 상호를 발염(화학염료를 이용한 염색 가공의 한 방법)하는 가공업에 후이저우 상인들이 투자하기 시작하였다. 이후 이 사업은 지속적으로 성장하여 청대에 전성기를 이루었다. 한창때 청대 쑤저우에는 표식(標識, 표지)을 생산하는 곳이 45군데, 발염 공장이 450여 군데, 발염 직인을 하는 사람이 1만여 명이나 있었다고 한다. 이는 휘상의 과감한 투자를 통해 발염된 표식의 생산량이 상당한 규모에 달했음을 보여 준다.

다섯째, 휘상은 내부의 공통된 원칙과 관계맺기를 통해 자신들만의 상방 문화를 형성하였다. 후이저우 상인들이 자신들의 방식으로 상방을 형성해 나간 과정을 살펴보자.

1단계 먼저 동족 세력의 도움으로 장사를 독점한다. 외지에 나가 장사를 하는 경우, 대부분 일족이나 동향인들의 뒤를 이어, 그들과 함께 그 업계에서 하나의 세력을 이룬다.

2단계 동족의 힘을 빌려 장사를 전개한다. 상품과 운송의 상호 원조, 운영자금 조달에 있어서 휘상은 정보와 기록을 중시하고, 족보를 만들고 각지에 확실한 연락망을 만들었다.

3단계 동족 내의 규율을 상방에까지 확대 적용한다. 휘상이 경쟁에서 우위를 점할 수 있었던 것은 집단 내부의 관리 체계가 엄격했고 주요 직책의 책임자를 동족이나 동향 사람으로 내세웠기 때문이다.

4단계 동족 세력을 기반으로 정치권력과 결탁한다. 후이저우 상인들은 자신의 사업을 지키기 위해 정치권과의 결탁을 도모했다. 또한 그들은 자금을 모아 학교를 세워, 그곳에서 자녀들이 배우게 하고 직접 그들을 관리로 키우기도 했다. 동족 집단에서 관리 한 사람이 배출되면 그가 일족을 돌볼 수 있게 되고, 이는 휘상 전체의 이익 보호에도 도움이 되었기 때문이다.

5단계 동족이 힘을 합쳐 후이저우 회관을 세운다. 회관을 세우는 목적은 휘상의 단결을 통한 집단이익의 보호다. 예를 들면, 브로커의 이탈 방지, 업계 내 후이저우 상방의 세력 확대,

대규모 거래를 위한 전략기지 역할, 휘상의 간판을 걸고 관료와 교섭하기 위한 장소 등으로 후이저우 회관이 이용되었다.

진상의 대표 인물

최초의 은행이자 주식회사인 일승창 표호를 경영한 뇌이태(雷履泰)

초기에 염업으로 부를 축적했던 진상은, 명대 중기부터 사람들이 은자를 내고 직접 소금을 구매할 수 있게 되면서, 그 역할이 축소되었다. 절대절명의 위기 앞에 진상은 생존을 위한 변신을 감행했다. 그 결과, 진상은 단순 유통업을 넘어 금융업을 시작하였고, 금융업의 새로운 선구자로서 뚜렷한 족적을 남기게 되었다. 진상의 금융업을 대표하는 기구가 바로 전장(錢莊)과 표호(標號)다. 전장은 개인을 상대로 돈을 빌려주는 금융기관이고, 표호는 개인 기업을 상대로 대출 및 송금을 해 주는 금융기관이라 할 수 있다. 이렇게 본격적으로 돈을 다루는 금융업에 종사하면서 진상의 존재는 더욱 부각되었다. 사업이 위기에 처했을 때 그 위기를 헤쳐 나가는 방법으로 이전에 존재하지 않던 서비스업인 금융업을 선택했다는 것은, 진상이 얼마나 도전을 두려워하지 않고 과단했는지를 보여 준다.

표호를 운영했던 진상은 정해진 기일 내에 재화를 수송하는 데 철저했는데, 그만큼 신용을 목숨만큼이나 소중히 생각하였다. 그들은 이러한 정신을 지키고자, 같은 산시 출신인 관우를 신의의 상징으로 숭배하여 관우 사당에서 정기적으로 제사를 지냈다. 특히 신의를 중시한 산시 상인으로 뇌이태가 있다. 그는 일승창(日升昌)을 설립하였는데, 일승창은 중국 최초의 민영 은행이다. 뇌이태는 일찍이 염료공장을 세워 성공한 후, 1826년에 산시 지역의 민영 은행인 일승창 표호를 설립한 것이다. 위탁송금 업체로 시작된 일승창은 예금과 송금, 자금 대출까지 금융 업무 전반으로 사업의 폭을 넓혔다. 일승창은 후에 '천하의 유통을 책임지는 곳'이라는 뜻의 '회통천하(匯通天下)'란 칭호를 받았다.

뇌이태는 신용을 기업 경영의 철칙으로 삼았다. 직원 임용의 기준 역시 첫째도 신뢰, 둘째도 신뢰였다. 이를 통해 고객의 신용을 얻은 다음에 그는 공정한 환율제도를 확립하였다. 당시만 해도 지역마다 은의 함량이 천차만별이었다. 그는 이러한 은의 함량을 객관적으로 평가해 환전해 주었다. 또한 암호와 위조 방지 기술을 도입해 가짜 어음의 유통을 철저히 막았다. 이것이 바로 뇌이태가 성공한 비결이다.

진상의 앞선 경영 능력은 일승창에서 또 다른 전력으로 드러났다. 21세기에 많은 글로벌 성공 기업들이 선진 경영 전략으로 채택하고 있는 '기업체의 소유와 경영의 분리 제도'를 선도적으로 시행했던 곳이 바로 일승창 표호였다. 당시 일승창은 경영자가 뇌이태였으나 실제 소유주는 별도로 있었다. 즉, 기업의 경영과 소유를 분리함으로써 소유주가 경영에 간섭하지 않고 전문 경영인에게 경영을 맡겨 최대의 이익을 창출해 낼 수 있는 환경을 만들었던 것이다.

또 뇌이태는 당시로는 획기적인 경영 기법을 시도하여 사회적 주목을 받았다. 19세기에 이미 주식의 개념을 도입하여 운용하였던 것이다. 당시 표호의 운영을 통해 막대한 부를 축적한 뇌이태는 전격적으로 주식제(株式制)를 도입하였다. 자세히 살펴보면, 일승창의 이익 분배는 소유주는 1푼, 경영인은 8리, 피고용인은 2리를 받는 형태로 이루어졌다.

일승창은 혁신적인 경영 기법과 합리적인 제도로 당시 중국의 금융시장을 선도하였고 나날이 그 세를 확대하였다. 이렇게 일승장 표호가 번창하자, 산시 상인들은 각지에 일승창(日升昌), 천성형(天成亨), 합성원(合盛元) 등의 표호 지점을 개업하였다. 심지어 청대 말기에는 일승창 표호의 지점이 우리나라 인천에도 생겼고, 우리나라에 합성원 표호 개업 광고도 있을 정도였다.

이렇듯, 뇌이태를 대표로 하는 진상은 이미 19세기에 앞선 경영 전략과 구체적인 실천 전략으로 세계를 무대로 활동하고 있었다.

휘상의 대표 인물

휘상은 어려움에 직면하면 이를 정면으로 돌파하는 진취적인 특징을 가지고 있었다. 진상이 겸손하고 묵묵하게 자신들의 일을 했다면, 휘상은 문제를 적극적으로 해결하고 어떠한 방법을 써서라도 자신들이 원하는 결과를 얻었다. 휘상을 대표하는 상인으로 알려진 인물은 홍정상인(紅頂商人) 호설암(胡雪巖), 정대위(程大位), 포지도(鮑志道)이다. 호설암에 대해서는 이 책의 제6장(근대화 시기, 기회를 잡아라)에서 별도로 언급하니, 그 부분을 참고하길 바란다.

계산법과 주판을 통일한 정대위(程大位)

호설암 이외에 휘상을 대표하는 인물로 먼저 정대위를 들 수 있다. 당시 휘상은 전국을 상대로 장사를 했는데, 각 지역마다 상인들의 계산법이 달라 많은 혼란을 빚었다고 한다. 문제의 심각성을 인식한 정대위는 자신의 생업을 그만두고 중국의 계산법 통일을 도모하였다. 또한 지역별로 다른 주판 문제를 해결하는 데에도 관심을 가져, 동일한 표준으로 주판을 만들어 전체 상인들의 번거로움과 고충을 일시에 해결하였다.

정대위가 계산법과 주판을 통일한 것은 당면한 문제를 회피하지 않고 정면으로 돌파하는 휘상의 정신을 대표적으로 보여 주는 사례이다. 또한 생업을 포기하고 공익(公益)을 위해 헌신한 정대위의 모습 역시 유가 사상의 영향을 받은 휘상의 책임의식을 보여 주는 대표적인 사례라 할 수 있다.

정부와 상인 간의 가교 역할로 존경받은 포지도(鮑志道)

과거에 후이저우 사람들은 지역 내 유일한 뱃길인 신안강(新安江)을 통해 외지로 진출하였고, 다시 신안강을 거쳐 금의환향하였다. 후이저우 상인들에게 신안강은 척박한 환경에서 성공할 수 있는 유일한 길이었다. 신안강을 따라 처음 만나는 대도시는 바로 양저우(揚州)였다. 양저우는 물이 있어 발전한 도시로, 명·청대에 중국 각지의 상품들이 신안강 뱃길을 통해 양저우로 모여들기 시작하면서 점차 상업의 중심지로 발전했다.

휘상은 신안강 운하를 이용해 주로 소금을 운송하였다. 결과적으로 양저우는 휘상에 의해 중국 최대의 소금 거래 시장이 되었고, 휘상이 내는 세금은 청나라 정부의 주요 자금원이 되었다. 한창일 때에는 청나라 정부 수입의 3분의 1을 휘상이 세금으로 납부했다고 하니, 그 규모를 대략 짐작할 만하다.

포지도는 양저우에서 성공한 후이저우 소금 상인들에게 아버지와 같은 대상인이다. 그는 다른 소금 상인들처럼 소금 매매를 통해 안후이성(安徽省) 섭현(歙县)에서 돈과 권력과 명예를 모두 거머쥐었던 전설의 상인이었다. 어린 시절에는 과거를 보고 관직에 나갈 것을 소원한 부모의 뜻에 따라 공부에 매진하였으나, 부친이 재물을 모으는 재주가 없고 집안이 나날이 곤궁해짐에 따라 11세에 학업을 중단하고 장사의 길에 나섰다. 그 후 그는 10여 년 동안 타고난 성실성과 노력으로 주위에서 좋은 평가를 받았고 약간의 재물도 모으게 되었다. 그리고 20세 되던 해에 양저우의 한 소금 거상이 고생을 두려워하지 않고 계산에 정통한 경리를 채용한다는 모집 공고를 보고 이에 응하게 되었다. 이는 결국 그의 인생의 전환점이 되었다. 당시 직원을 뽑는 소금 거상은 시험 당일 참가자들을 일일이 면접하고 모든 이에게 수고의 의미로 중국식 만두국인 훈툰(餛飩)을 대접하고 충분히 휴식을 취하도록 하였다. 그리고 다음 날 면접 참가자들에게 "당신이 어제 먹은 훈툰은 모두 몇 그릇인가? 이 중 만두 소의 양은 정확히 얼마나 되는가?"라는 질문을 하게 된다. 그제서야 모두들 아무런 생각 없이 훈툰을 먹은 것을 후회하였지만, 포지도는 이를 예상한 듯 정확하게 답을 적음으로써 소금 거상의 눈에 띄게 되었다.

이후 포지도는 특유의 성실성과 인화력을 통해 능력을 인정받게 되고, 더불어 얼마간의 여윳돈도 마련하게 되었다. 그렇게 몇 년이 지난 후, 그는 자신이 직접 소금 사업에 나서기로 결심한다. 소금 산업이 당시 양저우에서 가장 큰 산업이었고, 소금 사업의 이윤이 가장 많았기 때문이다. 결과적으로 그의 선택은 틀리지 않았다. 그는 사업에 대한 탁월한 안목과 특유의 노력을 통해 승승장구하였고, 마침내 모두의 신망을 얻는 대상인이 되었다.

그런데 그의 사업에도 시련이 찾아오게 된다. 바로 청나라가 소금 상인에 대한 통제를 강화하기 시작한 것이다. 더불어 청나라 정부는 소금 상인이 몰려 있는 지역에 정부와의 소금 업무를 조율하는 상인 대표를 두고자 하였다. 아무도 상인 대표가 되기를 원하지 않았다. 정부와의 문제가 발생할 것을 두려워하였기 때문이다. 결국 모두의 신뢰를 받고 있던 포지도가 자연스레 상인 대표가 되었다. 당시 상인 대표는 상인의 과다한 이윤을 세금으로 징수하려는 정부의 입장과, 조금이라도 자신들의 이익을 확대하려는 상인들의 입장 사이에서 처신이 매우 곤란하였다. 그러나 그는 단기적으로 상인들 내부의 갈등을 해결하고, 동시에 상인들의 희망과 요구를 수렴하여 정부에 전달함으로써, 상인들과 정부 모두로부터 좋은 평가를 받았다. 이렇게 그는 20여 년간 상인 대표 역할을 수행함으로써 모두의 존경과 칭송을 받는 상인이 되었다. 1801년에 포지도가 죽자, 섭현에는 그를 기리는 사당이 지어졌고, 대다수의 관리들이 사당 짓는 데 자발적으로 참여함으로써 진심으로 그를 애도하였다. 위대한 상인의 사회적 영향력을 볼 수 있는 대표적인 사례였다. 특히 중국에서 공로가 있다 하더라도 황제의 허락이 있어야만 세울 수 있는 건축물인 패방(牌坊)이 포지도를 기념하기 위해 안후이성에 건립된 것으로 보아, 당시 그의 영향력이 어느 정도였는지 충분히 가늠할 수 있다.

역사적으로 후이저우 상인들은 '물을 다스려 외부로 나아가 돈과 권력을 장악한 상인들'로 기록되고 있다. 진상에서는 우수한 인재들이 대부분 상인의 길에 들어서고 관직에 대한 권력욕이 없었던 데 비해, 휘상에서는 사업과 더불어 학문에 뜻이 많아 그 자손들이 공부하는 데 돈을 아끼지 않았고, 실제로도 과거 합격자를 많이 배출하였다. 그 이유는 후이저우 상인들이 주로 종사했던 소금, 전당포, 목재 등의 분야가 정부와 밀접하게 연결되어 있어, 관리가 되고자 하는 욕망이 강했기 때문이다. 실제로 후이저우 상인들은 권력에 대한 욕심과 열망이 강하였으며, 일부 후이저우 상인들은 자신의 재력과 권력을 바탕으로 관리들을 농락하고 비난하기도 하였다. 그러나 후이저우 상방의 대표 인물로서 포지도는 사업과 권력의 중간 지점에서 그 어느 한쪽으로 치우치지 않고 모두를 위해 자신의 사심을 버리고 활동함으로써 후대에도 칭송받는 위대한 상인이 되었다.

중국 부자를 말한다

제3부

중화의 몰락과 부활을 함께한 중국 부자 이야기

제6장

근대화 시기, 기회를 잡아라

중국의 근대화와 부자의 관계

1842년 아편전쟁의 패배는 결국 중국의 취약성을 노출하는 결정적인 계기가 되었다. 청나라는 영국과 난징 조약과 베이징 조약을 연이어 체결한 이후, 미국과는 망하(望厦) 조약을, 프랑스와는 황포(黄浦) 조약을 체결하는 등, 여러 서구 열강들과 불평등 조약을 맺게 되었고, 정치·외교적 자주권을 상실하고 반식민지 국가로 전락하게 되었다. 또한 이를 계기로 영국 등 서구 자본주의 경제체제가 본격적으로 중국에 진출하게 되어, 중국의 전통 봉건 경제체제는 점진적으로 붕괴되었으며, 중국의 산업과 무역 및 운수 분야 등은 경쟁력을 가진 외국인들이 독점적으로 장악하기 시작하였다. 중국 상인은 외국 상인의 하청업체 혹은 하수인으로 전락하는 경우가 비일비재하였다.

상업과 상인의 관점에서 본다면, 아편전쟁을 계기로 중국의 상인은 구식 상인과 신식 상인으로 명칭과 역할이 구분되었다. 이 시기의 상인은 서구의 중국 진출에 대하여 민족자본가로서의 역할과 소임을 통해 개별적 민족상인 역할을 수행한 상인과, 단순한 외국 자본의 하청업자로서 부의 축적에만 급급했던 매판상인으로 구별되기 시작하였다. 또한 상인의 역할 변화와 상관없이, 그동안 자급자족 형태를 유지해 왔던 중국의 폐쇄적인 중국 경제 무역 형태가 아편전쟁을 계기로 대외 개방의 길을 본격적으로 걷게 되었다. 이에 따라 중국에서는 전대미문의 사업 환경 변화와 기회가 발생하게 되어, 홍정상인 호설암처럼 불과 10년 만에 중국 최고 부자가 되는 사람이 나타나기도 하였다. 어찌 보면, 청대 말기에 이루어진 대외 개방의 역사적 환경과, 1979년 개혁개방 실시 이후에 중국에서 일어난 대내외적 상황은, 그 선택의 자발성에 있어서는 차이가 있지만, 경제적·사업적 기회라는 측면에서는 비슷한 부분이 많음을 알 수 있다. 특히 급격한 개방의 파고하에, 이를 이용해 짧은 기간에 중국을 대표하는 부자들이 탄생한 점에서는 더욱 그렇다 할 수 있다.

홍정상인(紅頂商人) 호설암(胡雪巖)

중국의 대문호 루쉰(魯迅)은 "호설암이야말로 봉건사회의 마지막 위대한 상인이다."라고 말했다. 그의 이 말은 호설암이라는 인물에 대한 중국인의 마음가짐을 한마디로 표현하고 있다. 비록 호설암의 흥망성쇠는 청대 말기의 어수선한 시대 상황이 고스란히 투영되어 있다는 태생적 한계를 가지고 있긴 하지만, 그가 부를 쌓는 과정에서 보여 준 통 큰 행동이나, 그가 부를 쌓은 다음에 행한 선행을 생각하면, 중국인들이 그를 위대한 상인이라고 평가하는 것도 나름 일리가 있다고 할 수 있다.

호설암은 생전에 이미 '살아 있는 재물의 신'이란 말을 들었고, 사후에 '상업의 신'으로 인구에 회자되었다. 놀라운 사실은 그는 단 10년 만에 중국 최고의 부를 가진 거상이 되었다는 점이다. 호설암이 상인으로서는 전무후무하게 모자에 붉은 산호를 달 수 있는 1품 관직인 홍정상인이 된 것은 당시 그의 능력과 영향력이 얼마나 대단했던지를 보여 주는 대표적인 예라고 할 수 있다.

호설암은 이름이 광용(光墉)이고, 자가 설암(雪岩)으로, 1823년에 안후이 후이저우 지방의 가난한 농가에서 태어났다. 안후이 지역은 예로부터 걸출한 상인이 많이 배출된 지역으로 유명하다. 그는 12세에 고향을 떠나 저장성 항저우에 있는 신호전장에 견습사환으로 들어갔다. 전장(錢莊)은 중국에서 자생적으로 생긴 근대적 은행의 전신으로, 19세기 말에는 예금, 대부, 환어음 등을 다루는, 거의 은행에 가까운 사설 금융 기관이었다. 호설암이 전장에 들어가 처음 한 일은 돈을 다루는 일이 아니라 청소와 빨래, 밥 짓기 등 허드렛일이었다. 3년의 견습 기간 동안 성실성과 총명함을 증명한 호설암은 이후 전장의 돈을 다루는 사환으로 승격되어 자신의 능력을 발휘하기 시작했다.

호설암 인생의 첫 번째 기회 – 왕유령(王有齡)과의 만남

평범한 전장 사환에 불과했던 호설암이 사업으로 성공하게 된 첫 번째 계기는 유학자 왕유령과의 만남을 통해서다. 호설암은 어느 날 허름한 찻집에서 기회를 잡지 못해 울분에 찬 나날을 보내고 있던 유학자 왕유령을 만났고, 그에게 아무런 담보도 없이 전장에서 수금한 돈 500냥을 빌려주었다. 왕유령의 됨됨이를 보고 과감히 투자를 한 것이었지만, 지금으로 보면 거의 횡령에 가까운 행위였다. 결과적으로 호설암은 신호 전장에서 해고되었다. 그러나 다행히도 그가 인재를 잘 알아본 것인지, 500냥을 받아간 왕유령은 중앙정부의 관리에게 줄을 대어 저장 염대사(鹽大使, 소금을 관장하는 직급) 자리를 얻어 돌아왔다. 그리고 벼슬이 올라가면서 호설암에게 두고두고 그 은혜를 갚았다.

호설암은 왕유령과 결탁하여 관아의 돈을 이용해 사업을 확장하기 시작했고, 왕유령은 사실상 저장성의 재산 관리를 호설암에게 일임하다시피 했다. 호설암은 우선 부강전장을 열어 금융업을 시작했고, 이는 곧 중국 각 성에 20여 개의 점포를 개설할 정도로 잘되었다. 그는 저장성의 군량미 운반과 병기 군납을 독점했으며, 비단집, 찻집, 음식점을 열어 순식간에 저장성 일대의 거부로 부상했다. 그는 또 어머니의 말에 따라 호경여당(胡慶餘堂)이라는 약국도 열었다. 호경여당은 좋은 품질의 약과 어려운 사람들을 돕는 선행으로 인해 명성을 얻어 역시 급속도로 점포가 늘어나기 시작했다.

호설암 인생의 두 번째 기회 – 좌종당(左宗棠)과의 만남

호설암 인생의 두 번째 기회는 태평천국의 난을 진압하러 항저우로 온 좌종당과의 만남이었다. 후난성(湖南省) 출신의 정치가이자 증국번

(曾國藩)이 거느린 상군의 실질적 지휘자이던 좌종당은 태평천국의 난을 진압하면서 정계의 중요 위치로 뛰어오른 인물이었다. 저장성 순무(巡撫)가 되어 항저우에 온 좌종당에게 당장 급한 것은 휘하의 군사들을 먹일 군량미였다. 때마침 난도들의 항저우 점거로 왕유령이 자살한 후라, 자신의 배경이 되어 줄 인물을 찾고 있던 호설암은 좌종당에게 군량미와 무기를 아낌없이 바침으로써 좌종당과 인연을 맺었다. 그리고 이후 좌종당의 정치적 승승장구와 함께 호설암의 재부(財富)도 점점 늘어갔다.

좌종당은 태평천국의 난을 진압하는 과정에서 해군의 중요성을 깨닫고 프랑스로부터 기술 원조를 받아 조선소를 설립하였는데, 이에 대한 실질적인 사업을 거의 호설암에게 맡겼다. 이 기회에 호설암은 서양 상인들과도 관계를 터서 중국 내부뿐만 아니라 국제무역에도 관여하기 시작했고, 중국 전체를 아우르는 거상으로 성장하게 되었다. 호설암은 좌종당의 반란 진압에 가장 적극적인 경제적 후원자가 됨으로써 그 역시 좌종당을 통해 많은 이득을 취했다. 그에게 있어 좌종당이라는 존재는 절대 놓쳐 버려서는 안 될 권력의 세였다. 태평천국의 난이 종료되고 나서 좌종당은 호설암이 반란 진압의 공이 있다고 중앙에 추천하였고, 호설암은 1품 관직인 홍정상인이 되었다. 좌종당으로 대표되는 관과 결탁한 사업으로 큰 재미를 본 호설암은 이후에도 계속 이러한 사업의 패턴을 이어 갔다. 이것은 호설암의 단기간 내 성공의 원인이 되기도 했지만, 훗날 결과적으로 가장 큰 실패의 원인이 되기도 하였다.

관상(官商)의 몰락

호설암의 부는 애초부터 백척간두에 서 있는 것과 마찬가지였다. 그것은 차근차근 일궈 낸 것이라기보다는 권력의 세와 밀접한 관련을 맺으면서 일어난 부라는 점에서 더욱 그랬다. 호설암은 스스로 자신의 부를 제어할 수 없는, 관과 결탁된 관상의 처지였다. 애초부터 권력에게 자신의 운명을 맡긴 것이다. 그리하여 그가 철석같이 믿고 있던 권력자 좌종당의 실각과 죽음은 호설암에게는 치명적인 타격이었다. 그에 앞서 증국번이 죽으면서 불거지기 시작한 좌종당과 이홍장(李鴻章)의 권력 암투는 그에게도 간접적인 영향을 미쳤다.

이홍장은 좌종당을 제거하기 위해서는 그의 경제적 배경인 호설암을 먼저 무너뜨려야 한다고 생각했고, 이를 적극적으로 추진하였다. 이렇게 정치적으로 위태로운 상황에서 호설암은 베트남을 사이에 두고 벌어진 청나라와 프랑스 간의 전쟁 중에 사업적으로 큰 모험을 하기에 이른다. 거의 전 재산을 들여 중국 전체의 생사(生絲)를 매점한 후, 유럽의 상인들에게 비싼 값이 아니면 팔지 않겠다고 선언한 것이다. 여러 차례 교섭이 오갔지만, 호설암은 청나라와 프랑스 간의 전쟁으로 유럽에 적대적인 분위기가 형성된 마당에 사업에 승산이 있다고 계속해서 버텼다. 그러자 유럽 상인들도 더 이상 그와 상대하지 않고 1년을 버텼다. 결과는 호설암의 패배였다. 유럽 상인들은 1년 후에 새로 생산되는 생사(生絲)를 노렸고, 호설암이 이를 다시 매집하기에는 자금력이 부족했다. 또한 이 와중에 이탈리아에서 그해 생산한 생사량이 급격히 증대되면서 중국 생사에 대한 유럽 상인의 구매력이 떨어졌다. 설상가상으로 이홍장의 사주를 받은 성선회(盛宣懷)가 이전에 호설암의 제안으로 생사를 사 모았던 상인들을 부추겨 생사 매집을 거부하게 하였다. 생사 값은 폭락했고, 자신의 재산뿐만 아니라 전장에 예금된 돈까지 사용하여 생사를 사들였던 호설암은 궁지에 몰리게 되었다. 그리고 이즈음 성선회의 지휘로, 부강전장에 맡기던 청나라 정부의 자금이 고의로 입금 지연되면서 호설암은 예상치 못한 자금 부족 사태에 빠졌다. 이것이 신용 문제로 발전하였고, 각 성에 있는 부강전장의 지점은 돈을 찾으려는 사람들로 아수라장이 되었다. 결국 이를 계기로 호설암은 파산을 하게 된다.

더구나 프랑스와의 전쟁에서 지면서 이홍장과의 권력 암투에서도 실각한 좌종당이 죽자, 호설암을 돌보아 줄 세력은 더 이상 중앙 정계에 남지 않게 되었다. 평소부터 호설암을 곱지 않게 보던 이홍장은 권력을 잡은 뒤 서둘러 그의 관직을 삭탈했고, 호설암은 모든 기회와 재산을 잃게 되었다. 자신의 부를 권력에 의존했던 관상의 비참한 말로였다. 호설암은 부의 덧없음을 깨달으며 파산한 지 1년 만에 62세를 일기로 세상을 떠났다.

비록 관과의 유착을 통해 막대한 부를 축적한 아쉬움이 있긴 하나, 호설암은 루쉰이 그랬듯 비난과 더불어 많은 중국인의 존경을 받고 있는 것도 사실이다. 사실 호설암의 다난했던 인생 역정과 열정적인 사업 과정, 그리고 그 속에 내재된 그의 경영 철학들을 들여다보면 후세에 귀감이 될 만한 것들이 적지 않다. 여기서 호설암이 부자가 된 몇 가지 성공 요인을 찾아 우리네 삶에 비추어 보고자 한다.

호설암이 청대 말기에 최고 부자가 된 비법으로는 크게 네 가지를 들 수 있다.

첫 번째 성공 비법은 사람에 대한 투자다. 그는 "한 그루의 나무로는 절대 큰 숲을 만들 수 없다."라고 하며 인재 양성의 중요성을 역설하였고, "큰 재목의 나무는 크게 쓰고 작은 재목의 나무는 작게 쓴다."라고 하여 사람을 그 능력에 따라 적재적소에 활용할 줄 알았다. 그는 인재를 등용하는 데 있어서 정으로 사람을 감동시키며, 의로서 사람에게 믿음을 보였다. 그리고 자신이 뽑은 인재들에게는 후한 임금을 주었고, 투자에 참여시켜서 이익을 배분하였다.

호설암의 인재 경영을 보여 주는 일화가 있어 소개한다. 그는 돈으로 인재를 다루는 데 탁월한 능력을 가지고 있었다. 전장을 처음 시작할 때 그는 전장을 책임질 인재가 필요하였다. 그는 유경생(柳慶生)이란 인물을 내심 염두에 두고 그를 등용하기 위해 다방면으로 노력하였다. 당시 유경생에게 가장 필요한 것은 가족 여덟 명이 행복하게 생활할 수 있는 호구지책의 문제였다. 유경생의 상황을 고려해 호설암은 1년치 월급에 해당하는 돈을 먼저 선불로 그에게 선뜻 내주었고, 유경생은 호설암의 이러한 대우에 감동하고 마음을 다해 전장 일에 매달리게 되었다. 그리고 일을 시작하고 나서도 호설암은 사업의 큰 그림만 제시할 뿐, 모든 권한을 그에게 일임하였고, 유경생은 그의 뜻을 저버리지 않고 전장을 전국 최대 규모로 키워 냈다.

호설암과 유불재(劉不才)라는 인물과의 관계도 호설암의 인재 관리의 사례로 유명하다. 유불재란 인물은 당시 유명한 도박꾼이었다. 집안이 부유해 부족함 없이 자랐던 유불재는 남들이 보기에 구제불능이었다. 그러나 호설암은 그의 다른 면에 주목했다. 유불재는 아무리 도박에 빠져 있어도 집안의 비밀을 발설하지 않는 모습을 보였고, 무엇보다 아편에 손을 대지 않았다. 호설암은 이러한 유불재에게 도박의 판돈을 얼마든지 주었고, 대신 자신의 접대 자리에 데리고 다니면서 자신들의 손님들을 만족시켰다. 사교에 능하되 입이 무거운 유불재의 장점에 주목했던 결과였다.

세상에 완벽한 인재는 절대로 없다. 그렇기에 적재적소에 인재를 쓸 줄 아는 것은 경영인으로서 가장 중요한 덕목이다. 남들이 보기엔 인재가 아니었을지 모르지만, 호설암은 자신에게 필요한 인재를 과감히 등용하였고, 그들의 단점보다 장점을 잘 이용하여 그들이 능력을 펼치게 도와주었다.

두 번째 성공 비법은 '용기'와 '신용'이다. 호설암은 상인이 갖추어야 할 덕목으로 지인용신(智仁勇信)을 최고로 꼽았다.

호설암은 이 중에서 용(勇), 즉 용기야말로 거상이 되기 위한 가장 중요한 덕목이라 생각했다. 그는 상인은 이익을 위해 존재하기 때문에 자신의 이익을 위해서 칼날에 묻은 피도 핥을 수 있다고 하였다. 위험이 따르지 않는 일은 누구나 할 수 있고 큰 이익이 따르지 않는 법이라고 생각했기 때문이다. 그는 전장을 운영할 때 관아들에게 돈을 빌려주고 이자를 받는 사업을 하였다. 그러나 당시 불안한 사회 분위기로 볼 때, 이는 굉장히 위험한 사업이었다. 당시 관아들은 언제 자리를 박탈당할지 모르는 직위였고, 또한 언제 목숨을 잃을지 모를 정도로 혼란한 사회였다. 돈을 빌려주고 이자는커녕 원금도 못 받을 수 있었다. 그러나 그는 과감히 이 일을 밀고 나갔고, 그 결과 사업에 있어서 가장 중요한 덕목인 신(信),

즉 신용을 얻을 수 있었다.

사실 그는 처음 전장을 열 때에도 주위에 상당한 자본금을 가지고 시작하는 것처럼 이야기를 하였다. 그러나 사실 그의 수중에는 한 푼도 없었다. 그는 사업에 있어 용기를 가지고 위험을 감수해야 그에 걸맞은 성과를 얻을 수 있다고 생각하였다. 그는 언제나 이런 식으로 위험을 염두에 두고 사업을 운영하였다. 말하자면, 그는 '남의 닭을 빌려서 알을 낳고 그 알로 장사를 한 후, 갚아 나가는 식'으로 부를 쌓아 나갔다.

'용기'와 더불어 호설암이 중요시한 것은 바로 '신용'이다. 약국 호경여당을 운영할 때 그는 '약은 사람의 목숨과 관련된 일이기 때문에 절대로 가짜를 쓸 수 없다'고 하여, 약국에 '계기'(戒欺, 거짓을 경계한다)라고 쓰인 현판을 직접 걸어 두고 신의를 지켰다. 그는 홍정상인이 된 후에도 관복을 입고 붉은 산호 모자를 쓴 채 손님을 직접 맞이해, 정성과 신의를 다했다. 또한 그는 약의 조제 과정에도 참여하여 한결같이 좋은 품질을 유지하기 위해 노력하였다. 그 결과, 호경여당은 사람들에게 신뢰를 얻고 주위에 소문이 나게 되었다. 그런데 이렇게 호설암의 약국이 장사가 잘되자, 주변의 약국들이 담합해 가격을 인하하고 손님을 끌어 가는 일이 발생하였다. 약국 간의 가격 전쟁이 벌어진 것이다. 하지만 호설암은 약값을 인하하는 대신, 오히려 '가격 인하는 절대 없음'이라는 게시문을 내다 붙였다. 약값을 싸게 하기 위해 좋지 않은 약재를 쓰는 편법보다 정가의 원칙과 양질의 좋은 약재로 '신용'이라는 장기적인 전략을 선택한 것이다. 이는 결과적으로 소비자의 마음을 얻게 되었다. 이런 원칙 덕분인지 호경여당은 호설암이 파산한 이후에도 살아남아, 그가 일으킨 사업 중 유일하게 현재까지 이어지고 있다.

나상덕이라는 군인과의 일화도 호설암이 얼마나 신용을 중요시했는지를 보여 주는 대표적인 사례이다. 나상덕은 전쟁 중에 호설암이 운영하는 전장에 돈을 맡기고 전쟁터에서 죽었다. 군 동료였던 고향 사람 두 사람이 전장을 찾아와 증서도 없이 돈을 돌려줄 것을 요구했다. 보통 사람이라면 증서가 없다는 이유로 돈을 떼먹을 만도 하지만, 그는 분명 나상덕이 돈을 맡긴 것을 알고 있었기에 신용을 지켜 원금에 이자까지 쳐서 돈을 돌려주었다. 이후 호설암의 전장이 신용이 좋다는 사실이 군영에 알려졌고, 수많은 군인들이 몰려와 호설암의 전장에 예금을 맡겼다.

세 번째 성공 비법은 브랜드 마케팅을 비롯한 다양한 홍보 활동이다. 브랜드의 가치나 이미지가 물건을 구매하는 데 영향을 준다는 사실은 현대 마케팅에서는 기본 상식인데, 호설암은 이미 100년 전에 이 사실을 깨닫고 실천하였다. 그는 약국을 경영하면서 많은 가난한 사람들에게 무료로 구급약을 나눠주고 군영에는 기부 형태로 원가에 약을 제공하였다. 그가 이런 행동을 한 것은 거금을 들여 광고 벽보를 붙이는 것보다 자선 활동을 통해 자신의 약국을 홍보하는 것이 훨씬 더 효과적이라 판단한 데 따른, 고도의 브랜드 이미지 영업 전략 때문이었다. 그는 "우리가 만든 약이 좋다는 것을 사람들에게 믿게 할 수 있다면, 내게는 그다음에 할 일이 있다. 바로 돈을 버는 것이다."라고 하여 선(先) 브랜드 이미지 구축, 후(後) 이윤 추구의 원칙을 분명히 하였다. 이 밖에도 그는 당시 상하이에서 발행되던 신보(申報)를 통해 대대적인 광고를 진행하였으며, 처음으로 약을 배달 판매하기도 하였다. 또한 점포의 간판은 상인의 얼굴이라 하여 늘 깨끗하게 유지하였고, 고객을 위해 상점을 아름답고 쾌적하게 꾸몄다. 그는 민족자본가로서의 자존심은 지키면서 외국의 상인들과 척을 지지도 않는 개방적이고 유연한 사고를 가졌다. 비록 생의 마지막에 유럽의 상인들과 맞서긴 하였지만, 사업을 하는 동안 유럽 상인들과 친분을 쌓고 그들과의 무역거래를 통해 막대한 부를 쌓았다.

네 번째 성공 비법은 부의 사회적 환원을 통한 사회적 책임의 실천이다. 호설암은 자신의 부를 스스로에게 국한하지 않고 사회에 환원하기 위해 적극적으로 노력했다. 이는 당시 상인들의 가치관으로 볼 때 상당히 진보적인 것이었다. 당시에는 재산을 움켜쥐면 이를 되돌려준다는 개념이 없었기 때문에 부자가 빈민을 구제하는 일이 매우 드물었다. 그러나 그는 중국 각지에서 수해나 가뭄이 일어나면 그곳에 의복, 쌀, 금전 등의 구호물자를 아낌없이 보냈으며, 어려운 사람이 있으면 그를 돕기 위해 노력하였다. 이런 그를 가까이서 지켜본 좌종당은 그가 상인 중에서도 특별한 존재이며 의협심이 있다고 평가했다. 호설암은 사업에 있어서 큰 것을 추구했고, 이를 성취하기 위해서 성실과 배움, 인맥 관리를 중시했다. 또한 능력이 출중한 인물에게 투자할 수 있는 모험심, 관계를 지켜 나가는 신의를 기본으로 인간 중심의 경영 원칙을 지켰다.

사실 호설암의 성공을 오늘날의 경제윤리나 기업윤리로 보면 문제가 있다. 그는 좌종당이라는 인물로 대표되는 관과의 유착을 통해서 부를 쌓았다. 정경유착을 통해 부의 축적을 이루어 낸 것이다. 따라서 그의 성공을 어느 하나의 잣대로 평가하기에 애매한 것이 사실이다. 다만, 그가 살았던 시대의 상인의 한계를 이해하고 본다면, 그가 보여 준 인재 발탁,

신용 중시, 마케팅 전략, 부의 환원 등은 시대를 뛰어넘어 통용되는, 사업의 중요한 원칙임을 깨닫게 된다.

호설암은 '상인은 이득을 위해서라면 칼날에 묻은 피도 핥을 수 있어야 한다'고 말하면서도 몇 가지 원칙을 정해 물욕으로 사업이 타락하는 것을 막고자 하였다. 그는 법의 범위를 벗어난 검은 돈을 경계했고, 자신의 이익을 위해 남의 이익을 탈취하지 않으려 했으며, 친구에게 돈을 빌리되 미안한 일을 만들지 않았고, 신의와 양심을 저버리면서까지 돈을 벌려고 하지 않았다. 그는 이익을 최우선으로 생각했지만 이익 뒤에 반드시 재물을 베풀어 선을 행하려 했고, 구두쇠가 되는 것을 늘 염려하였다.

논란의 여지가 있긴 하지만, 현대의 많은 중국인들은 호설암을 상도를 지킬 줄 아는 큰 상인으로 존경하고 있다. 호설암이 젊은 시절, 친구에게 돈을 빌리고 고마움에 어머니로부터 받은 팔찌를 내준 적이 있었다. 그는 나중에 돈을 갚으면서도 정은 아직 갚지 못했다고 하며 팔찌를 되돌려 받지 않았다. 후에 그 친구가 사기를 당해 어려움에 처하게 되자 호설암은 그를 돕게 되었고 그제야 팔찌를 돌려받았다. 정(情)과 도(道)가 무엇인지 한번쯤 생각해 보게 하는 대목이다.

권력과 자본의 결탁, 쑹즈원(宋子文)

흔히들 중국에는 4대 가족이 있다고 한다. 4대 가족이라고 함은 20세기 초반 중국의 정치와 경제를 휘어잡은 4대 가족을 이야기하는데, 장제스(蔣介石) 가족, 쑹즈원(宋子文) 가족, 궁샹시(孔祥熙) 가족, 그리고 천리푸(陳立夫), 천궈푸(陳果夫) 가족을 의미한다. 이들 4대 가족은 장씨 집안의 천하 아래에서 천씨 집안의 당(党), 쑹씨 집안의 자매와 궁씨 집안의 재산으로 대표된다. 이들 4대 가족은 공산당과 국민당의 내전 과정을 거치면서 권력과 자본을 독점하게 되었다. 또한 서로가 혈연으로 엮여 있어, 4대 가족의 역사가 곧 1900년대 초·중반 중국의 역사라 할 만하다. 특히 송씨 가족 중에서 쑹즈원(宋子文)의 누나인 쑹아이링(宋靄齡)은 궁샹시(孔祥熙)의 부인이며, 여동생 쑹메이링(宋美齡)은 장제스의 부인이었고, 또한 누나인 쑹칭링(宋慶齡)은 쑨원(孫文)의 부인이다. 이 여성들은 각각의 개성답게 쑹아이링은 '돈을 사랑한 여자', 쑹칭링은 '중국을 사랑한 여자', 쑹메이링은 '권력을 사랑한 여인'으로 불리며 중국 현대사의 한 쪽을 장식하였다.

송씨 가문의 큰 아들인 쑹즈원은 2006년 「런민르바오」가 '중국 역사상 10대 부자' 중 '3위'에 손꼽을 만큼 중국을 대표했던 부자다. 쑹즈원은 원적이 광둥성 원창(文昌)이며 1894년 12월 상하이에서 태어났다. 쑹즈원의 아버지는 쑹자수(宋嘉樹)이며, 형제로는 쑹아이링(宋靄齡), 쑹칭링(宋慶齡), 쑹메이링(宋美齡), 쑹즈량(宋子良), 쑹즈안(宋子安)이 있다. 아버지의 원명은 쑹야오루(宋耀如)로, 원래 성은 한(韓)씨였으나 1875년 외숙부를 따라 보스턴에 간 후 외숙부의 양자가 되면서 성을 송(宋)씨로 바꿨다. 1885년 미국 감리교 대학 신학원을 졸업하고 귀국 후에 상하이에서 목회 활동을 하다가 후에 상공업에 종사하였다.

쑹즈원은 독실한 기독교인인 동시에 쑨원의 열성적인 혁명 지지자였다. 그의 아버지가 그에게 영문 이름 'Paulos'와 중문 이름 '즈원[子文]'을 지어 준 것은 아들이 중국에서 기독교 복음을 전하고, 혁명가 쑨원처럼 중국에 서양의 부강한 학문을 전하게 하기 위함이었다.

쑹즈원은 먼저 상하이의 세인트존스(Saint John's) 대학을 다녔고, 후에는 미국으로 유학을 갔다. 1915년에 하버드 대학에서 경제학 석사 학위를 획득하였고, 이후 컬럼비아 대학에서 박사 학위를 받았다. 일찍이 시티은행에서도 근무한 경험이 있다. 이후 귀국하여 1923년에는 쑨원의 영문 비서를 담당하다가 국민당이 광저우에 중앙은행을 설립하는 과정에서 쑹즈원은 각종 조례와 장정(章程) 제정을 담당하였고, 이내 광저우 중앙은행의 은행장에 취임하게 된다. 이어서 1925년에는 국민당 정부에서 재정부장을 역임하였다. 1926년 1월 국민당 제2차 전국 대회 후에는 중앙 집행 위원으로 북벌(北伐) 경비를 책임지게 되었다. 그는 장제스가 국민당의 당·정·군 대권을 잡을 때 재정적인 지지 세력이 되었다. 1928년에는 난징 국민당 정부의 재정부장 겸 외교·예산·수도 건설·국방 위원으로 참여하였다. 1928년 7월부터 1930년 5월 사이에 미국, 일본, 독일, 영국 등과 관세 자주권 회수 담판에 참가해 신관세조약을 체결함으로써 중국의 관세 자주권을 회복하고 세수 개혁을 실행하도록 하였다. 1928년 10월에 새로운 중앙은행이 상하이에 문을 열었는데, 쑹즈원이 총재가 되었다. 그는 1930년 1월에는 행정원 부원장을 겸임하였고 화폐 제도 개혁을 실시하였다. 1931년 12월, 장제스가 하야함에 따라 쑹즈원도 사직하게 된다. 그러나 이내 1932년 1월에 행정원 부원장에 복귀하고 재정부장도 맡게 되었다. 그러나 1933년 10월, 정부 내 공식 직함을 사직하고, 전문적으로 재정 금융 활동에 종사하게 된다. 공식적 직함에서의 퇴진은 오히려 그에게 개인적 부를 축적할 합법적인 기회를 제공하였다. 그는 막후에서 경제위원회 상임위원의 직위를 이용하여 전국적인 경제 건설을 적극적으로 지원하였다. 그리고 정부가 전국적인 경제 건설을 진행하려고 하자, 이를 위해서는 자금이 대량으로 필요하다고 판단해 중국건설은공사(中國建設銀公司)를 설립하였다.

이어서 그는 1935년 중국은행 회장을 맡아 화폐 제도 개혁을 실시한다. 이때 강력한 행정 수단을 동원하여 국민당 관료자본의 팽창의 기초를 다지게 된다. 쑹즈원이 중국은행 회장직을 맡게 되었다는 것은 그가 정계와 금융계를 넘나드는 막강한 권력을 가지게 되었음을 의미한다. 쑹즈원은 경제위원회, 중국건설은공사, 중국은행이라는 권력 핵심기구를 통하여 국가금융기관과 제조업에 대한 개인적 투자와 지배를 확장한다. 권력을 등에 업은 금융자본으로 재산을 확장하는 일은 땅 짚고 헤엄치기였다. 그 대표적인 예가 바로 광둥은행이다. 1935년 가을, 광둥은행의 채무가 급증하자 쑹즈원은 자금을 투입하여 광둥은행을 사유화하기 시작한다. 그는 다수의 지분을 확보하였고, 광둥은행의 회장직은 쑹즈원의 것이 되었다.

쑹즈원이 국유기업을 사유화한 사례는 남양형제연초공사(南洋兄弟煙草公司)의 경우를 통해서도 볼 수 있다. 남양형제연초공사는 원래 중국 최대의 담배 회사였다. 그러나 1930년대에 회사 경영에 위기 상황이 오자, 쑹즈원은 겨우 70만 원으로 이 회사 지분 52%를 취득한다. 재미있는 사실은 회사 지분 취득 자금 70만 원 역시 광둥은행이 대신 납부하도록 하였다는 점이다. 결국 쑹즈원은 돈 한 푼 내지 않고 중국 최대의 담배 회사를 자신의 것으로 만들어 버렸다.

쑹즈원이 자본을 축적한 방법은 국가 관료로서 독점적 지위를 이용한 것인데, 그 구체적 방법은 다음과 같다.

첫째, 통화 팽창 정책을 통해서이다. 1937년 항일전쟁 시작 후 4개월째에 국민당 정부는 지폐 발행량을 늘임으로써 재정 적자를 만회하고자 하였다. 발행한 액수는 공식적인 관방 통계로 볼 때 1937년 말에 16억 위안이었고, 1945년 말에는 1조 319억 위안에 도달하여, 8년 사이에 738배가 증가하였다. 대량의 지폐 발행은 결과적으로 쑹즈원을 비롯한 4대 가족의 재산만 급격히 증가시켰다.

둘째, 대대적인 증세를 통해서이다. 국민당 정부는 화물세를 확대 징수하여 세수 확보에 힘을 모았다. 1943년에 소금에 대한 부가세를 도입하여 소금 한 근당 3위안을 거두고, 1945년에는 이를 60위안으로 증세하였다. 이렇게 관세, 소금세, 통일세 등 세 가지 항목에 대한 증세는 다수의 농민들을 곤경에 빠트리는 가장 직접적인 조치였다.

셋째, 고의적인 외환 관리 제도를 통해서이다. 국민당 정부는 1938년 3월부터 외환 관리 제도를 실시하였다. 그리고 중국 지폐의 평가절하에 따라 암시장 거래 가격과 공식 환율 시장 간의 간격이 급격히 벌어지기 시작했다. 항일 전쟁 시기, 중국 화폐의 미 달러와의 공식 환율은 1:20이었는데, 암시장에서는 1944년 12월에 1:542까지 차이가 났다. 쑹즈원은 특권을 이용하여 공식 가격에 외환과 황금을 사서 암시장에 판매함으로써 막대한 이익을 얻게 되었다.

넷째, 전매(專賣) 제도의 실시를 통해서이다. 국민당 정부는 전매 사업 관리국을 1941년 4월에 발족시키고, 1942년 초부터 소금, 설탕, 담배, 성냥, 차, 술 등 여섯 가지 물품에 대한 전매 제도를 도입하였다. 이는 국민당 정부의 수입을 대대적으로 증가시켰는데, 1942년에 4억 7,800만 위안이었던 수입이 1944년에는 19억 위안으로 확대되었다.

다섯째, 주요 물자에 대한 공동구매·공동판매 제도의 실시를 통해서이다. 1937년 9월, 국민당 정부는 무역위원회를 열고 위원회 수하에 푸싱공사(復興公司), 푸화공사(富華公司), 차예공사(茶葉公司)를 두어, 비단, 차, 기름 등 주요 수출 물자에 대한 공동구매와 공동판매 제도를 실시하였다. 이는 수매 가격과 시장 가격 간의 차이를 불러와, 국민당 정부에 막대한 이득을 가져다주게 되었다.

이렇게 국민당 정부와 쑹즈원은 국민들에 대한 공개적인 탈취의 방법으로 항일전쟁 시기에 국가 관료자본을 신속하게 팽창시키게 되었다.

그렇다면 쑹즈원의 재산은 과연 얼마일까? 1948년, 천보다(陳伯達)는 『중국사대가족』에서 "4대 가족이 금융, 상업, 공업, 부동산 등 여러 분야에서 독점하고 있는 재산 및 그들이 외국에 가진 예금과 사업은 최소 200억 달러가량이다."라고 말한 바 있다. 만약 이것이 사실이라면 쑹즈원이 역사상 최고의 부자라 해도 과언이 아니다. 쑹즈원의 재산과 관련해서, 어떤 미국 기자는 그가 1940년대와 1950년대에 모은 재산이 30억 달러를 넘는다고 한다. 『브리태니커 백과사전』에서는 일찍이 쑹즈원을 세계 최고의 부자라고 하였다.

실제로 쑹즈원은 소문처럼 세계 최고의 부호가 아닐지 모른다. 그러나 중요한 것은 사실 여부를 떠나 그가 당시 관료자본 제도하에서 정치적 특권을 이용하여 막대한 재물을 긁어모았다는 점이고, 이러한 자본의 비정상적인 독점은 결국 일반 백성들의 삶에 직접적으로 위해적인 요소로 작용했다는 점이다.

제7장

나라의 기둥, 중국 부자들

현대 중국에서 부자란 무엇인가? - 중국 자본가의 의미와 역할

'자본가(資本家)'는 사회주의에서 자본을 매개로 생산수단을 독점하여 노동자의 노동력을 착취하는 지배계급을 일컫는 말이다. 중국에서는 1949년 중화인민공화국이 성립된 이후 금기시되었던 단어 중의 하나였다. 특히 1960, 1970년대 문화대혁명 시기에는 반동의 기준이 주자파(走資派, 자본주의의 길을 걷는 무리를 지칭하는 표현)일 정도로 '자본', '자본가', '자본주의'는 사회주의 중국에서 민감한 정서와 의미를 가진다고 할 수 있다.

중국에서 '민족자본가(民族資本家)'란 역사적 개념의 하나로, 국내의 관료나 국제 자본가와 결탁하지 않고 민족의 독립과 해방을 지지하는 자본가를 말한다. 즉, 민족자본가는 중국에 진출한 서구 제국주의 국가와 직간접적으로 경쟁한, 중국의 토착 기업인을 말한다. 민족자본가의 개념과 구별해서 쓰이는 홍색자본가 또는 붉은자본가는 공산당의 이념을 지지하는 기업인, 또는 공산당의 지원을 받거나 공산당과 직간접적인 관계를 맺고 있는 기업인을 뜻한다. 중국에서 민족자본과 매판자본의 활동 영역은 과거 제국주의와의 대항 관계 속에서 명확하게 구별되고 있다. 과거 중국의 민족자본은 경제 활동에 필요한 시장, 금융 등의 조건을 독자적으로 확보하여 상대적 자립성을 가질 수 있었기 때문에 억압적 상황에서도 제국주의에 항쟁할 수 있었다.

중국의 국기는 오성홍기(五星紅旗)이다. 오성홍기를 자세히 살펴보면 붉은 색 바탕에 큰 별 하나와 네 개의 작은 별이 자리하고 있음을 볼 수 있다. 여기에서 큰 별은 중국 공산당과 중국 인민정치협상회의를 가리키고, 나머지 네 개의 별은 노동자, 농민, 소자산 계급, 민족자산 계급을 나타낸다. 여기서 말하는 소자산 계급이란 생산 수단을 사적으로 소유하고 자신의 노동으로 생활하는 계급을 의미한다. 도시 수공업자, 중소 상인, 농촌의 중농 등이 여기에 포함된다. 민족자산 계급은 중등 자산 계급을 달리 이르는 말로, 식민지, 반식민지 및 민족 독립국가에서 외래 독점 자본과 직접 결탁하지 않는, 그들과 모순관계에 있는 계급을 말한다. 이들은 제국주의, 봉건주의와 때로는 모순관계에 있고 때로는 연관관계에 있어, 정치·경제적으로 연약하며 양면성을 띠고 있다. 오성홍기에서 다섯 개의 별은 중국 인민의 대단결을 의미한다. 별의 색이 황색인 것은 중국인이 황인종이라는 민족적 특징을 의미하고 붉은색 바탕은 혁명을 나타낸다. 다섯 개의 별은 중국인이 큰 별인 공산당의 영도하에 각각의 계급들이 단결한다는 의미로 해석된다. 오성홍기에서 볼 수 있듯이, 공산당이 영도하는 신중국은 다양한 계층과 계급의 연합과 단결을 통한 국가 발전을 도모하였다. 따라서 자본가라 할지라도 이들을 무조건적으로 타도나 배척을 하지 않고 과거의 행적, 항일 과정에서의 역할, 현재의 입장 표시 등을 포괄적으로 고려하여 포용 또는 투쟁의 대상으로 구별하였다.

그렇지만 자본가가 중국 땅에서 안착한다는 것은 말처럼 쉬운 일이 아니었다. 1949년 중국의 공산화 과정에서 대다수의 자본가는 중국을 떠나 타이완, 홍콩, 미국 등으로 이주하였다. 공산화 이후 자본가에 대한 사회주의 중국의 탄압을 두려워했기 때문이다. 룽이런(榮毅仁) 일가와 같이 대륙에 남은 민족자본가들은 특별한 경우에 해당한다. 그들은 소신 있게 대륙을 선택했지만, 자신들을 기다리던 고난마저 피해 가진 못했다. 특히 문화대혁명으로 대변되는 1960~1970년대에는 혁명과 집단의 이름으로 과거 우파적 사고와 경험을 가졌던 많은 사람들이 주자파로 내몰려 지식 개조와 육체 개조를 강요당했다.

중국이 자본가 또는 부자를 새롭게 평가한 것은 1978년에 덩샤오핑이 개혁개방 정책을 본격적으로 추진하면서다. 1949년의 신중국 성립 이후 30여 년에 걸친 계획경제와 이를 근간으로 한 소유, 토지, 경제제도 개혁은 사회주의 체제의 평등이라는 이상이 왜곡되어 평균적 가난이라는 참담한 결과를 낳게 되었다. 이에 중국은 생존을 위해서 자본주의 시장경제체제를 본격적으로 받아들이게 되었고, 이 과정에서 부자는 타도의 대상이 아니라 선망하는 현실 목표로 그 역할과 의미가 재조명되었다.

결과적으로 개혁개방 이후 중국 경제를 이끄는 힘은 다수의 부자들에서 나왔다. 여기서 '부자'는 자본가의 또 다른 이름이다. 부자와 자본가에 대한 기존의 선입견 때문에 개혁개방 초기에 중국 공산당은 자본가에 대한 공식 명칭으로 이념적으로 중립적인 이미지의 '기업가(企業家)'라는 용어를 사용하기 시작했다. 정치적으로 사회주의 체제하에서 자본주의 시장경제를 운용해야 하기 때문이었다.

1980년대 중국 자본가의 상황은 서구의 자본가와 같지 않았다. 왜냐하면 중국의 자본가는 계획경제에서 시장경제로 전환하고 있는 중국의 특수한 상황에 직면하고 있었고, 공산당은 여전히 강력한 정치적 지배력을 보유하고 있었기 때문이다. 따라서 중국의 자본가는 정치적으로 사회주의를 지탱하고 경제적으로 시장경제를 수행하는 역할을 부여받았다. 이 과정에서 중국의 자본가는 힘이 필요하였고 이러한 힘은 정치적 배경의 영향을 받았다. 실제로 중국의 자본가들은 중앙정부 및 지방정부와의 관계가 밀접할수록 더 빨리 부를 축적했다. 계획경제에서 시장경제로 체재가 전환되는 과정에서 국가가 시장으로 이양한 국유재산을 가장 빨리 이용하는 사람이 먼저 부자가 되고, 나아가 거대 자본가로 발돋움하는 경우가 비일비재하였다. 즉, 정치권력과의 결탁이 자본가로서의 성공을 좌우하는 필수항목이었던 것이다. 그러나 중국의 자본가는 그 한계도 뚜렷했다. 자본가 스스로 정치권력을 소유할 수 없기 때문에 항상 정치권력의 눈치를 볼 수밖에 없었다. 정치권력은 자본가를 좌지우지할 힘을 가지고 있으나 경제 발전을 위해 자본가들의 협력이 무엇보다도 필요했고, 자본가는 중국의 특성상 권력의 뒷받침 없이 성공적인 기업 활동을 하기는 불가능하였다. 정치권력이 자본가를 제거할 수는 있었지만, 자본가의 제거는 자본주의 시장경제 체제로의 전환의 실패를 의미하기 때문에 정치권력과 자본가는 특수한 공생관계를 유지할 수밖에 없었다.

중국의 정치권력과 자본가의 이중적 관계는 중국이 급속한 경제 발전을 이루는 가장 큰 동력이 됨과 동시에 엄청난 부정적 영향을 파생하기도 하였다. 즉, 자본가들 사이에서 권력이 부여하는 특혜를 차지하기 위한 온갖 편법과 불법이 난무하였던 것이다. 흔히들 중국 자본주의의 4대 문제로 '문제 자본가, 문제 제도, 문제 환경, 문제 관료'를 손꼽는데, 이는 권력과 자본의 유착이 만들어 낸 필연적인 결과였다.

개혁개방 이후 중국은 경제 성장이 최대 화두였다. 이를 위해서 국가권력은 자본가 집단을 필요로 하였다. 국가권력은 자본가 집단을 통해 성장을 이루었고, 자본가 집단은 국가 경제 발전이라는 명분하에 독점적으로 부를 쌓았다. 그 결과, 부는 소수에 집중되었고, 국가 내에 확대되는 빈부 격차와 지역 격차는 또 다른 사회적 문제를 야기하였다.

외부환경 역시 많은 변화가 있었다. 2001년 WTO 가입으로 중국도 국제수준의 관리규범과 기준 이행을 요구받기 시작했다. 이러한 외부환경의 변화로 인해 과거와 같은 방법을 통해서 국가 경제를 지속적으로 성장시킬 수 없는 상황이 온 것이다. 이에 중국 사회는 부자의 역할도 기업가의 역할도 모두 새로이 정립해야 하는 시대적 요구에 직면해 있다.

공산화 초기 30년 동안 중국에서 자본가는 착취의 상징으로 타도의 대상이었다. 개혁개방 이후 30년 동안의 자본가는 국가 경제 발전을 최전선에서 이끈 개혁의 선봉장이자 성공의 대명사였다. 동시에 권력 편에서 각종 불평등을 재생산하는 악역도 수행하였다. 그렇다면 향후 30년 중국의 자본가는 과연 어떤 역할을 맡게 될 것인가? 경제적 성장의 과실을 부의 배분을 통해 몸소 실천하는 중국 특색의 기업가로 재탄생하게 될 것인가? 아니면, 자본가의 한계를 탈피하지 못하고 사회주의 시장경제에서 불평등을 조장한 민족의 원흉으로 낙인찍히게 될 것인가? 그 결과가 주목된다.

홍색자본가 가문 - 중국국제신탁 회장 룽이런(榮毅仁) 일가

중국을 대표하는 민족자본가로는 룽이런 일가가 첫손에 꼽힌다. 룽이런은 1916년 5월에 장수성(江蘇省) 우시(無錫)에서 유명한 기업가 가문에서 태어났다. 그는 초기 중국식 전통 교육과 서구의 계몽 교육을 받았고, 1937년에는 상하이 세인트존스(Saint John's) 대학의 역사학과를 졸업했다. 1937년은 마침 중일전쟁의 발발로 일본의 중국 침략이 본격화되던 시기였다. 이때 룽이런의 큰아버지인 룽쭝징(榮宗敬)이 상하이를 떠나 홍콩으로 피난 갔다가 이듬해 2월에 불행히도 병사하였다. 이로써 당시 불과 22세였던 룽이런이 부친 룽더성(榮德生)을 도와 방대한 가족기업을 맡게 되었다. 이후 그는 1943년에 상하이 산신(三新)은행 이사 겸 경리, 1945년에 마오신(茂新) 제분 공장 경리가 되었다. 1949년, 중국이 공산화를 앞둔 시점에 룽씨 집안의 다른 가족들과 상하이의 다른 자본가들은 모두 대륙을 떠났지만, 룽이런은 잘못한 일이 없는데 왜 떠나느냐며 상하이에 그대로 머무르게 된다.

신중국이 건립된 1950년 후에는 룽이런이 선신(申新) 방직 회사 총경리와 헝다(恒大) 방직 주식회사 회장직을 역임하였다. 1950년 6월, 룽이런은 마오쩌둥 주석과의 만남을 거치면서 사회주의와 공산당의 영도에 적극적으로 호응하기 시작한다. 이에 국가가 발행한 공채를 주동적으로 650만 분이나 구매하고, 한국전쟁 기간 동안에는 7기의 비행기와 대량의 농작물을 국가에 헌납하였다. 1954년 5월, 그는 당과 정부의 호소에 호응하여 선신 방직 회사 등 자신의 기업을 정부와 합영(合營)하기로 결정하여, 자본주의 공업화 기구의 사회주의 개조에 선구자적인 역할을 하였다. 특히 1956년에 그는 심사숙고한 끝에 자신의 기업과 자산을 모두 국가에 무상으로 헌납하기로 결정하였다. 이러한 그의 결정에 화답하듯, 국가는 1957년 그를 상하이시 부시장으로 임명하였고, 당시 천이(陳毅) 부총리로부터 홍색자본가의 영예를 수여받았다. 그러나 룽이런 역시 문화대혁명 시절의 모진 박해를 피해 가지는 못하였다. 자본가 출신이라는 그의 배경은 당시로는 치명적인 약점이었고, 그는 주자파로 몰려 갖은 박해와 수모를 겪었다. 모진 인고의 세월을 보낸 그는 개혁개방이 시작되고서야 새로운 삶을 살기 시작했다.

1979년 1월, 덩샤오핑은 룽이런 등 다섯 명의 중국 공상업계 저명인사들을 접견하고 개혁개방과 관련해 이들의 의견을 청취하였다. 이 자리에서 그는 룽이런이 제안한 '기술과 관리의 도입, 무역과 금융의 발전'에 전폭적인 공감을 표시하고, 사회주의 건설에 도움이 되는 일이라면 그 어떤 것도 주저할 필요가 없다고 하였다. 이후 국제 경제 협력 모델을 발굴하라는 덩샤오핑의 지시하에 룽이런은 1979년 10월에 국무원의 직속

기구인 CITIC, 즉 중국국제신탁투자공사를 설립하여, 중국 최초로 대외개방과 투자 관할 업무를 담당하였다. 덩샤오핑이 외자 유치를 위해 그를 특별히 발탁한 것이다. 당시 덩샤오핑이 그를 선택한 것은 민족자본가로서 그의 명성을 활용함과 동시에 대내외에 중국식 개혁개방을 반드시 성공시키겠다는 강력한 의지를 과시하기 위해서였다. 사회주의 체제에서 자본주의식 시장경제 개혁을 추진하기 위해서는 룽이런의 능력과 경험이 절대적으로 필요하였다. 당시 중국은 개혁개방을 추진하기 위해 화교 자본이 필요했고, 이를 유치하기 위한 인물로 룽이런 만한 사람이 없었다. 이에 룽이런은 국무원 산하이지만 사실상 독자적 권한을 가진 CITIC의 초대 이사장직에 올라 개혁개방의 선봉장이 되었다.

룽이런은 CITIC의 총재가 되고 난 후, 상하이 자본가 특유의 경영 수완을 매개로 중국 정부의 강력한 지지하에 CITIC을 무서운 속도로 발전시켰다. 회사 창립 첫해, 그는 세계 40여 개국에서 온 4,000여 명의 투자자들과 협상에 임했다. 이로부터 CITIC의 업무 영역도 은행, 무역, 법률, 회계사무소, 차관, 컨설팅 등으로 다양해졌다. 이 중에서 그가 주도한 첫 번째 업무는 바로 해외 채권 발행이었다. 1980년대 초, 중국에는 22개 항목의 국가 중요 공정 가운데 화학섬유 공장 건립 계획이 있었는데, 투자자금 부족으로 공정을 진행할 수 없게 되었다. 이때 국가 방직부는 CITIC의 자회사인 중신공사(中信公司)를 찾아 문제 해결을 요청하였는데, 중신공사는 해외 채권 발행을 제안하게 된다. 1981년 2월, 중신공사는 일본에서 100억 엔에 해당하는 채권을 성공적으로 발행하게 되고, 이로부터 중국의 여러 기업들의 채권 발행이 순조롭게 진행되었다. 중신공사는 이후 일본, 독일, 싱가포르, 홍콩 등지에서 수차례에 걸친 채권 발행을 성공적으로 완수한다. 1984년만 하더라도 1년 동안 네 차례에 걸쳐 채권을 발행하여 각각 300억 엔, 3억 홍콩달러, 1.5억 마르크 및 1억 달러의 자금을 조달하였고, 중국의 공업화에 결정적인 공헌을 하게 되었다.

1984년 10월, 덩샤오핑은 "CITIC은 중국의 대외 개방을 실행하는 창구이며, 혁신에 용감하고 많은 공헌을 하기 바란다."라고 하였다. 특히 1986년 6월, 덩샤오핑은 룽씨 가족의 귀국 관광단을 접견했을 때에 "룽씨 집안은 우리나라 민족 공업에 대한 심대한 공헌을 하였으며, 우리 중국 인민들은 이 점을 영원히 잊지 않을 것이다."라고 하였다. 1986년 말에는 룽이런이 미국 격주간지 『포춘(Fortune)』이 선정한 세계 50대 기업가로 선정되어, 중국 국내 기업가로는 최초로 세계 유수 기업가에 선정된 인물이 되었다.

CITIC은 1980년대 초반에는 그 주요 업무가 중국 내 제조 기반 건설을 위한 해외자본을 국내에 유치하는 것이었다면, 1980년대 후반부터는 해외 투자에도 적극적으로 나서기 시작하였다. 특히 1980년대 후반기에 접어들면서 홍콩 기업 인수전에 전면적으로 참여하기 시작하였다. 1987년 1월 16일, 홍콩 CITIC은 캐세이퍼시픽(Cathay Pacific) 항공의 주식 12.5%를 구매하기로 결정하였다. 이후 드래곤 항공의 주식 38.3%를 구매하였고, 홍콩텔레콤의 주식 20%도 구매하였다. 당시 홍콩의 언론 매체들은 중국의 홍색자본가인 룽이런이 홍콩을 구매한다고 경의에 찬 표현을 하기도 하였다. 당시 홍콩에 투자한 중국 자본 기업은 이미 1천 곳이 넘었고, 그 투자액은 250억 달러를 초과하여, 일본의 120억 달러, 미국의 70억 달러 투자 규모를 여유 있게 넘고 있었다.

1993년, 제8기 전인 대회는 룽이런을 중화인민공화국 부주석으로 선출하여, 당시 76세였던 홍색자본가에게 새롭게 정치적 역할을 하도록 하였다. 룽이런은 2005년 10월에 향년 89세로 별세하였다. "최선을 지향하지만 중간의 인연을 맺고 낮은 복을 누려라.", "높은 곳을 지향하되 낮은 곳에 앉으며 넓은 곳을 향하라." 그가 지켜 나가고자 했던 평생 삶의 신조가 담긴, 그의 말이다.

대다수의 중국 국민은 룽씨 일가를 가장 모범적이고 존경할 만한 기업가 집안으로 평가한다. 룽씨 일가를 이렇게 높게 평가하는 이유는 다른 중국의 부자들에 비해 룽씨 일가가 이룬 재부가 투명하고 진실하기 때문이다. 중국의 언론 매체 역시 룽씨 일가의 재산은 모두 적법한 절차에 의거하여 벌어들였으므로 작은 돈 한 푼도 그들의 것임을 의심하지 않는다. 실제 룽씨 일가 소유의 회사에서는 세무 문제가 발생한 적이 없고, 중국 사회에 만연한 국유자산과의 불투명한 유착 관계 역시 발견되지 않았다. 그리고 룽씨 집안의 '대를 위해 소를 희생할 줄 아는 용기' 역시 높게 평가되고 있다. 개혁개방 초기 대다수의 기업가들이 확신을 하지 못하고 있을 때, 룽씨 일가는 중국 국내 기업에 자발적으로 투자를 하여 국가와 기업의 동반 성장을 도모하였다. 2005년에 『포브스』가 룽이런의 아들 룽쯔지앤(榮智健)을 중국 최고의 부호로 선정하였을 때에도 룽쯔지앤은 자신이 아주 부끄러운 수준이며 자신을 감히 부호라고 부를 수 없다고 말하는 겸손의 태도로 중국 국민의 존경을 이끌어 내었다.

청대 말기 중국의 반(半)식민지화 과정부터 1949년 중국의 공산화 과정까지, 대다수 중국의 부자들은 자신의 이익에 따라 조국을 등지는 것을 서슴지 않고 자신의 안위에만 급급한 행태를 보였다. 반면 룽씨 일가는 국가와 국민을 생각하고 한결같은 자세로 중국 국민들의 지지와 존경을 받아 왔다. 자신의 기업을 국가에 헌납하고 국가의 발전을 위해 아무런 조건 없이 외자 유치 활동에 참여하는 등 애국적 기업인의 모범을 보인 것이다. 최근 중국에서는 공산당원 신분인 기업가가 급속도로 증가하여 홍색자본가의 의미가 과거에 비해 퇴색한 면이 없지는 않으나, 과거 어느 누구도 그 길을 가지 않으려 했을 때 과감히 홍색자본가의 짊을 지고 묵묵히 자신의 길을 걸어간 룽씨 일가의 선택은 많은 이들의 존중을 받아 마땅하다.

'먼저 부자가 되어라' - 평균론(平均論)에서 선부론(先富論)으로

현대 중국을 이해하는 핵심 키워드 중의 하나는 바로 개혁개방이다. 중국의 개혁개방 정책은 1949년 신중국 성립 이래 지속되어 온 마오쩌둥 시대의 계획경제 체제에 대한 반성에서 시작되었다. 마오쩌둥 시대의 중국은 토지 개혁, 인민공사(人民公社) 건설, 대약진(大躍進) 운동, 제삼선(第三線) 건설, 문화대혁명 등 대규모 집체 운동과 계획경제로 생산수단을 국유화하고 소유의 공유제를 본격화하였다. 그러나 당초의 예상과는 달리 계획경제하의 중국 국민들의 생활수준은 장기간 침체 상태에 머물러 있었다. 특히 1966년부터 무려 10여 년 동안 계속된 문화대혁명 시기의 극좌적 행태는 국민 상호 간에 분열과 반감을 불러일으키고 경제 건설에도 막대한 타격을 주어 국민 실생활을 더욱 궁핍하게 만들었다. 이런 이유로 1976년 마오쩌둥 사망 이후 중국 국민들은 개혁에 대한 요구를 전면적으로 분출하기 시작하였고, 덩샤오핑을 중심으로 한 새로운 공산당 지도부는 전면적인 개혁개방 정책을 실시하게 되었다.

덩샤오핑은 개혁개방의 총설계자이자 전도사로서 중국 인민의 아들로 추앙받으며 현대 중국의 아버지와 같은 존재다. 키가 150cm밖에 안 되는 그는 모진 역경에도 그때마다 고난을 헤치고 다시 일어나, '오뚝이'라는 의미의 중국어 별명인 '부다오웡(不倒翁)'으로 불린다. 실제 덩샤오핑은 중국 공산정권 수립 이후 1965년에는 문화대혁명으로 인해, 1976년에는 4인방에 의해 두 차례 실각과 복권을 반복하였다. 특히 문화대혁명 시기인 1969년부터 주자파로 몰려 하방되어 1973년까지 장시성 신젠현(新建縣)의 기계 수리 공장에서 강제노역에 동원된 경험도 있다.

덩샤오핑(鄧小平)의 흑묘백묘론(黑猫白猫論)

덩샤오핑은 1978년의 중국 공산당 제11기 3중 전회를 통해 대내적으로는 개혁을, 대외적으로는 개방의 노선을 표명하면서, 본격적으로 거대한 사회주의 국가 중국을 변모시키게 된다. 특히 실용주의를 대표하는 덩샤오핑은 1979년 미국 방문을 마치고 난 후, '고양이는 색깔이 희든 검든 쥐만 잘 잡으면 좋은 고양이'라는 의미의 흑묘백묘론(黑猫白猫論)을 주장하였다. 즉, 중국 경제와 인민의 생활수준을 향상시키기 위해서 자본주의의 요소든 사회주의의 요소든 생산력 발전에 도움이 된다면 그 어떤 방법도 사용할 수 있다는 입장이다. 흑묘백묘론은 덩샤오핑의 고향인 쓰촨성의 속담에서 유래한 것으로, 개혁개방 시기 중국이 자본주의 시장 경제체제를 본격적으로 도입하는 데 근거가 되었다.

덩샤오핑의 실사구시(實事求是)와 선부론

1983년에 중앙군사위 주석에 취임한 덩샤오핑은 1985년에 공산당 핵심당원들에게 "우리의 원칙은 마르크스주의를 실천하는 과정에서 중국만의 독특한 길을 가는 것이다."라고 하며 중국 특색의 사회주의 원칙을 강조하였다. 동시에 그는 "가난한 것은 사회주의가 아니다. 부유하다는 것은 영광스러운 일이다. 사회주의 중국 인민들에게 부자가 되는 것은 영광스러운 일이다."라고 하여, 부자의 사회적 가치와 역할 역시 공식적으로 인정하였다. 이러한 덩샤오핑의 실용주의적 개혁 사상의 핵심은 실사구시 정신이다. 그가 강조한 실사구시 정신은 기존의 것을 무조건 부수고 파괴하는 것이 아니라, 현실에 필요한 것을 찾아 건설하고 일으켜 세우는 가치를 말하는 것으로, 대약진 운동과 문화대혁명 당시 혁명의 정신을 강조하였던 사회주의 전통사상에 대한 일종의 도전이기도 하였다.

이후 덩샤오핑은 1992년 남순강화(南巡講話)[7]를 통해 당시 중국의 상황에 근거하여 부자와 가난한 자는 어깨동무할 수 없으며 부자가 앞서나가면 뒷사람이 노력해 따라잡아 같이 부자가 될 수 있다는 선부론(先富

7 1992년 1월 말부터 2월 초까지 덩샤오핑이 1989년 6월 4일 발생한 천안문 사태 후 중국 지도부의 보수적 분위기를 타파하기 위해 상하이, 선전(深圳), 주하이(珠海) 등 남방 경제특구를 순시하면서 개혁과 개방을 더욱더 확대할 것을 주장한 담화.

論)을 주장하였다. 즉, 덩샤오핑은 먼저 공식적으로 개인의 사적인 이윤 추구를 허용하고 부자가 될 수 있는 기회를 보장하였다. 그리고 인구가 13억이 넘는 중국이라는 거대한 나라에서 모두 다 일시에 부자가 되기는 어렵기 때문에 선부론을 통해 사람과 물산이 풍부한 남동 연해 지역을 중심으로 먼저 경제를 발전시키고, 이후 이를 점차 중국 전체 지역으로 확대시키면 모두 더불어 잘살 수 있다는 생각을 전파하였다.

덩샤오핑은 사회주의와 부에 대한 기존의 고정관념에 반대하였다. 그는 1984년 1월 24일, 덩샤오핑은 개혁개방 특구인 선전(深圳)을 처음으로 방문한 자리에서 사회주의의 본질에 대하여 이렇게 말한 바 있다. "빈곤한 것은 사회주의가 아니며, 사회주의는 바로 가난을 근절시키는 것이다." 즉, 모두가 가난한 것은 결코 사회주의가 아니라는 말이다. 더 나아가 그는 "사회주의가 실현하고자 하는 부는 공동부(共同富), 즉 인민 모두가 함께 부유하게 되는 것이다. 그렇기 때문에 소수가 잘살고 다수가 못사는 것은 사회주의가 아니다."라고 말했다. 그는 이렇게 치부(致富)에 대한 긍정적인 시각을 유지함과 동시에 체제 논리에 갇혀 국민의 실생활을 도외시하는 것을 극도로 경계하였다. 동시에 국가 정책의 추진도 실사구시적 입장에서 생각하였다. 덩샤오핑의 실사구시적 태도는 실용주의와 성장을 동시에 중요시하는 다음의 말에서도 충분히 드러난다. 그는 1992년 1월 남순강화 시 행한 연설에서 "왜 시장을 말하면 자본주의이고, 계획을 말하면 사회주의인가? 계획과 시장은 방법일 뿐이다. 경제 발전에 좋다면 어느 것이든 이용할 수 있다."라고 했다. 그래서 그는 중국식 사회주의 정치체제와 시장경제를 접목시킨 중국 특색의 사회주의 시장경제를 탄생시켰다. 생산력 발전에 도움이 된다면 그 어떠한 방법과 절차도 수용할 수 있다는 덩샤오핑의 개혁개방 정책은 사상 유례가 없을 정도로 성공하였고, 중국은 세계 경제의 변방에서 중심으로 진입하기 시작하였다.

덩샤오핑의 이러한 개혁개방의 성과에 대해 중국 공산당은 덩샤오핑의 이론을 마르크스주의의 새로운 발전 단계로 평가하고 마르크스레닌주의, 마오쩌둥 사상과 함께 공산당 당장(黨章)에 규정하고 당의 행동지침으로 받아들였다.

선부론의 문제점과 균부론(均富論)의 대두

덩샤오핑의 흑묘백묘론과 선부론을 바탕으로, 중국은 개혁개방 이후 연평균 10% 이상의 경제 성장을 구가하며 세계 경제의 중심 국가로 발돋움하였다. 그러나 중국의 이러한 성장 위주의 국가 정책은 빈익빈 부익부라는 부메랑이 되어 돌아왔다. 21세기에 중국은 부의 80% 이상이 상위 10% 집단에 속해 있을 정도로 계층 간 불평등이 나날이 심해져 가고 있다. 소득 분배의 불균형을 나타내는 통계 수치인 지니계수(Gini's coefficient)를 살펴보면, 중국의 지니계수는 불평등 심화의 기준점인 0.5에 근접한 것으로 나타나고 있다. 중국 국가통계국이 2013년 1월 18일에 10년 만에 발표한 통계에 따르면, 중국의 지니계수는 2003년 0.479, 2004년 0.473, 2005년 0.485, 2006년 0.487, 2007년 0.484, 2008년 0.491, 2009년 0.490, 2010년 0.481, 2011년 0.477, 2012년 0.474로 나타났다. 지니계수는 0부터 1까지의 숫자로 나타나는데, 소득 불균형이

심할수록 1에 가까워지며, 보통 0.4가 넘으면 소득 분배가 비교적 불평등함을, 0.6이 넘으면 빈부 격차가 극심함을 의미한다. 2012년 중국 시난차이정(西南財政) 대학 중국가정금융조사센터가 발표한 '2010년 중국 가계의 지니계수' 역시 0.61로 발표되어, 중국의 계층 간 불평등의 심각성을 여실히 보여 주고 있다. 이는 청대 말기 태평천국의 난 당시의 것과 같은 수치이다.

이렇게 중국의 경제 불평등 문제는 21세기 중국 공산당이 해결해야 할 최대 과제로 부상하였다. 이에 중국 공산당은 2005년 10월에 선부론을 공식적으로 폐기하고 사회 균형 발전을 위한 균부론(均富論)으로 당의 정책노선을 전환할 것을 선언하게 된다. 중국은 개혁개방 이후 20여 년 동안 성장 위주의 정책을 시행하면서 '추진하라', '강화하라' 등 추진형 구호를 통해 경제 발전을 집중적으로 독려해 왔지만, 2005년 말을 기점으로 '~하지 마라'와 같은 간섭형 구호가 광범위하게 등장하였다. 개혁개방의 성과 아래 가려졌던 개인 간, 지역 간의 빈부 격차, 도농 갈등, 환경오염 등의 문제점이 심각한 수준에 이르렀기 때문이다.

당시 후진타오(胡錦濤) 주석은 조화세계론을 내세워 선부론의 폐해인 빈부 격차를 해소할 것을 강조하였다. 구체적으로 3농(농민, 농촌, 농업) 중시 정책과 서부 대개발 등을 통해 동부 연안과 서부 내륙, 도시와 농촌의 소득 격차를 줄이는 데 역량을 집중하였다. 원자바오(溫家寶) 총리 역시 2012년에 전국인민대회와 전국정치협상회의의 양회(兩會)에서 그동안 중국이 선부론을 바탕으로 빈부 격차 문제를 애써 무시해 왔다며, 중국의 성장력은 이미 입증되었고 향후 수십 년 이상 그 성장이 보장

될 것이기 때문에 이제는 균부론의 관점에서 경제 개혁이 이루어질 것이라고 강조하였다. 주민(朱民) IMF 부총재 역시 중국의 개혁이 성공하기 위해서는 성장 모델 전환과 분배 구조 개선이 핵심 과제라는 의견을 제시하였다. 그는 중국이 금융 개혁, 경제 개혁, 국영기업 개혁, 자원 개혁 등 여러 가지 과제를 안고 있지만, 이 중 가장 중요한 것은 성장모델 전환과 수입 분배체제 개선이며, 이 두 가지 과제가 성공한다면 중국이 가지고 있는 다른 문제점들은 자연스럽게 해결될 것이라고 예측하였다.

개혁개방 이후 덩샤오핑은 중국 사회의 발전 비전을 3단계로 제시하였다. 그는 1979년에 '샤오캉(小康) 사회'의 개념을 처음으로 언급하였고, 1987년에 굶주림이 없이 배부른 사회인 '원바오(溫飽) 사회'의 비전을 추가로 제시하였다. 그는 궁극적으로 중국 사회가 '원바오 → 샤오캉 → 다통 사회'의 3단계를 거쳐 점진적으로 발전할 것이라 예상하였다. 원바오 사회가 의식주라는 기본적인 문제가 해결되는 제1단계 사회라면, 샤오캉 사회는 다통 사회의 전 단계로 모든 국민이 걱정 없이 사는 제2단계 사회를 의미한다. 제3단계 사회인 다통(大同) 사회는 일찍이 공자가 꿈꿨던, 온 백성이 차별 없이 모두 공유하는 사회로, 고대 하·은·주 시대와 같은 사회를 말한다. '샤오캉'과 '다통'은 『예기』「예운편(禮運遍)」에 나오는 말로, 공자는 샤오캉 사회를 초급 단계의 이상 사회로, 다통의 단계를 인류가 꿈꾸는 이상적인 사회로 제시하였다. 덩샤오핑은 원바오 사회를 2000년까지 실현하고, 샤오캉 사회는 21세기가 시작되는 2001년부터 공산당 창당 100주년이 되는 2020년까지 실현하여, 세계 제2위 경제대국의 자리를 차지하고, 정부 수립 100주년이 되는 2050년에는 다통 사회의 단계까지 도달함으로써 21세기를 중국의 세기로 만들겠다는 비전을 제시하였다.

덩샤오핑이 제시한 중국 국가 단계별 발전론을 30여 년이 지난 지금 시점에서 살펴보면 중국의 야심이 결코 허무맹랑한 호기가 아니었음을 알 수 있다. 2003년 11월에 열린 중국 공산당 제16차 대회에서 당시 장쩌민(江澤民) 국가 주석은 중국이 그저 배를 채우는 원바오 사회의 단계를 넘어 적정 수준의 생활을 의미하는 샤오캉 사회의 단계에 접어들었음을 천명하였다. 외부의 대체적인 시각 역시 이미 샤오캉 사회의 단계에 접어들었음에 동의하고 있다. 실제로 중국은 2010년에 이미 일본을 뛰어넘어 세계 제2위 경제대국이 되었고, 덩샤오핑이 1990년대 말에 실현할 목표로 삼았던 일인당 국민소득 800달러 역시 이미 초과달성하였다. 중국의 일인당 국민소득은 2000년에 1천 달러를 돌파한 데 이어, 불과 10여 년 만인 2013년에 6,700달러 수준까지 확대되는 등, 괄목할 만한 성과를 보이고 있다. 이에 2019년에는 중국이 미국을 제치고 세계 최고의 경제대국으로 부상할 것이라는 예상까지 나오고 있는 상황이다.

그러나 경제 발전이라는 긍정의 이면에 빈부 격차, 지역 격차, 계층 간 불균형이라는, 성장에 따른 각종 문제점도 발생하고 있다. 덩샤오핑이 주장한 것처럼, 먼저 부자가 된 사람들과 지역은 이미 존재하지만, 부자가 되기를 기다려 왔던 대다수의 사람들은 여전히 가난과 불평등에 시달리고 있다. 모두의 가난을 막기 위해서 먼저 선부론이 먼저 제시되었지만, 모두가 부자가 되는 것은 결코 쉬운 일이 아니다. '부자가 나라의 기둥'이라는 덩샤오핑의 생각은 지금의 중국을 이루는 데 절대적인 역할을 하였다. 그러나 모두가 부자가 되기 위해서 또 다른 지혜가 필요한 시점이다.

나라를 다스리는 목적은 백성을 부유하게 만드는 것이다. 관중은 창고가 충실해야 예절을 알고 의식이 풍족해야 영욕을 안다고 하였다. 관중은 '지나치게 부유하면 부릴 수 없고 지나치게 가난하면 염치를 모른다'고 하면서, 이를 위해 빈부 격차를 줄여야 한다고 하였다. 공자 역시 '적은 것이 걱정이 아니라 고르지 못한 것이 걱정'이라고 하여, 균배를 강조하였다. 역사적으로 의식을 풍족하게 하기 위해서는 자본주의가 필요하고 고른 균배를 위해서는 사회주의가 필요하다고 인식되어 왔다. 고른 균배가 고른 배고픔으로 악순환되는 것을 막기 위해 시작되었던 중국식 자본주의의 길은 또 다시 원점으로 돌아와, 성장과 평등 사이의 균형이라는, 영원한 도전 과제에 직면해 있다.

덩샤오핑에게 있어서 사상이란 현실을 담는 그릇이었다. 현실이 변하면 그의 사상도 따라서 변했다. 덩샤오핑은 중국에서 가난을 몰아내기 위해서 개혁개방 정책을 추진하였고, 이를 효과적으로 추진하기 위해서 서구의 자본주의와 시장경제 체제를 과감히 받아들였다. 2012년에는 시진핑(習進平) 총서기가 이끄는 새로운 중국 지도부가 탄생하였다. 시진핑은 취임 회견에서 확고부동한 자세로 '공동 부유의 길을 걸어가겠다'고 하였다. 과거 덩샤오핑의 노력이 절대 빈곤으로 가득한 아시아의 병자 중국을 깨어나게 했다면, 현재의 중국은 어떤 효과적인 방법과 정책으로 성장과 균형을 조화롭게 이끌어 나갈지, 그 귀추가 주목된다.

제8장

개혁개방 시기, 관료들의 변신

중국의 개혁개방 정책과 중국 기업가의 유형

중국에서 공산당원이 관직을 그만두고 국가 정책에 맞춰 창업을 하거나 기업 활동을 하는 것을 바다에 뛰어드는 것에 비유해 '샤하이(下海)'라고 한다. 1979년에 개혁개방이 본격화되면서 적지 않은 관료와 학자들이 자의반 타의반으로 기업 활동에 종사하게 되었고, 그들은 성공의 단맛과 실패의 쓴맛을 보게 되었다. 개혁개방 이후 중국 기업가들은 일반적으로 3단계를 거치면서 발전해 왔다.

제1단계는 1979년 개혁개방 정책 실시와 더불어 시작된, 초보 수준의 기업가 활동 시기이다. 역사를 돌이켜 보면 1980년대 초에 중국의 기업가들은 다소 엉뚱한 영역에서 배출되었음을 알 수 있다. 당시 중국의 기업가 대부분은 문화대혁명 시기 농촌의 생산 대대에서 일을 하다가 도시로 돌아온 후 직업을 찾지 못하던 청년들이나, 일부 능력을 갖춘 농촌 출신 사람들이었다. 그리고 문화대혁명 시기에 하방을 당해 노동 개조나 노동 교육을 받았던 일부 지식인 집단도 이에 포함되었다. 이들은 이전에 종사했던 직업과는 판이한 업종에 종사하였고, 대다수는 교육수준도 그다지 높지 못했다. 이들은 개혁개방 초기의 불안정한 상황과 특수한 체제하에 생겨난 중국 기업가 제1세대라 할 수 있다.

제2단계는 1985년 이후 본격화된, 중국의 관료 집단과 학자들의 기업가로의 신분 전환 시기이다. 이는 중국 정부의 정책 결정과 직접적인 연관이 있다. 1984년 10월, 중국 정부는 중국 공산당 제12기 3중 전회를 통해 개혁개방의 중심 지역을 농촌에서 도시로 전환하기로 결정하였다. 이 과정에서 중국 정부는 기업을 활성화하기 위해 체제 내부 인력의 기업가로의 전환을 적극적으로 추진하였다. 구체적으로 중국 정부는 두 종류의 내부인력을 기업가로 변신하도록 지원하였는데, 하나는 당시 국가기관의 간부직에 있던 사람들이 자신의 자리를 휴직하거나 정직(停職)한 상태에서 기업을 창업하도록 한 것이고, 또 다른 하나는 과학기술 분야에 종사하던 인물들을 지원하여 일정한 지분을 가진 기업이나 개인 소유의 과학기술 특화형 기업 창업을 유도한 것이다. 이 제도의 실시 초기인 1980년대 중반에 중국은 개인의 기업 활동 자체가 처음인 관계로, 기업가들의 재산권과 소유권에 관한 개념 역시 모호하였다. 따라서 기업가들은 당시 자신이 운영한 기업의 경영 모델에 따라 후에 기업에 대한 권리 행사의 명암도 극도로 엇갈리게 되었다.

1980년대 중국 기업가들의 기업 경영 모델은 다섯 가지 형태로 분류된다. 첫째는 왕스(王石) 모델이다. 왕스가 경영한 중국 최대 부동산 개발 업체인 완커(萬科)는 원래 국유기업이었다. 왕스는 완커에 전문경영인 제도를 가장 먼저 도입하고 본인이 전문경영인 자리에 올라 완커를 중국 굴지의 대기업으로 성장시켰다. 둘째는 류촨즈(柳傳志) 모델이다. 류촨즈는 중국과학원 연구원 출신으로, 1980년대 중반 중국과학원이 인민폐 20만 위안을 출자하여 그의 창업을 적극적으로 지원하였다. 따라서 류촨즈가 경영한 롄샹 그룹의 초기 기업재산권은 당연히 국가가 보유하고 있었다. 그러나 류촨즈가 기업을 성공적으로 확대시키자, 과학원의 지도부는 회사 지분의 35%를 그에게 양도함으로써 상호 윈윈(win-win)하는 기업 모델을 만들었다. 셋째는 루관추(魯冠球) 모델이다. 루관추는 중국 최대의 자동차 부품 회사인 완샹(萬向) 그룹의 초기부터 본인이 직접 자본을 투자하고 회사를 발전시켜 막대한 부를 획득하였다. 루관추의 회사 경영 모델은 자본주의 국가에서는 아주 일반적인 형태의 모델이지만, 개혁개방 초기 중국에서는 오히려 흔치 않는 모델이었다. 넷째는 장루이민(張瑞敏) 모델이다. 장루이민의 하이얼 그룹은 공동의 집체기업이자 국유기업으로 출발하였는데, 장루이민은 초기에 회사의 재산권과 소유권을 분명하게 정의하지 않고 운영해 왔다. 이 문제에 대해 장루이민은 재산권이 분명한 부분에서는 확실히 지분을 나누고, 불분명한 부분은 문제를 건드리지 않으며 기업을 운영하고 있다. 중국이라는 나라의 특성상 이 역시 중국식 기업 경영 모델 중 하나로 손꼽힌다. 다섯째는 추스젠(褚時健) 모델로, 중국의 개혁개방이 낳은 가장 비참한 형태의 기업가 유형이다. 추스젠은 위시(玉溪) 연초 회사의 대표로서 평생을 기업을 위해 헌신하였고, 위시 연초 회사는 중국을 대표하는 회사로 성장하였다. 그러나 위시 연초 회사는 국유기업이었고, 경영자에 관한 특별한 조치나 대우가 명확하지 않은 상태였으므로 국가의 국유기업 규정에 따라 경영자는 59세에 무조건 퇴직을 해야만 했다. 따라서 추스젠은 아무런 보상이나 대가도 없이 퇴직해야 할 상황에 처하게 되었다. 이를 두고 중국에서는 그의 사례를 빗대어 '59 현상'이라고 불렀다. 우여곡절 끝에 그는 퇴직 시 1,200만 달러의 보상금을 받았지만, 결국 경제 관련 범죄에 연루되어 징역형을 살게 되었다.

제3단계는 1992년 덩샤오핑의 남순강화 이후 국유기업의 본격적 개혁 과정에서 출현한 기업과 기업가 집단의 본격적인 성장 시기이다. 이 시기, 중국은 과거의 사회주의 기업 경영 체제를 시장경제 체제로 전면적으로 전환하였다. 그리고 1985년 이후 기업 활동 평가에서 국유기업 소속 인재들이 대부분 교육수준이 높고 상당한 능력을 보유했음에도 불구하고 기업가로서 능력을 발휘하지 못한 것에 대해 반성을 진행하고 이에 대한 변화를 도모하였다. 이에 대해 일부에서는 당시 국유기업 간부들의 입장이 중국의 고전소설 『수호전(水滸傳)』에 등장하는 임충의 입장과 비슷하다고 이야기한다. 즉, 체제를 수호하던 80만 국유기업의 장수들(관료들)은 당시 부패한 체제를 시정해야 한다는 당위성에 동의하면서도 결코 이를 공개적으로 비판하거나 해결할 수 없었다는 것이다. 결국 임충이 양산박(梁山泊)에서 도둑의 길을 갔던 것에 견주어 국유기업 간부들도 이때를 전후하여 본격적으로 개혁과 기업가의 길로 변신하였다는 것이다. 특히 이 시기의 기업가들은 중국적 상황에 맞는 기업가로서의 능력을 요구받았으며, 이에 점진적으로 적응해 나가기 시작했다. 외국의 경우, 정상적인 거시경제의 흐름하에 관련 법규와 제도가 어느 정도 구비되어 있는 환경이었지만, 중국은 이와 전혀 다른 조건에서도 성장을 멈출 수 없는 상황이었다. 또한 이 시기에는 중국에 대해 외국의 투자가 본격화되고 중국의 제조업 생산능력이 세계화되며 인터넷의 보급을 통한 시장의 기회가 확대되면서, 해외 유학파의 귀국과 창업이 늘어나, 기존의 국유·국영기업과 더불어 사영기업의 활동이 본격화되었다.

주목할 점은 1992년 이후에 기업가 집단이 공무원, 지식인, 사회의 주류엘리트 등으로 재구성되면서 중국 내 기업가에 대한 사회적 인식 역시 획기적으로 변화하였다는 점이다. 물론 일부 관료 출신 기업가들은 여전히 자신만의 특권의식을 가지고 있어서 많은 사람들의 비판에 직면하기도 하였다. 그러나 해외 유학을 마치고 돌아온 하이구이파(海龜派) 기업가들은 그들 특유의 혁신적인 사고와 운영 시스템을 통해 투명한 기업 성장 과정을 거치게 되었고, 이는 부에 대한 가치와 기업가에 대한 부정적인 시선을 크게 변화시키게 된다.

개혁개방 이후 현재까지 중국 기업가의 유형은 대략 네 가지로 분류할 수 있다. 첫 번째는 금전적으로 불안정하고 사회적 지위가 낮은 일반 서민 출신의 기업가 부류이다. 두 번째는 특정 산업분야에서 고도의 전문성과 경험을 쌓은 전문가 또는 기술자 출신의 기업가 부류이다. 세 번째는 사업에 뛰어들기 위해 공직을 포기한 공직자 출신의 기업가 부류이다. 네 번째는 일반 기업이나 다국적 기업에서 근무 경험을 쌓고 능력을 인정받은 관리자 출신의 기업가이다.

일반적으로, 많은 것을 가진 사람일수록 기회비용도 높아지기 때문에 사회·경제적으로 불안정한 사람일수록 사업에 뛰어드는 확률이 높다. 이런 면에서 초기 중국의 기업가는 농촌 출신 무직자나 비전문분야의 기업가가 주를 이루었다. 이에 반해 1985년 이후에는 중국 정부의 적극적 지원을 등에 업은 당 고위층이나 관료 출신 기업가들이 많이 출현하였다. 그리고 1992년 남순강화를 통해 개혁이 본격화되면서 자발적 관료 출신 기업가와 사영 기업가가 본격적으로 출현해 중국의 경제 성장을 본격적으로 이끌었다. 현재 중국에서 최고의 부호들로 꼽히는 량원건(梁穩根) 싼이(三一) 중공업 회장, 류촨즈 레노버(Lenovo) 그룹 회장, 장루이민 하이얼 그룹 회장 등은 모두 정부 관료 출신이거나 과학자 출신으로, 1980년대 중반 이후 사업에 참여하기 시작해 오늘날 중국 최고의 기업을 이끌고 있다.

학자 출신 기업가 - 레노버(Lenovo) 그룹의 류촨즈(柳傳志) 회장

류촨즈 회장은 1984년에 40세의 비교적 늦은 나이로 롄상(聯想) 그룹을 창업하여, 불과 18년 만인 2012년에 레노버 그룹을 글로벌 PC 생산량 1위 기업으로 올려놓은 입지전적인 인물이다. 레노버 그룹은 2012년 3분기에 1,377만 대의 PC를 출하하여 시장점유율 15.7%를 기록해, 기존의 세계 최대 PC 메이커인 HP를 0.2% 차이로 따돌리고 글로벌 제1위 기업으로 올라섰다.

류촨즈 회장의 어릴 적 꿈은 조종사였다고 한다. 조종사는 당시 모든 이들의 꿈일 만큼 선망의 직종이었지만, 문화대혁명 기간 동안 그의 외삼촌이 단지 우파(右派)였다는 이유로 그는 조종사의 꿈을 접을 수밖에 없었다. 이에 그는 진로를 바꿔 시안(西安) 군사전자기술대학에 진학하여 레이더에 대해 배움으로써 컴퓨터를 다루기 시작했으며, 이것이 전화위복이 되어 이후에 그가 컴퓨터 사업을 하는 데 기초가 되었다. 1984년, 그는 동료 연구원 열 명과 함께 중국과학원이 지원해 준 창업 자금 20만 위안(한화 약 3천4백만 원)으로 작은 컴퓨터 회사인 롄상(聯想)을 창립하였다. 이 회사는 설립 이듬해인 1985년에는 300만 위안, 1986년에는 1800만 위안, 1987년에는 7,000만 위안의 매출을 올리며, 초고속 성장을 거듭하였다. 그러나 순풍에 돛을 단 것 같았던 사업에 위기가 찾아왔다. 1980년대 중국에서 컬러 TV가 폭발적인 인기를 얻자, 롄상도 컬러 TV를 주문자 상표 부착 방식으로 생산해 적당한 이윤을 붙여 판매하였다. 예상대로 컬러 TV는 날개 돋친 듯 판매되었고 회사도 상당한 이익을 얻는 듯하였다. 그러나 롄상에서는 부가세를 제품 판매 가격에 포함해야 한다는 기본적인 사실조차 알지 못하였고, 결국 세금을 내고 나서 엄청난 손실을 입고 말았다. 이 손실을 메우기 위해 교외에서 무, 배추 등을 사와 회사에서 판매하기도 하고 심지어 롤러블레이드와 전자시계까지 판매하였지만, 모두 실패로 돌아가고 말았다.

류촨즈의 성공 경영 비법

초기의 사업 실패를 통해 류촨즈 회장은 세 가지 교훈을 얻었다. 첫째는 성급한 성공이나 지나친 이윤을 바라지 말고 오래달리기를 할 수 있는 기업을 키워야 한다는 사실이었다. 둘째는 국제무대에서 설 만한 규모 있는 회사를 만들어야 한다는 점이었다. 셋째는 가장 잠재력 있는 하이테크 회사를 설립하되 돈 되는 일이라고 아무 일이나 해서는 안 된다는 점이었다.

이를 바탕으로 그는 자신만의 독특한 경영 전략을 펼치게 된다. 그중 대표적인 경영 이론이 바로 '나무통(木桶) 이론'과 '손가락(一個指頭) 이론'이다. '나무통 이론'이란 여러 개의 나무 조각을 이어 붙인 나무통의 경우에 가장 약한 나무 조각에서 물이 새어 나가는 것처럼 기업도 자신의 약점을 어떻게 보완하느냐 하는 점이 기업 경쟁력의 핵심이라는 것이다. '손가락 이론'은 사람의 가운뎃손가락과 같이 손가락이 길어야 남을 먼저 정확하게 찌를 수 있는 것처럼 기업에서도 상대를 제압할 핵심 경쟁력을 기르는 것이 중요하다는 뜻이다. 이 두 가지 이론을 정리해 보면, 기업이 가장 약한 부분을 보완한 다음에 핵심 경쟁력을 기르는 것이 기업 성공의 열쇠라는 것이다. 그는 이를 완성하기 위해 관리와 목표경영의 중요성을 강조했다.

일반적으로 류촨즈의 경영 전략은 마치 군사 전략을 방불케 하는데, 이는 국방연구소에서 연구원으로 근무하였던 그의 경력과 연관이 있다. 류촨즈의 경영 전략은 '핵심조직 건설[建班子]', '전략 결정[定戰略]', '대오 정비[帶隊伍]'의 세 가지로 요약된다. 핵심조직 건설은 전투력이 강한 최고책임자를 중심으로 핵심조직을 세운다는 것이다. 전략 결정은 장단기 목표를 명확히 세우고 행군 중에 방향 조정 여부를 판단한다는 것이다. 대오 정비는 '병사들이 전투를 벌일 수 있는가? 병사들이 적극성을 가지고 있는가? 상벌 규정은 합리적인가?' 등을 총괄 판단하는 개념이다. 류촨즈는 이 중에서 핵심조직 건설을 가장 중요시했다. 그는 핵심조직의 의지 통일이 안 되면 모든 전략이 다 틀어진다고 보았다. 그래서 그는 사내의 사사로운 파벌 형성을 극도로 경계하였다.

이렇게 회사 내의 핵심 전략이 결정되고 나면, 회사 구성원들이 소속감과 자긍심을 가지고 자신의 능력을 최대한 발휘할 수 있도록 만드는 것이 중요한데, 레노버 그룹에서는 이를 '엔진 문화'로 설명하고 있다. 류촨즈는 회사 구성원들이 능력을 발휘할 수 있는 무대를 제공하는 게 가장 중요하다고 보았다. 그러고 난 뒤에 그들의 업무를 명확히 하고, 그들에게 책임과 권한을 나누고, 나중에 가져갈 수 있는 이익을 구체적으로 제시하였다. 이후의 문제는 바로 직원들의 문제가 되므로, 그들은 이 단계가 되면 어떻게 하면 일을 더 잘할 수 있는지 스스로 생각하게 된다고 보았다. 레노버에서는 이것을 '엔진 문화'라고 부르는데, 간부는 큰 엔진이고 그 밖의 모든 직원들은 큰 엔진과 함께 돌아가는 작은 엔진이 되어야 한다는 것이다. 만약 일반 직원들이 엔진에 따라 움직이는 기어가 되면 전체 구조가 수동적일 수밖에 없기 때문이라는 것이다.

류촨즈 회장은 리더의 자질에 대해서도 강조하고, 진정한 리더가 있어야 기업이 발전할 수 있다고 보았다. 그에 따르면, 진정한 리더가 되기 위해서 보통 다음과 같은 세 가지 자질이 필요하다. 첫째, 목표를 잘 세울 줄 알아야 한다. 그는 아주 명확한 목표를 세우고 미래의 큰 그림을 그려야 회사 구성원을 이끌고 앞으로 나갈 수 있다고 보았다. 둘째, 리더는 도덕성과 품성을 갖춰야 한다. 셋째, 풍부한 리더는 감성을 가지고 있어야 한다. 큰 가슴으로 사람들을 포용해야 사람들이 단결하고 서로 소통을 하게 된다는 것이다.

류촨즈 회장은 1989년에 중국 기업으로서는 최초로 스톡옵션제를, 1993년에는 종업원 지주제를 도입하였다. 1984년 정부의 투자로 시작된 레노버 그룹이 불과 10년 만에 기업의 소유권을 자사 소속 직원들에게까지 확대하는, 그야말로 혁명적인 선택이었다. 레노버의 종업원 지주제 도입은 기업 대다수가 국유기업인 중국의 현실에서 중국 기업들에 소유권 개혁이라는 폭풍을 불러일으키는 계기를 만들었다.

2005년에 레노버는 IBM의 PC사업부를 12억 5천만 달러에 인수하여, 전 세계 PC 시장의 주요 업체로 단숨에 부상하였다. 레노버가 IBM을 인수했을 때 실제로 세 가지 위험 요인이 있었다고 한다. 첫째는 '레노버가 IBM을 인수한 뒤에도 소비자들이 계속 IBM 제품을 살 것인가?'의 문제였고, 둘째는 'IBM의 엘리트 직원들이 계속 회사에 남아 있을 것인가?'의 문제였으며, 셋째는 '중국과 외국의 직원들의 문화 차이를 어떻게 해결하느냐?'의 문제였다. 그럼에도 불구하고 류촨즈 회장이 IBM을 인수했던 이유는 세계 시장에 진출해 세계적인 명품이 되어야 이익을 높이고 성장할 수 있다고 믿었기 때문이다. 즉, 실력이 있는 기업은 반드시 세계로 나아가야 한다는 사업 신조가 있었기 때문이다. 결국 세간의 우려를 씻고 레노버의 IBM 인수는 성공적으로 이뤄졌으며, 레노버는 2012년 10월을 기점으로 세계 1위 PC 생산 업체로 도약하고야 말았다.

2010년 9월 11일에 항저우에서 열린 제7회 알리바바(Alibaba) 인터넷 상인 대회에서 류촨즈 회장은 '백년기업이 되기 위한 비결'이라는 주제로 강연을 하면서 자신의 성공 비법을 다음과 같이 소개하였다.[8]

> 성공을 위해 중요한 것은 첫 번째로, 시스템적 사고방식입니다. 어떤 일을 추진할 때 일의 다양한 부분을 충분히 숙고하지 않고 한쪽 면만 보고 돌진한다면 나중에 많은 대가를 치르게 됩니다. 먼저 고려해야 할 부분이 무엇인지 알아보고, 그중에 어떤 부분을 먼저 해야 하는지, 어떤 부분은 시범 삼아 해 본 후에 결정해야 하는지, 시스템적으로 일을 판단하고 추진해야 합니다.
>
> 두 번째로, 중기적인 목표를 세우고 각 단계별로 업무를 나누어야 합니다. 어떤 것을 할 것인지 목표 달성을 위해 기초를 어떻게 다질 것인지를 생각하고, 단계별로 일을 추진해 나가는 것입니다.
>
> 세 번째로, 충분히 의논한 후 결정하고 행동해야 합니다. 사업에서 중요한 것은 어떤 중요한 결정을 하기 전에 최대한 많은 생각을 하고 확실히 알아본 후에 결정을 하는 것입니다. 저는 군사학교를 졸업했습니다. 재학 당시 작전 교육에서 배운 것 중에는 빨리 해야 하는 것 네 가지와 천천히 해야 하는 것 한 가지가 있었습니다. 빨리 해야 하는 것은 기습이나 포위 공격 같은 것들로 기억이 가물가물하지만, 천천히 해야 하는 것 한 가지는 지금도 또렷하게 제 기억에 남아 있습니다. 그것은 총공격을 감행하는 결정이었습니다. 총공격을

8 2010년 9월 11일, 왕이과학기술보도(网易科技报道), 롄샹 그룹 류촨즈 회장 연설(联想集团董事局主席柳传志演讲), http://tech.163.com/10/0911/14/6GACBATK00094IR2.html.

감행하기 전에는 반드시 면밀하게 모든 상황을 검토한 후에 결정을 내려야 한다는 것입니다. 따라서 기업가는 행동하기 전에 충분히 검토하고 결정할 수 있는 능력을 키워야 합니다.

네 번째로, 복기를 해야 합니다. '복기'란 했던 것을 처음부터 그대로 다시 해 보는 것을 말합니다. 비즈니스에서 충분히 검토하여 결정한 후에 행동하는 능력을 배양하려면 복기가 매우 중요합니다. 복기를 통해 어쩔 수 없는 일이었는지, 피할 수 있는 일이었는지, 일의 발단과 원인이 무엇인지를 검토해 봄으로써 같은 실수를 범하지 않을 수 있습니다. 또한 경험을 통해 획득한 교훈과 실패 사례를 충분히 숙지함으로써 차후에 일을 검토하고 결정하는 역량을 강화할 수 있습니다.

류촨즈 회장의 생활신조는 바로 '천외유천(天外有天)'이라는 말에 담겨 있다. '하늘 위에 또 하늘이 있다'는 뜻이다. 즉, 무엇인가 최고라고 생각해도 또 다른 최고가 있을지 모르니 항상 겸손한 자세가 필요하다는 격언이다. 류 회장은 자신이 쉽게 우쭐해지는 성격이라 스스로 자만하지 않기 위해서 '천외유천'을 경구로 삼는다고 하였다. 중국인 모두가 인정하는 성공의 삶을 살아온 인물, 류촨즈 회장의 이 같은 생각은 과연 진정한 성공이란 무엇인지 우리로 하여금 다시 생각해 보게 한다.

관료 출신 기업가 - 하이얼(海尔) 그룹의 장루이민(張瑞敏) 회장

장루이민 회장은 1949년 1월 5일생으로 중국과학기술대학에서 MBA를 전공한 인물이며, '중국의 잭 웰치'로 불리는, 백색가전 왕국 하이얼의 수장이다. 그는 1995년에 '중국인의 경영대사(經營大師)'로, 1997년 『아시아 위클리』 선정 '올해의 비즈니스 리더', 1999년 「파이낸셜타임스」 선정 '전 세계 가장 유망한 비즈니스 리더 30인' 중 26위, 2001년 8월 6일 『포브스 글로벌』 선정 표지 모델, 2004년 「비즈니스 위크」 선정 '세계 경제에 영향력을 미치는 8인', 2005년 『포춘』 선정 '아시아에서 가장 영향력 있는 비즈니스 리더 25인' 중 6위 등에 오른 바 있다. 하이얼 그룹 역시 2005년 '세계에서 가장 영향력 있는 100대 기업'으로 선정되고, 2012년 '대형 가전제품 판매량 세계 1위'를 기록한, 명실상부한 중국 최대 가전 그룹이다. 하이얼 그룹은 2012년 당시 임직원 8만 명에 글로벌 매출 1,610억 위안을 기록하였다. 2013년 10월 13일에 발표된 「중국 최고 브랜드 가치 순위 연구 보고서」에 따르면, 하이얼은 992억 2,900만 위안(한화 약 16조 8,600억 원)의 브랜드 가치로 12년 연속 최고 브랜드로 선정되었다. 중국계 제1호 다국적 기업인 하이얼은 2014년 현재 세계에 29개의 제조 공장을 운영하고 있고, 미국, 독일, 일본, 뉴질랜드에 R&D 센터를 두고 160개국 14만 개에 달하는 판매 네트워크를 구축하고 있다.

이렇듯 중국 내 독보적인 위치를 차지하고 있는 하이얼 그룹이지만, 불과 30여 년 전에는 파산 직전의 중소기업에 불과했다. 당시 정부는 만

성 적자인 국영기업을 효과적으로 개혁하기 위해 갖은 노력을 다하고 있었는데, 그중 하나의 사례가 바로 1984년에 동풍전기공장과 청도공구 4공장을 합병하면서 장루이민을 이곳에 공장장으로 파견한 것이었다. 장루이민이 취임할 당시, 공장은 적자 상태를 벗어나지 못하고 있었고, 800여 명에 달하는 종업원들의 급여도 지불하지 못하는 실질적인 파산 상태였다. 또한 종업원들은 회사 운동장에 대소변을 보고 치우지 않을 만큼 회사에 대한 소속감도 준법의식도 전무하였다. 이에 장루이민 회장은 근무 자세 확립, 3등급으로 구별되는 임금의 차별화, 기준목표에 의한 업적 평가 등의 관리 체제를 도입하고 단계적으로 생산성을 제고하는 데 성공하여 하이얼을 일약 중국 최고의 기업으로 도약시키게 된다. 최근 중국의 대학생들이 취업하는 데 가장 선호하는 기업으로 하이얼을 꼽을 만큼 하이얼은 중국 최고 기업의 반열에 올랐다.

그렇다면 하이얼을 최고의 기업으로 만든 장루이민 회장의 경영 비법은 과연 무엇일까? 지금부터 장루이민의 경영 철학 속으로 들어가 보자.

고객제일주의 경영

고객제일주의는 장루이민의 경영 철학의 핵심 중에서도 핵심이다. 대표적인 사례는 바로 고구마 세탁기와 1.5kg의 초소형 세탁기 개발이었다. 고구마 세탁기의 개발 배경은 이러하다.

1996년, 고구마와 감자를 수확하는 계절이 되자 중국의 내륙 지방에서 하이얼 세탁기 고장 신고가 급증하였다. 하이얼의 AS 직원들이 수리를 하러 가면, 세탁기 배수조에 흙이나 자갈 같은 이물질이 가득 차 있어 세탁기의 정상적인 작동을 막고 있었다. AS 직원들이 그 원인을 알아보니, 다수의 농민들이 고구마나 감자를 시장에 내다 팔기 위해 흙을 털어내려고 세탁기에 넣고 돌리게 되었고, 이 과정에서 세탁기의 고장이 빈번해진 것이었다. 직원들의 보고를 받은 장루이민은 무릎을 치면서 세계 최초의 고구마 전용 세탁기를 생산해 낼 아이디어를 생각해 낸다. 그의 입장에서는 중국의 광대한 농민들을 대상으로 고구마 전용 세탁기를 만들게 된다면, 새로운 시장을 개척함과 동시에 국민들에게 하이얼이 진심으로 고객의 요구를 함께하는 기업으로 자리 잡을 수 있을 거라 판단했다. 이렇게 하여, 세계 최초의 고구마 전용 세탁기가 1998년 4월에 하이얼을 통해 출시되었고, 하이얼의 대중적 인지도는 급속히 올라갔다.

초소형 세탁기의 개발도 고객의 요구에 귀 기울인 장루이민의 아이디어였다. 일반적으로 세탁기 판매의 성수기는 여름이다. 그런데 당시 중국에서는 여름이 되면 오히려 세탁기 판매 대수가 주는 기이한 현상이 발생했다. 이유는 중국인의 근검절약 정신과 맞닿아 있었다. 당시 중국에서 생산되는 세탁기 중 최소형이 4.5kg 용량이었다고 한다. 즉, 세탁할 옷이 많지 않아도 최소한 4.5kg만큼의 물과 이에 해당하는 전기를 소모해야만 했다. 그러나 중국은 이미 핵가족 시대에 접어들었고, 여름에는 매일 세탁을 해야 하는 계절적 상황에 따라 일반 시민들이 선택한 것은 바로 직접 손으로 빨래를 하는 것이었다. 이런 일반 소비자들의 상황을 파악한 장루이민은 물도 적게 쓰고 전기료도 적게 드는, 중국인들의 상황에 맞는 1.5kg 용량의 초소형 세탁기를 출시하였다. 결과는 대성공이었다. 이 제품 역시 고구마 전용 세탁기만큼 폭발적인 반응을 얻어 내었고, 하이얼은 다른 기업들이 따라올 수 없을 정도의 브랜드 이미지를 얻게 되었다.

장루이민은 고객의 불만이 가장 좋은 선물이라고 믿는다. 이에 AS를 제품 판매의 제1단계로 두고, 중국 최초로 24시간 고객 응대 서비스도 도입하였다. 또한 성수기가 되면 AS 전용기를 띄워 고객 서비스를 담당할 만큼, 고객제일주의의 경영 철학은 하이얼의 성공의 처음이자 끝이 되었다.

철저한 능력주의 인사와 목표 관리 경영

장루이민의 두 번째 경영 철학은 철저한 능력주의 인사와 목표 관리 경영(MBO, Management By Objectives)이다. 하이얼에서는 '다로다득 소로소득 불로불득(多勞多得 少勞少得 不勞不得, 많이 일한 사람은 많이 받고, 적게 일한 사람은 적게 받고, 일하지 않은 사람은 받지 않는다)'이 일반화되었다. 또한 임금 체계에서도 기본급의 비중은 최대한 적게 하고 수당의 비중이 많게 하여, 능력껏 그리고 노력한 만큼 받아 가는 시스템이다. 하이얼은 이러한 능력주의에 기반을 두어 철저한 목표 관리를 시행한다. '일사일필 일청일고(日事日畢 日淸日高, 그날 업무는 그날 완성하고, 마무리는 깨끗하게 하며 매일매일 점진적인 성장을 지향한다)'의 OEC(Overall Every Control and Clear) 관리 모델과, PDCA(Plan, Do, Check, Action) 시스템, 즉 '계획을 세워서 일하고, 점검한 후 시장에 내보내는 시스템'은 하이얼의 목표 관리 시스템의 백미라 할 수 있다. 이밖에도 '80:20 원칙'을 현장에 적용하여, 제품이나 공정에서 하자로 인한 문제점이 발생하면 해당 라인의 관리자가 80%, 실무자가 20%를 책임지게 하였다. 이를 통해 현장의 간부와 평사원 간의 커뮤니케이션을 강조하였고, 이는 실질적인 생산력 향상이라는 결과로 돌아왔다. 또한 삼보법(三步法, 문제 발생 시 '긴급 조치 → 과도기 조치 → 근본 조치'라는 3단계 과정으로 문제를 해결하는 것)을 도입하여, 같은 문제가 반복적으로 일어나지 않도록 관리를 시스템화하는 데 성공하였다.

경사지공 이론[斜坡球體論]과 인단합일(人單合一) 정신 – 창의력의 힘

장루이민이 강조하는 또 다른 기업경쟁력의 원천은 바로 창의력이다. 그가 강조하는 창의력은 바로 '경사지공 이론'으로 설명된다. '경사지공'이란, 시장에서 기업의 위치는 '경사면에 놓인 공'과 같다는 것이다. 기업이 커질수록 뒤로 밀리는 힘도 커지고, 이런 기업이 뒤로 밀리지 않도록 하려면 관리 능력을 키워야 한다. 하지만 더 중요한 것은 뒤로 밀리는 것을 넘어 경사면 위로 공이 올라가게 해야 하는데, 이 힘은 바로 창의력이라는 것이다. 앞의 고구마 전용 세탁기와 초소형 세탁기 개발의 예에서도 볼 수 있듯이, 하이얼은 위기가 찾아올 때마다 그 위기를 기회로 바꾸는 데 능하였다. 이는 바로 창의력을 중시하는 장루이민 회장의 경영관 때문이며, 이는 '인단합일(人單合一, 직원과 회사가 하나가 된다) 정신'이 기업문화의 바탕이 되어 있어서 더욱 큰 효과를 보았다.

선난후이(先難後易) 전략을 통한 해외 진출 – 역발상의 힘

장루이민은 하이얼의 핵심 경쟁력은 바로 '끊임없이 창조하고 경쟁자보다 한발 앞서 실천하는 것'이라 여겼다. 그의 경영 전략을 보면, 대부분 역발상으로 이해될 만한 사업 전략을 많이 펼쳤음을 알 수 있다. 고구마 전용 세탁기와 초소형 세탁기처럼, 남들이 관심 가지지 않는 분야를 오히려 사업의 기회로 삼은 것이 그 대표적인 예이다. 이는 하이얼의 해외 진출 전략에서도 다르지 않다. 장루이민의 네 번째 경영 철학은 '선난후이' 전략에 담겨 있다.

하이얼은 우선 '세 개의 눈' 이념을 강조한다. 과거 계획경제 체제하에서는 기업만 보는 하나의 눈이 있으면 충분했지만, 시장경제 체제하에서 기업을 경영하려면 세 개의 눈이 필요하다는 것이다. 즉, 첫째 눈으로는 외부 시장에 주목해야 하고, 둘째 눈으로는 내부 직원을 지켜봐야 하며, 셋째 눈으로는 미래와 기회를 포착해야 한다는 것이다. 이러한 '세 개의 눈' 전략이 꽃을 피운 게 바로 '선난후이 전략'이다.

'선난후이'란, 말 그대로 '먼저 어려운 일을 하고 후에 쉬운 일을 한다'는 뜻이다. 과거 우리나라를 비롯한 대다수 개발도상국의 기업들은 해외로 진출할 때, 미국이나 유럽 등 선진국부터 진출하지 않고, 요구 조건이 까다롭지 않은 중남미나 아시아, 아프리카 국가에 먼저 진출해 어느 정도 경험을 쌓은 후에 선진국 시장에 진출하였다. 즉, 선이후난(先易後難) 전략을 펼쳤다. 그러나 장루이민은 생각이 달랐다. 만약 중국의 기업이 먼저 미국 시장에 진출하여 갖은 어려움을 무릅쓰고 정착에 성공한다면, 나머지 개발도상국 시장에 대해서는 무혈입성이 가능하다는 것이다. 미국의 까다로운 소비자 요구 조건을 맞추고 국제 품질 규격에 도달하여 시장에 성공적으로 안착한다면, 나머지 국가 시장은 별 문제 없이 석권할 수 있다는 것이었다. 결국 하이얼은 여타 개발도상국 기업과는 다르게 먼저 미국에 백색 가전 공장을 지었고, 불과 2년 만에 성공적으로 시장에 안착함으로써 '새로운 형태의 시장 진출'이라는 찬사를 받게 되었다.

혁신적 기업문화의 구축이 기업 성공의 핵심

장루이민 회장의 다섯 번째 경영 철학으로, 그의 경영 철학의 핵심은 외형적 요소보다는 기업문화와 같은 내부의 무형적 요소의 중요성을 인식하는 것이다. 기업문화의 중요성은 장루이민 회장의 다음과 같은 발언을 통해서도 잘 알 수 있다. "간단한 것을 반복해서 할 수 있다면, 그 일은 더 이상 간단한 일이 아니다.", "자기 책임을 다하는 임직원은 우리의 자산이며 우리의 고객이다.", "기업 내부 구조를 수평화·정보화해야만 생존 가능하다."

장루이민은 자신의 경영 철학에 기반을 둔 제도적 장치 수립과 경영 의식 개혁을 통한 혁신적 기업문화 구축에 성공하였다. 앞서 언급한, 장루이민 회장의 여러 경영 철학의 기반하에 제도적 장치를 보완하였는데, 여기에는 아이디어 공개 입찰제, 정시정량 제도의 퇴출이 포함되었으며, 상시 경영 개혁 부문에서는 하이얼 사내 대학을 도입하고 생산 현장의 의식 개혁을 선도하는 것이 포함되었다. 실제로 그는 기업 내에 CCO(Chief Culture Officer, 기업문화 책임자)를 임명하고 전사 차원의 기업문화 관리를 진행하였다. 이후 기업문화 관리에 대한 그의 의지는 하이얼이 해외 기업을 합병할 때에도 계속되어, 해당국에 기업문화센터 직원까지 파견하여 기업문화 통합 작업을 시도하기도 하였다.

제9장

집으로 돌아온 바다거북, 하이구이(海龜)

하이구이의 의미와 기업 환경의 변화

'하이구이'는 중국말로 '바다거북'이라는 뜻을 가지고 있지만 '해외에서 유학하고 중국으로 돌아온 귀국 유학생'을 뜻하는 말로도 사용된다. 하이구이는 1990년대 이후 중국 경제 성장을 이끄는 핵심 동력으로 평가받고 있다. 이 말은 '바다거북[海龜]'이 자신이 알을 깨고 나온 곳으로 돌아오는 회귀 본능이 있는 점과 '바다를 건너온다[海歸]'는 말의 발음이 같은 데서 유래되었다.

하이구이는 중국 현대사에서도 특별한 의미를 갖는다. 1966년에 중국에서 발생한 문화대혁명은 당시 고교생이나 20대 젊은이들을 공장이나 농촌으로 내몰았다. 이들은 대학에서 지식을 쌓는 대신 10여 년간 강제 노역을 해야 했다. 문화대혁명은 1980년대 개혁개방의 시동을 건 중국에 인재 공백을 초래했다. 1990년대 중국의 대학교수 중 박사학위 소지자가 5%를 밑돌았을 정도로 중국의 인재 부족 현상은 심각했다.

개혁개방 초기, 중국 지도부는 인재난의 해법을 해외 유학에서 찾았다. 중국 개혁개방의 전도사인 덩샤오핑은 1980년대 중반부터 외국 유학을 허용했다. 해외 유학파가 연어처럼 다시 고국에 돌아오게 하라는 지시도 함께 내렸다. 이에 1994년에는 중국과학원에 의해 매년 100명 이상의 해외 유학파가 돌아오게 한다는 백인계획(百人計劃)이 만들어졌다. 이 계획은 20세기 말까지 해외에서 백 명의 우수한 청년 학술분야 리더급의 인물을 유치한다는 취지에서 의한 것이었다. 이를 위해 중국으로 귀국하는 과학자에게는 200만 위안(한화 약 3억 4천만 원)을 국가에서 지원했다. 당시 일인당 국내총생산(GDP)이 3,200위안(한화 약 54만 4천 원)이었던 점을 감안하면, 이 지원액의 규모가 얼마나 파격적이었는지 쉽게 가늠할 수 있다. 중국은 백인계획을 실행하면서 문화대혁명으로 인재의 세대 교체가 이루어지지 못한 문제를 효과적으로 해결할 수 있었는데, 결과적으로 20세기 말에 100명에 달하는 중국의 우수한 해외 유학파 청년 학술 인재를 육성하는 데 성공하였다.

중국 정부는 백인계획을 통해 괄목할 만한 성과를 거두자, 2008년부터 공산당 주도 아래 이전보다 좀 더 포괄적이고 강력한 천인계획(千人計劃)을 세워 진행하고 있다. 중국은 향후 5, 10년 동안 세계적 수준의 학자 2,000명을 유치하는 것을 목표로 삼고 있다. 대상자들에게는 일시 정착 보조금으로 100만 위안(한화 약 1억 7천만 원)이 주어지고, 연구 경비는 그들이 원하는 만큼 지원된다. 또한 본인이 연구할 곳을 대학과 연구소, 국영기업 중에서 마음대로 고를 수 있다. 또 귀국한 고급 인재는 정부의 과학기술발전자금을 이용할 수 있도록 허용되었다. 중국 정부의 천인계획 프로젝트에 따라 귀국한 인재는 2008년부터 2012년 7월까지 총 7회에 걸쳐 2,263명에 이르렀는데, 이는 이전 30년간 중국의 해외 인재 등용 건수 모두를 합친 것보다 많다.

천인계획에 따라 귀국한 해외 유학파 고급 인재들로는 스이궁(施一公) 칭화대(清華大) 생명과학원 부원장, 션스(沈思) 무과(木瓜) 이동기술 대표 등이 있다.

이 중에서 스이궁 칭화대 생명과학원 부원장은 미국 프린스턴대 교수 자리와 미국 정부가 주는 연간 200만 달러의 연구비를 포기하고 중국행 비행기에 올랐다. 미국 학계에서는 그를 미쳤다고 했지만, 스(施) 부원장은 중국에서 하는 것이 미국에서 하는 것보다 10배, 100배 영향력이 크다고 말했다고 한다. 그를 따라 분자생물학 분야 신진학자 수십 명 역시 칭화대에 둥지를 틀었다. 유명 모바일 게임 업체인 무과 이동기술의 션스 대표는 16세 때 칭화대에 여자 수석으로 입학했고, 스탠포드 대학원을 장학생으로 졸업한 인물이다.

중국 정부는 핵심 인재들이 대학 연구소나 금융기관 등에서 실력을 충분히 발휘하도록 직접 챙겼다. 연구비와 프로젝트 참여 인력은 기본적으로 원하는 대로 지원해 주고, 열두 가지 각종 인센티브를 지급하였다. 앞에서 언급한 바와 같이, 중앙정부와 지방정부는 이들에게 각각 100만 위안(한화 약 1억 7,000만 원)의 정착금을 주고, 해외에서의 수입을 감안해 급여와 생활보조금을 지급하는 것 외에, 외국 국적자인 경우에는 그 가족에게도 영주권을 주고 세금, 보험에도 특혜를 제공하였다. 또한 그 인재가 특별한 성과를 거두면, 정부에서는 이들에게 인센티브로 주식을 지급하고, 중국 정착을 지원하는 서비스 센터도 별도로 두었다. 중앙정부의 대대적인 인재 확보 정책에 발맞추어 지방정부는 또 다른 백인계획으로, 기업들 역시 적극적인 방법을 동원하여 해외에서 인재를 구하는 데 전력을 쏟고 있다.

2012년에 중국은 미국을 제치고 특허출원 제1위 국가에 올랐는데, 이 역시 천인계획을 포함한 각종 인재 강국 전략 덕분이라 할 수 있다. 2010년 말 현재, 중국 대학 총장의 77%가 외국에서 공부한 뒤 귀국한 하이구이이고, 중국 과학원 원사(院士)와 중국 공정원 원사의 80%가량이 외국 박사학위 소지자다. 해외 유학파가 없었으면 중국이 문화대혁명의 암흑기를 이겨 내지 못하고 인재 부족의 어려움 속에서 오랜 시간 헤맸을 것이란 게 전문가들의 공통된 주장이다.

중국은 상당 기간 동안 세계 최대의 인재 유출국이었다. 1978년 개혁개방 이후 2011년까지 미국 등 외국으로 유학 간 중국 유학생은 모두 190만 명이었는데, 이 중 귀국자는 30%가 채 되지 않았다. 과거 중국 국내에서는 미국 정착 경쟁에서 실패한 유학생이 귀국하는 것으로 인식됐다. 그러나 지금은 상황이 바뀌었다. 개혁개방 이후 33년간 해외로 유학 간 학생 중 귀국한 이른바 하이구이는 모두 63만 명이지만, 이 중 33%에 이르는 21만 명이 2008년 이후에 귀국하였다. 중국 정부의 과감한 해외 인재 유턴 정책인 천인계획에 따라 귀국한 인재는 이전 30년간 확보한 인재의 총수보다도 많다. 일반 유학생까지 포함하면 매년 귀국하는 하이구이가 10만 명을 넘어 10년 전의 열 배나 될 정도이다.

최근에 '하이구이'로 불리는 귀국 유학파들은 중국 정부의 강력한 지원책, 세계 시장에서 차지하는 중국의 지위 상승, 중국 내에서의 광범위한 사업 기회, 자녀 교육, 취업, 개인 창업 등의 다양한 이유로 귀국한다. 실제 하이구이들의 상당수는 과거에 정부 당국이나 학교의 적극적 지원으로 유학을 마친 인력이다. 이들에게 모국은 기회의 땅이 될 수 있는 데다, 이들은 은혜를 갚고자 하는 보은 심리도 있어, 귀국을 결심하게 되었다. 실제 대부분의 하이구이들은 정부 지원과 함께 중국의 거대한 성장 잠재력을 귀국 배경으로 꼽는다. 글로벌 금융 위기 이후 미국과 유럽에서의 일자리 안정성은 떨어진 반면, 중국은 고속 성장을 거듭하면서 고급 일자리와 돈 되는 사업 기회를 많이 만들어 내고 있다는 것이다.

기업가도 마찬가지다. 중국 최고의 IT 기업의 하나인 검색 사이트 바이두(百度)의 창업자인 리옌훙(李彦宏)과, 미 중앙정보국이 중국으로 가서는 절대 안 되는 핵심 인력 리스트에 올려놓았던 인물로 유명한 리카이푸(李開復) 전 구글차이나 사장이, 성공이 보장된 자리를 박차고 나와 모국으로 귀환한 것도 결국엔 중국의 무한한 발전 가능성과 거대한 시장에 대한 확신이 있었기에 가능하였다. 이런 점에서 하이구이는 중국의 경제 발전 과정과 불가분의 관계에 있음을 알 수 있다. 초기 하이구이는 국가적 요청에 따른 애국심에서 출발한 측면이 없지 않았지만, 최근의 하이구이는 중국 경제의 급속한 발전에 따른 매력적인 시장 형성과 중국 정부의 적극적인 유학생 정책에 힘입어 자발적 귀국의 형태로 변화하고 있으며, 이는 21세기 중국의 경쟁력 제고에 핵심적인 역할을 하고 있다.

중국에서는 리옌훙과 리카이푸처럼 지식으로 부를 이룬 사람을 '즈번자(知本家)'라고 부른다. 이는 한때 사회주의의 적으로 여겨지던 자본가를 일컫는 중국어 '즈번자(資本家)'와 발음이 거의 같다. 그러나 중국에서 두 부류 간의 사회적 위상과 지위는 실로 하늘과 땅 차이이다. 이제 지식으로 중국과 중국인을 움직이는 진정한 바다거북인 두 사람의 이야기 속으로 들어가 보자.

중국식 검색 엔진 바이두(百度)의 리옌훙(李彦宏) 회장

리옌훙 바이두 회장은 전 세계 IT 업계가 주목하는, 중국의 대표 기업가이다. 그가 운영하는 인터넷 검색 사이트인 바이두는 2013년에 매출 5조 5천억 원을 기록하였고, 최근 5년 누계 매출 역시 10배 이상 급증하고 있다. 2010년 3월, 전 세계 최대 검색 사이트인 구글이 중국에서 철수한 이유 중의 하나 역시 2009년 바이두가 중국 인터넷 검색 시장에서 점유율 77.2%로, 구글의 12.7%를 압도적으로 따돌리고 있었기 때문이다. 현재 바이두는 전 세계 검색 시장에서 미국의 야후를 제치고 세계 제2위로 올라섰다. 이렇게 중국을 대표하는 IT 기업인 바이두의 오늘이 있게 한 인물이 바로 바이두의 창립자인 리옌훙이다. 리옌훙은 중국 최고 명문대인 베이징대를 졸업하고 미국에 유학하여 컴퓨터공학을 전공한 인물이다. 그는 석사과정 졸업 후 나스닥과 실리콘밸리에서 프로그래머로 명성을 날렸으며, 중국 인터넷 시장의 성장 가능성에 주목해 귀국하여 창업한, 대표적인 하이구이파 기업인으로 꼽힌다.

'바이두'란 회사 이름은 송대 시인인 신기질(辛棄疾)의 시 가운데 "무리 속에서 그녀를 수백 수천 번 찾았다(从里寻她千百度)"라는 시구에서 따왔다고 한다. 즉, 고객이 원하는 정보를 떠나간 애인을 찾는 마음으로 백번 천번 찾을 때까지 검색한다는 의미를 담은 것이다.

리옌훙은 1968년에 산시성 양촨(陽泉)에서 태어났다. 리옌훙은 어린 시절에 경극 배우가 되기를 꿈꾸었다. 그러나 누나가 대학에 가는 것을 보고 대학 진학에 대한 동기를 부여받아 공부에 매진하게 된다. 고향에서 수재들로 유명했던 누나들처럼 리옌훙 역시 주위의 주목을 받았고, 베이징 대학에 어렵지 않게 입학하였다. 그리고 1991년 베이징 대학 정보관리학과를 졸업하고 당시 미국에 유학 간 누나를 따라 뉴욕 주립대학에서 컴퓨터공학 석사과정을 마치게 된다. 졸업 후에는 빼어난 컴퓨터 프로그래밍 실력을 인정받아 검색 엔진 업체인 인포시크와 다우존스에서 일하게 되었다. 특히 월스트리트 저널사가 운영하는 웹사이트의 금융 정보 분석 설계를 개발해서 주위를 놀라게 하였다. 1996년 그가 다우존스에 있을 때 개발한 인터넷 분석 기술인 랭크덱스(RankDex)는 미국에서 특허를 받기도 하였다. 이렇게 그는 미국에서 승승장구하였고, 영주권을 획득하였으며, 남들보다 높은 수준의 임금을 보장받았다. 그러나 그는 현실에 만족하지 않았다. 특히 중국 인터넷 시장의 무한한 잠재력에 주목하여 1999년에 귀국하였고, 베이징 대학 근처의 허름한 호텔에서 친구 쉬융(徐勇)과 함께 120만 달러를 밑천으로 바이두를 세우게 된다. 1999년 당시, 세계는 IT 불황이 불어닥친 상황이었고, 중국 내에는 이미 300개가 넘는 검색 엔진 사이트가 넘쳐나고 있었다. 또한 전 세계 최대 검색 사이트인 구글 역시 2000년 9월 중문판 서비스를 시작하는 등 모든 여건이 녹녹치 않았다. 하지만 그는 사업의 성공을 확신하였다. 21세기 중국 IT 시장의 성장을 확신했던 그는 당시 대형 포털 사이트에 검색 기술을 제공하며 몸집을 키움과 동시에, 자체 검색 사이트인 바이두를 중국 최대 검색 엔진으로 발전시켰다. 그 결과, 2005년 8월에 리옌훙은 바이두를 나스닥에 상장시키는 쾌거를 이뤄 냈으며, 2006년 12월에는 일본에 진출하고 중국 기업 최초로 나스닥 100지수에 이름을 올리게 되었다. 현재 바이두는 중국을 넘어 세계 최고 수준의 인터넷 기업으로 성장하고 있으며, 『포브스』 중문판은 2012년 중국 최고의 기업가로 리옌훙을 선정하기도 하였다.

이렇게 리옌훙이 자신의 청춘을 걸고 만든 기업 바이두는 현재 세계에서 가장 큰 중문 인터넷 검색 사이트이다. 2014년에 중국의 인터넷 사용자는 6억 명을 돌파하였는데, 2013년 말을 기준으로 검색 엔진 사용자는 5억 5천만 명에 이른다. 바이두는 매일 전 세계 140여 개 국가에서 10억 건 이상의 정보 검색을 처리하고 있고, 매일 10여만 명의 사람들이 바이두를 자신의 시작페이지로 설정하고 있다. 또한 바이두는 중국 내 검색 광고 시장의 66%를 차지한다. 구글과의 경쟁 과정에서 바이두가 낸 "百度一下(문제가 있으면 바이두 해 봐)"라는 광고는 중문 검색 시장에서 바이두가 최고임을 중국 국민들에게 각인시키는 계기가 되었고, 바이두는 이내 중국 내 검색의 대명사로 자리 잡게 되었다. 바이두의 시작 화면에 들어가 보면 곰 발바닥 모양의 로고가 선명하게 보이는데, 이는 '가는 곳마다 흔적을 남긴다'는 뜻으로, 사용자들에게 바이두의 검색 정신과 기능을 상징적으로 보여 준다.

구글의 벤치마킹에서 구글과의 정면 대결로

리옌훙의 초기 사업 전략은 검색 기술력에 기반한 구글(Google)을 철저히 벤치마킹하는 것이었다. 바이두의 하얀색 바탕화면에 입력 창 하나만 뜨는 것은 구글의 바탕화면과 비슷한 느낌을 준다. 그리고 구글과 마찬가지로 첫 화면에는 어떠한 상업 광고도 올리지 않았다. 바이두의 개방적이고 자유분방한 기업문화 역시 구글의 것을 그대로 가지고 왔다. 실제로 바이두는 형식과 권위를 파괴함으로써 직원들의 창의력과 참여도를 극대화하였다.

여기서 바이두의 기업문화를 이해할 수 있는 몇 가지 에피소드를 살펴보자.

바이두 부총재가 제품 출시와 관련하여 직원들과 회의를 하고 있었다. 회의 도중에 리옌훙이 들어왔고, 리옌훙은 직원들의 이야기 몇 마디를 듣더니 바로 자신의 생각을 말하기 시작했다. 이를 본 바이두 부총재는 즉시 리옌훙의 말을 끊으며 자신들의 마케팅 부서 회의니 자신들의 이야기가 끝난 뒤 이야기할 기회를 주겠다고 말하였다. 이에 리옌훙은 즉시 말을 멈추었고 가만히 앉아서 그들의 이야기를 끝까지 경청하였다고 한다. 바이두에서는 원래 남이 말하는 데 끼어들면 안 된다는 불문율이 있었다. 이는 사장 리옌훙에게도 마찬가지였다.

2008년 바이두가 신제품을 출시할 때였다. 회사 제품 개발팀에서 제품명을 '바이두 Hi'라고 지었다. 그런데 리옌홍은 '바이두샤오셩(百度小聲)'이 더 낫다고 하며 이를 강력 추천하였다. 결과적으로 제품명은 '바이두 Hi'로 결정났다. 제품 개발팀이 '바이두 Hi'가 더 낫다고 판단하였기 때문이다. 당시 바이두의 제품 개발 책임자는 리옌홍이 바이두의 CEO이지 제품 개발 책임자가 아니며, 제품 개발 분야는 자신이 최고 의사결정자라는 이유로 자신의 주장을 끝까지 관철시켰다.

이렇듯 바이두는 수직적인 상하관계가 아닌 전문성과 책임을 바탕으로 한 창의적이고 수평적인 기업문화를 가지고 있다.

바이두는 초기에 구글의 벤치마킹으로 시장에 안정적으로 진입하였다. 구글의 벤치마킹이 바이두의 정상화에 도움이 되긴 했지만 검색 시장을 장악하기 위해서는 구글을 뛰어넘는 바이두만의 차별성 역시 필요하였다. 이에 리옌홍은 바이두 특유의 중국 특화 마케팅 전략, 다양한 제품군 구성, 다층적 마케팅 방법, 고객 밀착 서비스를 연이어 시장에 내놓기 시작했고, 이를 통해 시장의 주도권을 확보하기 시작했다. 결과적으로 중국 토착 브랜드인 바이두는 세계 최강의 검색 기업인 구글과의 경쟁에서 승리하였고, 중국 최대의 검색 엔진 기업으로 발돋움하였다. 전문가들은 바이두가 구글을 이기게 된 요인으로 중문 검색 결과의 우수성, 수익 모델의 다양성, 제품의 혁신, 애국심에 호소한 마케팅 전략 등을 꼽고 있다.

중문 검색 능력으로 구글을 이기다

바이두와 구글은 모두 검색 엔진에 기반을 둔 기업이다. 이는 기업 성공의 바로미터가 바로 검색 능력에 있음을 의미한다. 그런데 구글의 치명적인 단점은 구글이 영문 검색 전문 사이트인 관계로 중국 시장에서 중문에 대한 이해와 검색자원이 바이두만큼 풍부하지 못했다는 점에 있었다. 이는 구글의 중국 시장 진출에 아킬레스건으로 작용하였다. 왜냐하면 대부분의 중국 네티즌들이 중국어로 검색할 때는 당연한 듯이 바이두를 먼저 사용하였기 때문이다. 바이두는 다국적 기업인 구글과의 경쟁에서 중문 검색 우위라는 점을 집중적으로 부각시켰다. 즉, 구글은 외국기업이어서 중문 검색에 취약함을 강조하고, 동시에 애국심 마케팅을 도입하여 중국민에게 자국 사이트와의 정서적 연대를 여러 형식으로 호소하였다. 실제로 '문제가 있으면 바이두 해 봐(百度一下)'라는 검색 명령은 구글의 '구글링(googling)'과 언어적인 차별성을 강조함으로써 중국 네티즌들에 깊이 인식되었다. 또한 정책적인 면에서도 바이두는 중국 정부의 인터넷 검색 제한과 규제 정책에 비교적 협조적인 것에 비해 구글은 중국 정부와 지속적으로 마찰이 발생하는 등 순조롭지 못했다. 결국 구글은 중국 시장의 특수성, 바이두와의 사업 모델 경쟁 열세, 중국 정부와의 불협화음 등의 복합적인 이유로 2010년 3월 중국 시장에서 철수하게 된다.

수익 모델의 참신성과 다양성

구글의 중국 시장 철수는 여러 가지 요소를 고려한 복합적인 결정이었다. 하지만 바이두와의 수익 모델 경쟁에서의 열세가 가장 직접적인 철수 요인이었다. 바이두와 구글의 중국 시장 수익 모델을 비교해 보면 구글의 패배 요인이 비교적 분명하게 드러난다. 구체적으로 바이두와 구글은 모두 광고를 통해 수익을 얻고, PPC(Pay per click, 클릭당 지불) 방식을 취한다는 점에서는 동일했다. 그러나 구글은 미국 내 방식을 본떠 PPC와 자연검색에 따른 검색결과를 분명히 구분하였지만, 바이두는 이를 구분하지 않고 혼합해서 보여 주었다. 어느 방법이 우수한지의 여부와는 별도로 중국의 광고주들은 바이두의 방식을 더욱 선호하였다. 그리고 바이두는 구글에 비해 다양한 형태의 수익 모델을 도입하여 업계를 선도하였다. 구체적으로 말하자면, ① 바이두의 검색 엔진을 협력 회사에 달아 주고, 그 업체를 이용하는 고객이 회사 내의 검색 엔진을 사용할 경우에 얻는 이익, ② 키워드(keyword)에 경매를 주어 업체가 입찰하게 하는 방식, ③ 조회되어 나온 배너를 클릭하였을 경우에 받게 되는 수익, ④ 초기 화면에 노출시켜서 받는 이익, ⑤ 상점과 연결시켜 주면서 구매 행위 발생 시에 얻는 이익, ⑥ 음반 회사들과 연결하여 MP3 음악을 들을 때 나오는 광고를 통해 수익을 나누는 방식, ⑦ 커뮤니티에 광고를 실어 주고 여기에서 받는 이익, ⑧ 블로그에 광고를 올려 주고 여기에서 받는 이익 등이 그것이다. 이에 비해, 구글의 광고 전략은 자체 홈페이지에 견적서를 올려놓고 광고주들이 직접 신용카드로 지불하도록 할 만큼 거만하고 안이했다. 구글과 달리 바이두는 주도적으로 대리업체를 물색하고 직접 광고주와 접촉하였다.

바이두의 성공 비결은 바로 고객 맞춤형 서비스의 제공이었다. 바이두는 여러 기업에 각종 소프트웨어 경쟁 순위 및 광고 서비스를 제공하고, 대형 기업과 정부기관에 많은 양의 정보 검색과 관리 방안을 제공하였다. 바이두의 주요 수익 모델 중 하나는 기업이 경쟁 가격 순위와 효과에 따라 비용을 지불하는 인터넷 보급 방식인데, 이러한 서비스는 중소기업이 인터넷을 통해 마케팅을 하는 데 좋은 기회를 제공하였다.

기술과 제품 혁신의 차별성

바이두가 중국 내 최고의 검색 엔진으로 등극하게 된 또 다른 성공 비결은 바로 다양한 제품군과 중국적인 서비스를 제공한 것이다. 바이두는 기업에 제공하는 검색 엔진 서비스인 바이두왕스통(百度网事通)과 사이트 가속 기술, 그리고 백과사전을 각기 구별하여 상품 서비스를 제공하였다. 이와 동시에, 차별화된 기술을 개발하여 소비자와 기업에게 공급하였다. 구체적인 예로, 바이두는 초련분석(初鏈分析)을 기초로 한 검색 서비스로 대중의 전폭적인 환영을 받았다. 초련분석이란 사이트에 연결된 횟수에 따라 그 품질을 평가하는 것으로, 사람들이 자주 사용하는 사이트가 화면 앞쪽에 나타나게 하는 것이다. 당시 초련분석 기술을 가지고 있던 사람은 리엔홍이 유일하였고, 이 기술은 현재 다른 사이트에서도 도입하여 보편적으로 사용되고 있다.

제품 혁신에 있어서도 구글과 바이두의 전략은 확연히 대비된다. 중국에서 구글의 검색 엔진 사업 전략은 사용자가 최대한 빨리 검색 화면을 떠나도록 하는 것이었다. 즉, 검색 엔진을 하나의 도구로 간주해, 네티즌이 필요로 하는 결과만 검색해 주면 된다고 판단하였다. 이에 비해 바이두는 검색 엔진을 도구로 삼아, 검색 결과 하나하나를 제품으로 간주해, 배너, 지식검색, 백과사전 등 커뮤니티를 통해 사용자가 자신의 웹

사이트에 오랫동안 머물도록 함으로써, 바이두에 대한 고객들의 충성심을 극대화하였다.

차별화된 마케팅 전략

바이두의 또 다른 성공 전략은 구글과 차별화된 마케팅 전략이었다. 구글에 비해 바이두는 상업성을 극대화하는 전략을 펼쳤다. 리옌훙은 기술 자체가 승패를 결정하는 유일한 요소는 아니며 오히려 비즈니스 전략이 더 중요한 요소임을 누차 강조하였다. 이런 관점에서 바이두는 검색 순위 리스트를 광고주에게 판매하는 마케팅 전략을 적극적으로 활용하였다. 즉, 돈을 많이 지불하는 광고주를 바이두 검색 순위의 상위 리스트에 오르게 한 것이다. 이러한 마케팅 전략은 일부 시장의 비판을 받기도 하였지만 바이두의 재정 안정화에 상당한 기여를 하였다.

이 밖에, 바이두는 민족기업임을 내세워 중국 국민들의 애국심을 자극하였다. 바이두는 구글이 중국 지사를 세우지 않아 중국 네티즌들의 개인정보가 미국으로 유출될 우려가 있다는 사실을 적극적으로 활용하였다. 그리고 중국 정부와 충돌을 빚는 구글과는 달리 중국 정부와의 협력을 강화하였다. 실제 중국 정부는 음란물 차단과 파룬궁(法輪宫) 단속 등을 명분으로 네티즌들의 구글 접속을 여러 차례 차단시켜 바이두가 상대적인 이익을 볼 수 있는 계기를 마련했다는 평가를 받는다.

리옌훙의 경영 철학과 인재관

리옌훙은 직선의 경영 철학으로 유명하다. 많은 중국의 젊은이들이 닮

고자 하는 경영자인 리옌훙은 "认准了 就去做 不跟风 不动摇."라는 유명한 말을 남겼다. 이를 해석하면, '먼저 목표를 바르게 정하고, 목표를 정했으면 즉시 행하여야 하며, 시류에 휩쓸리지 말고 동요하지 않아야 한다.'라는 의미이다. 그는 2009년 7월, 중국 CCTV의 청년 대상 창업 프로그램인 〈청년이 창업해야 중국이 강해진다(青年創業中國强)〉에 멘토로 출연하여 자신만의 직선 경영 철학을 이렇게 설명하였다.

> 인생은 자기 마음속의 직선을 따라가야 한다. 다만 우리 마음속에 있는 타협, 염려, 굴복은 종종 가고자 하는 직선의 원래 궤도에서 벗어나게 만들고 시간을 낭비하게 만든다. 신념은 강한 것이다. 누구든 자기가 좋아하고 전문적인 일을 하며, 시대의 조류에 휩쓸리지 않기를 바란다. 이것이 내가 여러분에게 제안하는 것이다.
>
> - 중국 CCTV 2, 〈중국창업중국강(中國創業中國强) 2009 창업영웅회(創業英雄會)〉, 2009년 7월 19일 방송 내용 참조

리옌훙의 인재관은 판단력을 중시하고 소시민적 사고를 배척하는 것이다. 이러한 인재관은 도전과 모험을 필요로 하는 IT 업체에서는 반드시 필요한 것이다. 그는 판단력과 관련해서 자신이 맡은 분야의 문제에 대해 정확한 판단을 내릴 수 있는지, 나아가 정확한 의사 결정을 할 수 있는지를 중요시하였다. 그리고 평생직장에서 안정적인 수입을 받으며 살아가고자 하는 진취적이지 않은 소시민은 회사를 떠나라고 강력히 경고하였다. 그는 바이두에 적합한 인재는 이리 본성을 가진 예민한 후각

과 자신을 돌보지 않고 난관에 굴하지 않고 나아가는 도전 정신을 지니며 공동체적 노력을 하는 사람이라고 하였다. 또한 소시민이라 함은 가정환경이 좋고, 영어를 유창하게 구사하며, 안정적인 수입을 추구하는 사람, 현재 맡고 있는 업무를 인생의 일부분으로 여겨 앞으로 나아가려 하지 않는 사람, 개인의 편안한 생활을 전부라고 여기는 사람이라 정의하고, 이런 사람은 변화가 필요한 시대에 아무런 쓸모가 없다고 보았다. 리옌훙은 자신의 의견을 부하들이 반대할 수 있다고 생각했고, 같이 부딪치면서 합의를 도출해 내는 것을 좋아하였다. 앞서 소개한 바와 같이, 바이두에서는 부문 전문가가 최종 결정권을 가지며 CEO라 할지라도 자신의 의견을 무조건적으로 강요할 수 없다. 이렇게 리옌훙은 다른 사람들에게 권한을 주고 규칙을 정하며, 자신이 해야 할 일과 하지 말아야 할 일을 구분하였다.

중국의 인터넷 이용자 수는 2011년에 4억 5천만 명이었다. 이는 미국의 2배, 인도의 5배 수준이다. 2012년에 5억 1천만 명, 2013년에 6억 1천7백만 명에 이르러, 불과 2년 만에 약 1억 7천만 명이 증가하였다. 중국의 공식 인구가 13억 5천만 명이라는 점을 감안하면 중국 인구 10명 중 5명이 인터넷을 사용하고 있는 것으로 나타났다. 2014년 1월 16일에 CNNIC(중국 인터넷 데이터 센터)가 발표한 「제32차 중국 인터넷 발전 상황 통계 보고서」에 따르면, 2013년 말 기준 중국 인터넷 사용자 수는 6억 1천7백만 명, 인터넷 보급률도 45.8%로 나타났다. 이는 중국의 인터넷 관련 시장이 얼마나 빠른 속도로 성장하고 있으며, 얼마나 큰 규모의 시장을 형성하고 있는지를 보여 주는 대표적인 예다.

이에 세계 최다 인터넷 이용자 시장을 석권하고 있는 바이두는 지금까지의 성과를 바탕으로 중국을 기점으로 보다 넓은 지역과 다양한 연관 사업군으로의 진출을 모색하고 있다. 여기에 하이구이의 대표 인물인 리옌홍 CEO가 전면에 자리 잡고 있다.

현재 바이두(Baidu)는 텐센트(Tencent), 알리바바(Alibaba)와 함께 'TAB'이라 불리며 중국 IT 업계를 이끌고 있으며, 『포브스』에 따르면, 바이두 리옌홍 CEO의 자산은 2013년 10월 기준으로 111억 달러에 이른다. '2014년 블룸버그 백만장자 지수'는 리옌홍의 자산이 주가 상승을 발판으로 122억 달러에 도달하였다며, 쭝칭허우 와하하 회장, 왕젠린 다롄 완다 회장을 제치고 중국 최고 부자로 등극했다고 발표하였다.

중국 젊은이들의 멘토 - 리카이푸(李開復) 추앙신공장(創新工場) 대표

중국 젊은이들의 멘토로 추앙받는 리카이푸는 1961년생이며 타이완 타이베이 출신으로, 1973년에 부모를 따라 미국으로 이민을 갔다. 그는 1983년에 컬럼비아 대학 컴퓨터공학과를 수석 졸업하고, 컴퓨터 음성 인식 기술과 인공두뇌 연구 전공으로 카네기 멜론 대학에서 박사학위를 받았다. 학업을 마친 그는 1990년에 애플 컴퓨터에서 연구개발 임원으로 애플 뉴턴(Apple Newton), 퀵 타임(Quick Time) 등을 개발하였고, 1998년에 마이크로소프트(MS)사에 입사하여 2005년까지 인터랙티브(Interactive) 서비스 부문 부사장을 역임했다. 그는 입사 2년 만에 부사장으로 고속 승진할 만큼 능력을 인정받으며, 빌 게이츠와 함께 마이크로소프트의 7대 브레인 중 하나로 손꼽혔다. 또한 마이크로소프트사의 베이징 인터넷 검색 연구센터를 진두지휘하여 중국 시장 진출 선봉장으로 활약하였다. 그가 세계 최초로 개발한 비특정인 연결 음성 인식 시스템은 미국 「비즈니스 위크(Business week)」에 의해 가장 중요한 과학적 발명 중 하나로 선정되기도 하였다. 이후 그는 2005년 세계적 인터넷 검색 업체인 구글사의 글로벌 담당 부사장 겸 중국 본사 사장으로 부임하면서, 다시 한번 화제를 불러일으킨다. 당시 구글은 리카이푸를 스카우트하는 과정에서 마이크로소프트와 1년간 법정 공방을 벌이기도 하였다. 마이크로소프트사는 리카이푸가 회사 기밀 정보를 유출할 것을 염려하여 미리 작성해 둔 경쟁 금지 조항을 근거로 구글사에 책임을 제기했던 것이다. 이는 리카이푸가 IT 업계에서 세계 최고 수준의 핵심 인물이었다는 것을 방증한다. 이후 리카이푸는 2009년 9월 당시 화제의 중심이었던 구글 차이나의 사장직을 박차고 나와, 유튜브의 공동 창업자인 스티브 첸(Steve Chen), 레노버 그룹 류촨즈 회장, 폭스콘(Foxconn)의 궈타이밍(郭台銘) 회장 등, 업계를 대표하는 투자자들로부터 1억 1,500만 달러를 유치하여 중국 벤처캐피털 업체인 추앙신공장(創新工場, '추앙신'은 혁신을 의미하는 중국어 단어이다)을 창업하여, 또 다시 화제가 되었다.

추앙신공장은 벤처 인큐베이터로서, 발전 가능성 있는 벤처기업을 발굴하여 초기 자본과 사무실 공간을 지원함으로써 다양한 창업 아이템을 가진 유능한 기업인과 엔지니어들을 끌어들이고 있다. 추앙신공장에는 야후의 공동 창업자인 제리양(Jerry Yang)과, 기타 히어로로 유명하며 비디오 게임 제작 업체 레드옥탄(RedOctane)의 공동 창업자인 황종옌(黃忠彦)·황종카이(黃忠凱) 형제가 직접 멘토로 나서서, 젊은 예비 창업자들을 코칭하고 있다. 추앙신공장은 자신이 지원한 신생 업체의 각 프로젝트마다 작은 지분을 갖게 되며, 이러한 방식으로 지금까지 수십 개의 벤처 창업 프로젝트를 후원해 오고 있다.

리카이푸는 중국판 트위터인 웨이보(微博)에서 가장 영향력이 높은 인물 중 한 명이다. 상하이 푸단(復旦) 대학 민정 전파연구 실험실에서 2012년에 발표한 「중국 웨이보 지도자 연구 보고」에 따르면, 리카이푸는 소호(SOHO) 회장 판스이(潘石屹), 알리바바 CEO 마윈, 자선 사업가로 유명한 황푸재생 자원이용 유한공사의 천광뱌오(陳光標) 등 쟁쟁한 기업가들과 함께 중국 내 영향력 순위 10위 내에 이름을 올렸다. 이 보고서는 2012년 중국 내 인터넷 영향력, 매체 영향력, 친화력, 이슈화, 활동력 등 5개 기준으로 중국 유명인사 5천 명의 영향력을 분석해 상위 100명의 명단을 발표하였다. 이 중 리카이푸는 2009년에 추앙신공장을 창업할 때부터 지금까지 꾸준히 대중과의 소통을 활발히 전개하여 팔로어(follower) 수가 무려 3,350만 명에 달하였고, '최고의 비즈니스 마이크로 블로거'라는 찬사를 얻었다. 이 밖에 그는 2010년 미국 트위터(Twitter) 순위 제공 사이트인 트위터홀릭(Twitaholic)이 발표한 트위터 내 팔로어 순위에서도 아시아권에서는 83만 5천 명을 확보하여 독보적인 1위를 차지하였다. 당시 한국의 1위가 김연아 선수로, 그 팔로어 수가

12만 1,487명이었다 하니, 리카이푸의 영향력이 얼마나 대단한지 쉽게 가늠해 볼 수 있다. 실제로 그는 창업 초기부터 자신의 거취 문제를 웨이보에 공개하고 추앙신공장의 창업을 가장 먼저 웨이보에 소개하였으며 직원 채용에도 웨이보를 활용하는 등, 적극적으로 웨이보를 활용해 왔다. 따라서 그에 관한 소식은 언론을 통해 얻는 것보다 웨이보 등 SNS 채널을 통해 얻는 것이 훨씬 빠르고 다양하다고 한다.

리카이푸가 남긴 글들은 IT 업계에 관한 전문적인 정보에서부터 사회 이슈들을 바라보는 관점, 급속도로 확산되는 SNS의 올바른 활용 문화에 이르기까지 다양하여, SNS를 폄훼하는 일부 시각을 바로잡는 데도 긍정적인 역할을 하고 있다. 또한 최근 관심이 많아지고 있는 청년 창업에 대해서도 '중국의 우수한 인재들이 스스로 철밥통을 깨고 과감하게 도전해야 한다'는 메시지를 전파함으로써 청년들의 멘토로서의 조언을 아끼지 않는다. 그가 인터넷에 올린 글들을 보면 그의 가치철학을 명확히 알 수 있다.

리카이푸는 외부 강연이나 학생들을 만나는 자리에서 다재다능한 인재의 중요성을 항상 언급한다. 그는 기성세대가 학생들이 학교나 전공에 국한되지 않는 다양한 학문을 배우고 경험을 쌓도록 도와야 한다고 주장한다. 그리고 다양한 경험과 지식으로 무장한 젊고 유능한 청년들이 무조건 높은 연봉을 좇아 대기업에 취직하기보다는 좀 더 가치 있고 다양한 일을 경험할 수 있는 중소기업을 선택하기를 권한다. 그것은 그가 애플과 마이크로소프트, 구글에서 일하면서 그곳의 기업 환경과 문화를 직접 경험한 결과, 젊고 다재다능한 인재가 자유롭게 자신의 꿈에 도전할 수 있는 환경이 필요하다는 것을 깨달았기 때문이다. 그런 면에서 리카이푸가 세계 최고의 기업 가운데 하나인 구글을 포기하고 모국의 젊은 인재 양성을 위해 추앙신공장을 설립한 것은 그에게 숙명이었을지도 모른다.

리카이푸는 자신의 경험에 비추어, 성공하기 위한 열 가지 태도와 행동 원칙을 이야기하고 청년들이 여기에 집중하기를 주문한다.

1 성공 동심원을 사용하여 자신의 가치관, 태도와 행동을 잘 컨트롤하는 사람이 되어라.
2 인격과 능력을 겸비한 인재가 되고, 특히 인격을 가장 중요하게 생각하여라.
3 용기 있고, 포부가 있으면서 지혜와 열정을 품어라.
4 자신감과 더불어 겸손할 줄 알아야 하며, 자신을 적극적으로 표현하여라.
5 이상과 흥미를 추구하고, 평생 공부하는 자세로 남과 더불어 살아라.
6 진리를 찾고, 시간 관리를 잘하며, 교우 관계를 통해 성숙해지고, 실천을 통해서 가치관을 배우며, 흥미를 통해서 즐거움을 찾아라.
7 불가능한 것을 가능하게 만들 수 있는 용기를 지니고, 넓은 마음으로 불가능한 것을 겸허하게 받아들이며, 지혜로서 시비를 분명히 가리는 사람이 되어라.
8 선택을 잘할 수 있는 지혜로 성공을 선택하는 사람이 되어라.
9 동양과 서구의 문화를 동시에 체득한 인재가 되어라.
10 최상의 자신을 만들어라.

남들이 봤을 때 성공했다고 느끼는 사람이 정말 성공한 것인가? 리카이푸는 성공의 잣대는 부와 명예가 아니라고 말한다. 지금 이 순간, 자신의 삶에 최선을 다하는 것, 그리고 자신의 마음속에 품은 목표를 향해 올바른 가치관을 가지고 자기 성찰을 통해 최상의 자신을 만들어 나아가는 것, 그것이 바로 성공이라는 것이다.

하루아침에 성공률을 90%에서 99%로 올리는 방법

현재의 성공률이 90%인데 하루 만에 성공률을 99%까지 올리고 싶다면 어떻게 해야 할까? 2005년에 중국 인민출판사에서 출간한 『최상의 자신을 만들어라(做最好的自己)』에 소개된 리카이푸의 다음 일화는 우리에게 많은 것을 생각하게 한다.

리카이푸는 애플사에서 일하던 어느 날, 애플 CEO 스컬리(John Sculley)와 함께 당시 미국에서 최고 인기를 누리던 아침 TV 프로그램인 〈굿모닝 아메리카(Good morning America)〉에 초청을 받아, 새로 발명한 음성 인식 시스템을 선보이게 되었다. 녹화 전날, 스컬리는 그에게 시연할 때 성공할 확률이 얼마인지를 물었다. 당시 그 시스템은 만들어진 지 얼마 되지 않았지만, 서버가 끊길 가능성은 적었다. 그래서 그는 90% 정도라고 대답했다. 이에 스컬리는 그다음 날까지 성공률을 99%까지 올려 보라고 주문하였다.

이튿날 아침, 방송에 앞서 리카이푸는 시연 성공률이 99%라고 말했고, 결과적으로 TV 시연은 성공했다. 방송이 끝나고 스컬리는 시스템 바꾸느라 고생했다고 그를 격려하였다. 그러나 그는 스컬리에게 그날의 시스템과 전날의 시스템이 별 차이가 없음을 말하였다. 그 말에 스컬리는 성공률이 99%라고 함부로 장담했다고 리카이푸를 나무라기 시작했다. 이에 대한 리카이푸의 대답이 걸작이다.

> 성공률이 99%라는 것은 사실이다. 오히려 성공률은 99% 이상이다. 나는 오늘 시연에서 문제가 생기면 다른 것으로 바꿀 수 있게 컴퓨터를 두 대 준비했다. 확률로 따진다면 컴퓨터가 실패할 가능성은 10%, 독립된 두 대의 기계가 모두 실패할 확률은 0.1×0.1=0.01, 즉 1%이다. 그러니까 성공률은 99%이다.
>
> -『최상의 자신을 만들어라(做最好的自己)』(중국인민출판사, 2005), 5~7쪽 참조

성공률을 90%에서 99%로 올리는 방법, 그것은 다름 아닌 대안을 마련하는 일이었던 것이다. 사실상 하나의 계획만으로 성공을 100% 보장하기 힘들 수 있다. 하지만 두 개의 대안을 가지고 있으면, 실패할 확률은 10분의 1로, 세 가지 대안이라면 다시 100분의 1로 실패할 확률이 줄어들게 된다. 리카이푸는 이 점을 깨닫고 그 짧은 시간 내에 하나의 컴퓨터로 성공률을 99%로 올리는 데 집착하기보다는 두 개의 다른 대안을 만들어 냈던 것이다.

제10장

중국 기업에는 중국만의 특별함이 있다

다국적 기업과의 경쟁에서 살아남은 중국식 기업 모델

중국의 소비시장은 다국적 기업과 중국 토착기업 간의 총성 없는 전쟁터다. 거대 다국적 기업과 중국 토착기업의 싸움을 다윗과 골리앗의 싸움으로 비유하기도 하지만, 그 승부는 때때로 예상을 뒤엎는 결과로 귀결되기도 한다. 왜냐하면 중국의 토착기업에는 중국만의 특별함이 있기 때문이다. 이 장에서는 다국적 기업과의 치열한 경쟁에서 중국 기업만의 특별한 전략으로 승리를 이끌어 내고 해당 분야에서 중국 최고의 기업이 된 알리바바 그룹과 와하하 그룹의 중국 특유의 기업 발전 전략에 대해 살펴본다.

알리바바(Alibaba)는 IT 산업의 후발 주자라는 불리함을 딛고 세계 최고의 기술과 경쟁력을 가진 전자 상거래 업체인 이베이(ebay)와의 경쟁을 거쳐 중국 최대의 점유율을 기록 중인, 중국 대표 전자 상거래 기업이다. 알리바바는 초기에 기업과 기업의 전자 상거래를 연결해 주는 B2B 모델로 시작하여, 기업과 소비자를 직접 연결해 주는 B2C 모델, 소비자와 소비자를 직접 연결해 주는 C2C 모델로 외연을 점차 확장해 왔다. 알리바바닷컴이 오늘날 중국 최대의 전자 상거래 사이트가 된 데에는 소비자 직거래 사이트인 타오바오(淘宝网)의 역할이 가장 크다. 알리바바의 창업자 마윈(馬云)은 2002년에 기존의 B2B 시장의 한계를 느끼고 새로운 아이템을 발굴하기 위해 일본을 방문하였다. 원래 그의 일본 방문 목적은 게임과 메신저의 시장을 살펴보는 것이었지만, 소프트뱅크의 손정의 회장과의 만남은 알리바바의 운명을 통째로 바꿔 놓게 된다. 손정의 회장은 마윈과의 만남에서 알리바바와 이베이의 플랫폼은 동일하다고 운을 띄운 후, 야후 재팬(Yahoo Japan)과 이베이 간의 일본 C2C 시장 대결 스토리를 알려 주면서, 일본 야후도 했는데 알리바바가 못할 이유가 없다고 하며 중국에서의 C2C 시장 진출을 적극적으로 권하였다.

당시 마윈의 알리바바는 궁극적으로 페이지 뷰(View) 천만 돌파를 목표로 삼고 있었는데, 모두들 이 목표를 이루기 위해서 C2C 시장으로 진출하는 것이 정답이지만 이미 전 세계를 장악한 이베이 때문에 그 성공 가능성이 낮다고 보았다. 그러나 마윈은 손정의와의 만남을 가진 후에 일본 야후와 이베이의 경쟁에서 이베이가 유럽과 미국에서 쓰던 방식을 아시아에 그대로 가져와 결과적으로 현지화 전략의 부재 때문에 일본에서 실패한 사실을 주목하고, 알리바바가 중국적 상황에 특화된 방식으로 이베이와 경쟁을 하면 충분히 승산이 있다고 판단하였다.

이에 마윈은 알리바바의 C2C 시장 진출을 통하여 새로운 성장동력을 확보하는 동시에 다국적 기업인 이베이의 B2B 시장 진출을 견제하기 위해서, 오로지 C2C 시장만을 위한 회사 타오바오를 비밀리에 설립한다. 즉, 기업과 기업 간의 상거래를 연결해 주는 B2B 시장에 주력하던 알리바바는 중국에 진출한 이베이가 B2C 시장까지 진출을 한 상황에서 결국은 B2B 시장으로 진출할 것으로 예상하여, 이에 적극적으로 대비하고, 더 나아가 이베이의 주력 시장을 새로운 성장동력으로 삼는 새롭고 거대한 전략을 수립한 것이다. 이렇게 시작된 알리바바의 새로운 도전은 알리바바만의 차별화된 전략을 바탕으로 이베이와의 전쟁을 승리로 이끌었다.

마윈이 이베이를 제치고 타오바오를 중국 최고의 전자 상거래 기업으로 성장시킨 비결은 무엇일까?

첫 번째 비결은 타오바오가 이베이와 차별화된 중국식 마케팅과 관리 방법으로 고객의 신뢰를 획득하였다는 점이다. 다국적 기업 이베이는 2002년 중국의 전자 상거래 업체인 이취(易趣)의 주식을 취득하면서 중국 시장에 본격적으로 진출하였다. 이베이는 초기에 막대한 자금을 동원하여 중국의 주요 포털 사이트인 소후(搜狐), 바이두와 합작을 맺고 광고비를 지불하는 대신, 다른 업체와 거래를 하지 않기로 합의하였다. 당시 타오바오 역시 포털 사이트 광고를 예정해 두었지만, 이베이의 포털 매수로 인해 계획했던 마케팅이 불가능해짐에 따라, 그 대안으로 개인 홈페이지와 블로그를 주요 마케팅 대상으로 활용하였다. 당시 마윈은 "이베이가 돈은 더 많겠지만, 중국 상황은 우리가 더 잘 안다."라고 말하며 개인 사이트를 집중 공략하였고, 결과는 대성공이었다. 포털 사이트와 달리 개인 사이트를 통한 광고는 사람들에게 신뢰감을 주어, 실질 이용자 수가 빠르게 증가했고, 비용적인 측면에서도 포털 사이트보다 저렴하여 다양한 형태의 마케팅을 펼칠 수 있었다.

타오바오는 마케팅 이외에도 CS(Customer Satisfaction, 고객 만족)와 서버 안정에 많은 노력을 기울였다. 당시 중국에는 CS 개념이 거의 전무한 상태였지만, 이미 해외의 주요 회사들의 다양한 서비스를 경험한 마윈은 중국에도 고객 서비스가 필요하다고 생각했고, 타오바오의 고객 상담실 직원을 대상으로 철저한 고객 만족 교육을 시켰다. 특히 '작은 토끼'라 불리는 고객 상담실을 운영하여 이용자에게 높은 수준의 서비스를 제공했다. 또한 고객 만족을 소비자 응대뿐만 아니라 기술적 신뢰의 차원에서도 접근하기 시작하였다. 즉, 마윈은 돈이 오고 가는 전자 상거래 사이트에서는 안정적인 서버가 고객 신뢰도 향상에 가장 중요한 요소라고 생각해, 미국의 네트워크 회사인 썬(SUN)과 합작을 맺고 대대적인 서버 구축에 나섰다. 타오바오의 이러한 적극적인 노력에 비해 이베이는 이용자 증가에 따른 서버 과부화 문제가 계속되면서 어려움을 겪게 되었고, 이는 이용자의 신뢰도 하락으로 이어져 많은 고객을 놓치게 되는 결과가 발생하였다.

타오바오의 두 번째 성공 비결은 중국의 국내 위기 상황을 마음으로 함께하여 국민의 신뢰를 얻었다는 점이다. 2003년 4월의 제93회 광저우 무역박람회에 참가했던 알리바바의 직원이 당시 유행하던 사스(SARS) 감염자로 판명되었다. 알리바바 건물은 즉시 폐쇄되었고 모든 직원은 격리된 채 자택 근무를 하게 되었다. 그러나 알리바바 직원은 매일 아침 8

시부터 평상시와 같이 고객 접대 업무를 진행하였고, 위험에도 불구하고 묵묵히 물건을 배송하여 고객들의 신뢰가 급상승하게 되었다. 결과적으로 사스 유행을 기점으로 타오바오의 정보량이 전년 동기 대비 3~5배 증가하였다. 위기를 진정 함께한다는 중국의 전통적 가족 관념이 회사에 도약의 기회를 제공해 준 것이다.

타오바오의 세 번째 성공 비결은 소비자의 입장에서 소비자에게 필요한 정책을 추진하였다는 점이다. 이를 위해 타오바오는 전자 상거래 업계로는 혁신적으로 무료 회원제를 도입하고 제삼자 보증 결제 시스템을 제공하였다. 사스 위기 이후, 이베이는 타오바오를 견제하기 위해 이베이 사이트의 중문 버전을 오픈하고, 막대한 금액을 마케팅 비용으로 쏟아부었다. 그러나 타오바오는 개인 사이트 중심의 마케팅 방법을 고수함과 동시에 고객 만족과 서버의 안정성 확보를 더욱 강화하였다. 그리고 새로이 10억 위안(한화 1,700억 원)을 투자하여 고객에게 3년 동안 무료로 사이트를 이용할 권리를 제공하였다. 이는 고객에게 그들이 보다 쉽게 전자 상거래에 접속할 수 있는 기회를 주어, 당시의 불안정한 결제 시스템 때문에 물품 대금을 떼이는 위험을 방지하기 위해 물건 수취 확인 후 대금 지급이 결정되는 제삼자 결제 시스템을 개발하여, 역시 무료로 제공하였다. 당시 유료 회원제를 고수하던 다국적 기업 이베이는 뒤늦게 거래 비용의 60% 세일 마케팅을 실시하고 사이트 내 상점 입점료를 내리는 등, 대대적인 조치를 취했지만, 타오바오의 무료 회원 서비스 정책에 가로막혀 시장 기반을 급속도로 상실하였다.

타오바오의 고객 만족 서비스와 공격적인 마케팅에, 기존에 전자 상거래 시장의 90%를 차지하던 이베이는 2006년 겨울에 결국 중국 시장 철수를 결정하게 된다. 2004년 11월 당시, 타오바오의 회원 수는 305만 명, 이베이의 회원 수는 860만 명이었다. 그러나 불과 1년 반 후인 2006년 5월, 타오바오의 회원 수는 1,900만 명으로 이베이의 회원 수인 2,050만 명에 거의 근접하였다. 그리고 2006년 7월, 타오바오는 회원 수가 2,250만 명을 넘어서면서 중국 시장의 최강자로 자리 잡게 되었다. 소위 다윗과 골리앗의 싸움으로 비유되던 두 업체의 싸움은 결국 현지화 전략을 바탕으로 중국인의 마음을 움직인 타오바오의 승리로 돌아갔다.

결과적으로 타오바오는 중국 인터넷 시장에서 신뢰할 수 있는 비즈니스 가치관을 구축하였다. 중국에서 보이지 않는 물건을 인터넷을 통해 거래한다는 것이 결코 터무니없는 일이 아님을 증명함에 따라, 중국의 고객들은 타오바오를 통해 전자 상거래가 가져다준 기회를 이용하게 되었다. 또한 마윈은 다양한 커뮤니티와 고객 평가 시스템을 통하여 사람들이 자유롭게 즐길 수 있는 기회와 장소를 제공하였다. 사람들은 이곳에서 자신이 원하는 상품을 살 뿐만 아니라 자신과 뜻이 맞는 사람을 만나기도 하였다. 놀라운 것은 이 모든 것이 불과 몇 분 만에 이루어졌다는 것이다.

IT 분야에서 알리바바와 이베이의 대결이 중국 토착기업과 다국적 기업의 대결로서 다윗과 골리앗의 싸움으로 비유된다면, 식음료 분야에서는 와하하 그룹과 프랑스의 다농(Danone) 그룹 간의 싸움이 그에 비견될 만하다.

사실 와하하 그룹이 지금과 같이 중국의 국민 브랜드로 도약하기까지는 프랑스 식품 기업인 다농이 지대한 공을 세웠다고 할 수 있다. 어린이를 대상으로 한 식음료를 전문적으로 판매하던 와하하가 중국 최대 음료 기업으로 발돋움하게 된 계기는 1996년에 에비앙 생수로 유명한 세계적 식품 회사 다농과 합작을 하면서부터다. 합작 과정에서 와하하와 다농은 모두 다섯 개의 회사를 세웠는데, 총 7,000만 달러를 투자한 다농이 각각의 회사 지분 51%를 차지하였다. 대신 와하하는 경영권을 차지하였고, 쌍방의 합의하에 생산과 유통 판매 등 분야에서 와하하 브랜드를 사용하기로 했다. 와하하와 다농은 1996년에 제휴를 시작한 이래 2007년에 상표권 분쟁이 터지기 전까지 11년간 합작회사를 서른아홉 개나 세울 정도로 공고한 파트너 관계를 유지했다. 한때 와하하와 다농은 중국 기업과 외국 기업 간의 대표적인 합작 모범사례로 꼽혔다. 그러나 2009년에 쌍방이 결별하고 나니, 결과적으로는 다농이 자본과 기술을 투자해서 와하하의 브랜드 이미지를 높이고 생산능력을 제고해 준 모양새가 되었다.

그렇다면 와하하 그룹과 다농 그룹 간 분쟁의 원인은 무엇일까? 원래 쌍방의 계약 내용에 따르면, 와하하는 다농과 합작한 제품에만 와하하 브랜드를 사용할 수 있었다. 그런데 2007년에 와하하가 비합작 분야에도 와하하 브랜드를 사용하면서 다농과의 갈등이 시작됐다. 결과는 예상 밖이었다. 먼저 계약을 어긴 쪽은 와하하였지만, 중국 내 여론은 다농을 중국 기업을 쉽게 인수하려는 악덕 기업으로, 와하하 그룹의 쭝칭허우(宗慶後) 회장은 다국적 기업에 부당하게 핍박받는 중국 기업인으로 미화하였다. 쭝칭허우 회장은 "다농과 합작 계약을 체결할 당시, 브랜드에 대한 인식이 부족해 다농의 수에 속아 넘어갔다. 이는 기술과 브랜드를 확보한 외국 자본이 중국 시장을 독점하려는 계략이다."라는 발언으로 중국인의 애국심을 자극했다. 또한 그는 "와하하는 돈이 부족하지 않았고, 기술을 도입하기 위해 합작을 했다. 그러나 10년 동안 다농은 그 어떠한 기술도 제공하지 않았다. 오히려 다농은 합작 계약 곳곳에 함정을 설치하며 와하하의 이익에 직접적인 손실을 가져다주었다. 다농은 실제로 매우 무능하며, 이는 러바이스(Robust) 생수 사업을 엉망으로 만든 것만 봐도 알 수 있다."라고 하여 본격적으로 여론전을 펼쳤다.

쭝칭허우 회장은 이런 식으로 자신을 변론하며 외국 자본의 악의적인 인수합병을 막아 달라고 호소하였고, 중국 내에는 다농을 쫓아내야 한다는 반외국 기업 정서가 팽배하였다. 2년 동안 계속된 와하하와 다농의 법적 분쟁은 중국인들의 민심을 자극해 양국 간 외교 갈등으로 번졌다. 결과적으로 와하하와 다농의 싸움은 중국에서 다윗과 골리앗의 싸움으로 묘사되며 전 국민의 관심을 끌었고, 애국심 문제로 확대되었다. 양사 간의 분쟁은 결국 다농이 보유하던 지분 51%를 전량 매각하면서 합작 관계를 청산하는 것으로 마무리되었다. 분쟁 해결의 결과, 와하하의 주식은 60% 급등하게 되고, 이에 힘입어 쭝칭허우 회장은 2010년 중국 최고 부호의 자리에 오르게 된다.

와하하 그룹과 다농 그룹 간의 분쟁의 핵심은 와하하가 중국을 대표하는 민족기업으로서 중국 정부와 중국 국민의 깊은 관심과 사랑을 받아왔다는 사실이다. 문제의 본질은 만약 다농이 원래의 계약서에 의거해 결과적으로 와하하를 인수하게 된다고 하더라도 이미 돌아선 중국 소비자의 마음을 얻을 수 없다는 것이다. 이 과정에서 쭝칭허우 회장은 자신의 이미지를 '외국 기업인 골리앗 다농에 맞서 싸우는 민족기업가'로 구축함으로써 여론의 동정표를 얻었고 결국 다농의 지분 매각을 통해 공룡 토착기업의 탄생을 이끌어 내었다.

중국식 전자 상거래의 신화 알리바바(阿里巴巴) 그룹과 마윈(馬雲) 회장

마윈은 중국의 대표 IT 기업인 알리바바 그룹, 타오바오(淘寶网), 즈푸바오(支付寶, Alipay)의 창업자이다. 현재 알리바바 이사회와 중국 야후 이사회의 의장으로 재직 중이다.

『포브스』 중문판이 발표한 '2014년 중국 부자 명단'에서 마윈은 전년도의 71억 달러에서 무려 124억 달러가 증가한 195억 달러의 자산으로 명실상부한 중국 최고 부자가 되었다. 후룬 연구소가 2014년 10월 28일에 발표한, '2014년 후룬 자산 랭킹'에서도 마윈은 145억 위안(한화 2조 4,650억 원)으로 1위를 차지하였는데, 이는 최근 1년간 '전 세계 기부액 1위'를 기록하던, 페이스북(Facebook)의 마크 주커버그(Mark Zuckerberg)의 70억 위안의 기록을 뛰어넘은 수치이다.

마윈이 설립한 알리바바 그룹은 중국 내 전자 상거래의 80%를 차지하는 최대 비즈니스 사이트 회사이다. 현재 알리바바는 알리바바닷컴, 타오바오닷컴, 즈푸바오, 톈마오(天猫, Tmall), 야후 차이나(Yahoo China) 등의 자회사를 거느리고 있다. 2013년에 알리바바 그룹은 매출

86억 달러를 기록하였는데, 이 중 알리바바닷컴은 전체 B2B(Business to Business) 시장의 70%를, 텐마오닷컴은 전체 B2C(Businese to Customer) 시장의 51%를, 타오바오닷컴은 전체 C2C(Customer to Customer) 시장의 80%를 점유하고 있다. 2014년 2분기 매출액도 25억 4,000만 달러를 기록하여, 최초로 연간 매출액 100억 달러 달성을 눈앞에 두었다. 『블룸버그』가 애널리스트 실적 전망치를 합산한 결과, 2017년에 알리바바의 매출액은 213억 달러에 달할 것으로 예상된다. 알리바바는 2014년 9월 19일에 미국 나스닥 시장에 상장되었으며, 10월 28일에는 한때 월마트의 시가총액인 2,475억 달러를 넘는 2,477억 달러를 기록하기도 하였다.

마윈의 삶

초창기

마윈은 1964년 9월 10일에 항저우에서 태어났다. 어렸을 때부터 그는 일류 학교와는 담을 쌓고 지냈다. 그는 일류 대학을 다니지 못했을 뿐만 아니라 초등학교, 중학교 역시 삼류를 전전했다. 심지어 중·고등학교 입시를 두 번 보기도 하였다. 1982년 당시 18세이던 마윈은 첫 번째 대입에 실패하였고, 이듬해에도 낙방을 한 후 1984년, 삼수 끝에 항저우 사범대학에 전문학사과정으로 입학하였다.

교사로서의 삶

1988년, 마윈은 항저우 사범대학 영문과를 졸업하고 항저우 전자공학원에서 영어와 국제무역을 가르치는 강사가 되었다. 강사로서의 마윈의 삶은 비교적 성공적이었다. 그는 빠른 시간 내에 항저우의 우수 교사로 선정되었고, 시후(西湖)에서 첫 번째 영어 마당을 주도하면서, 항저우에서 '영어 하면 마윈'이라는 공식이 성립되어 갔다. 이에 많은 사람들이 마윈에게 번역을 맡겼고, 마윈은 하이보(海博) 번역사를 차리고 은퇴한 교사들을 초청해 그들에게 일을 맡겼다. 그가 번역사를 차린 계기는 이전에 그와 같이 학교에서 근무하던 교수들이 퇴직 후에 불과 100위안에 불과한 보조금으로 어려운 생활을 해 나가는 것을 목격한 것이다. 그는 자신에게 들어오는 번역거리가 많아지자 '퇴직 교수들을 활용하게 되면 일석이조'라는 생각에 번역사를 차렸다. 그러나 하이보 번역사의 첫 달 수입은 겨우 700위안이었고, 사무실 월세는 2,000위안이었다. 생존을 위해 마윈은 마대를 메고 이우(義烏)와 광저우에 갔으며, 하이보 번역사는 생화와 기념품을 팔기 시작했다. 이런 눈물겨운 노력 끝에 하이보 번역사는 1994년에 수지 균형을 맞추고, 1995년부터는 이윤을 내기 시작했다.

인생을 송두리째 바꾼 기회

1994년, 마윈은 인터넷에 관한 이야기를 처음 들었다. 바로 자신이 근무하는 학교의 원어민 동료 교사의 동생이 미국 시애틀에서 인터넷 관련 사업을 한다는 이야기였다. 그런데 마침 마윈에게 미국을 방문할 기회가 찾아온다. 항저우에서 안후이까지 오가는 민자 고속도로를 건설하던 미국 업체가 갑자기 부도를 내고 사라져 버린 사건이 발생하였다. 당시 항저우시는 이 미국 업체와의 연락을 위해서 통역 업무를 맡았던 마윈을 미국으로 파견하게 된다. 1995년 초에 부도를 낸 미국 업체를 찾기 위해 미국에 온 마윈은 별 소득 없이 귀국해야 하는 상황에 처했다. 그러나 인생의 마지막일지도 모르는 미국행의 기회를 그냥 소비할 마윈이 아니었다. 그는 지난번 인터넷 관련 사업을 한다던, 미국인 동료 교사였던 이의 동생을 찾아, 인터넷을 처음 접하게 되었다. 인터넷의 세계는 실로 놀라운 것이었다. 검색어로 'Beer'를 치자, 갖은 종류의 맥주에 대해 끊임없이 소개되었다. 그러나 'China'라는 검색어를 치자, 'NO DATA'라는 결과만이 화면에 가득했다. 마윈은 인터넷의 가능성을 확인하고 중국으로 돌아온다. 1995년 4월, 마윈과 그의 부인, 그리고 또 한 명의 친구는 2만 위안을 모아, 기업 홈페이지를 전문적으로 제작하는 항저우 하이보 인터넷 회사를 설립하고, 차이나옐로페이지(China yellow page)라는 웹사이트를 개설하였다. 이후 3년도 되지 않은 시간 동안 차이나옐로페이지는 500만 위안을 벌게 되었다. 1997년에 마윈은 베이징에서 대외무역경제부의 웹사이트를 개발하고, 이어서 인터넷에 중국 상품 교역 시장과 중국 기술 수출 교역회, 중국 상인 모집, 인터넷 광저우 박람회 등 국가 경제 관련 웹사이트를 구축하게 된다.

알리바바의 창립

마윈이 잇따른 국가기관 웹사이트 구축으로 성과를 올렸지만, 당시 베이징에는 경쟁 업체가 난무한 상황이었다. 이에 1999년 3월, 마윈은 일체의 공직을 사퇴하고, 항저우로 돌아와 50만 위안으로 알리바바 웹

사이트를 개발한다. 그는 인터넷 산업계가 '우수 기업과 기업 간의 전자 상거래(B2B)'를 중요시해야 한다며, 이런 모델이 바로 인터넷의 제4모델이라고 하였다. 그는 평소 중국 소상공인의 천국이라는 이우(義烏)를 인터넷상에서 구현할 수 있으면 어떨까 하는 생각을 했다. 그리고 이베이와 같은 다국적 기업이 지배하던 당시 인터넷 상거래에 중소기업 간 거래를 활성화시킬 꿈을 꾸게 된다. 이에 중소기업을 위한 B2B 기업인 알리바바의 창업을 선언하게 된다.

알리바바 창립 당시 마윈은 알리바바의 3대 목표로 '첫 번째, 102년간 생존할 것. 두 번째, 중국의 중소기업을 위한 전자 상거래 회사를 만들 것. 세 번째, 세계 최대 전자 상거래 기업이 되고, 전 세계 전자 상거래 사이트 교역 순위 10위권에 들 것'을 정했다. 초기에는 국내외 여건이 만만치 않았다. 그러나 마윈은 색다른 홍보 전략과 기업 마케팅 전략으로 위기를 극복해 내었다.

먼저 홍보 전략에서 마윈은 대중의 심리와 신비주의를 교묘하게 이용하여 알리바바의 존재를 세계에 알렸다. 마윈은 다른 회사들이 홍보에 매달릴수록 알리바바는 광고를 하지 않아 대중의 궁금증을 유발시키는 게 낫다고 보았다. 꽤 오랜 시간 걸릴 것이라고 보았지만, 1999년 5월, 항저우의 한 신문이 '세계 무역을 계획 중인 알리바바, 인터뷰를 거절하다'라는 내용의 기사를 실은 이후, 국내외 매체들이 앞다투어 알리바바를 찾아왔고, 이에 알리바바는 돈 한 푼 들이지 않고 기업 홍보를 진행할 수 있었다.

기업 마케팅 전략에서 마윈은 당시 중국의 중소기업들이 직면한 문제에 주목하였다. 그리고 바로 신의 한 수로 일컬어지며 '중국공급상(中國供給商)'이라고 불리는 유료 서비스를 도입하였다. 중국공급상 서비스는 기업회원이 매년 589달러의 회비를 내면 일반 회원들과 차별화된 서비스를 제공받을 수 있다는 점에서 특별했다. 매년 589달러를 내는 기업회원은 알리바바를 통해 회사의 상품 홍보의 기회를 가지며, 각종 전시회 참가의 도움을 받고, 무역을 비롯한 각종 서비스를 알리바바로부터 제공받는 것이다. 이 비즈니스 모델은 중국의 중소기업들로부터 폭발적인 호응을 얻었다. 바이어 발굴과 거래, 무역에 이르기까지 다양한 어려움에 직면해 있던 중국의 중소기업으로서는 알리바바닷컴의 중국공급상 서비스가 가뭄의 단비 같은 존재였다. 물론 알리바바닷컴에도 중소기업의 중국공급상 유료 가입은 기사회생을 위한 생명줄이 되었다.

이후 1999년 10월에서 2000년 1월 사이에 알리바바는 두 차례에 걸쳐 외국 벤처 자금 2,500만 달러를 투자받았으며, 이를 통해 중국을 대표하는 전자 상거래 기업으로 발전할 토대를 마련하게 되었다.

타오바오닷컴으로 제2의 전성기를 마련하다

마윈이 알리바바를 통해 일정한 사업적 성공을 거두었지만, 실질적인 '알리바바닷컴 제국'이 시작된 기점은 바로 타오바오닷컴의 설립이라고 할 수 있다. 2000년대 초반, 중국에서는 세계적인 C2C 기업인 이베이가 이취(易趣)에 대대적으로 투자를 해 중국 내 시장을 확대해 나가고 있었다. 마윈은 공룡기업인 이베이에 맞서 타오바오닷컴을 출시하게 된다. 이베이는 수익 창출을 위해 중국 내의 대다수의 포털사이트와 독점적 광고 계약을 써서 다른 C2C 기업들이 살아남지 못하도록 하였다. 이에 타오바오는 입소문 전략과 무료화 전략을 펼치게 된다. 즉, 사이트 이용에 수수료를 부과하던 이베이와 달리 타오바오는 무료로 개방해 버린 것이다. 이는 가격 인하를 통한 소비자 유인 전략으로서 고객을 위해 투자한다는 개념으로 시행되었다.

마윈은 전체 전자 상거래 시스템을 완성하기 위하여 2003년을 기점으로 타오바오, 즈푸바오, 알리마마(阿里媽媽), 톈마오, 이타오왕(一淘网), 알리윈(阿里云) 등, 중국 내 전자 상거래 유명 브랜드를 지속적으로 만들어 내었다. 10년 전만 하더라도 전문가들은 중국의 전자 상거래가 '신용, 지불, 물류'라는 세 가지 장벽을 넘을 수 없을 것이라고 예상하였다. 그러나 알리바바는 '알리페이(Alipay)'라는 전자 결제 시스템을 통해 신용과 지불의 문제를 해결하였고, 택배 및 물류 업체와의 긴밀한 협력을 통해 물리적 거리를 축소함으로써 중국 전자 상거래의 한계를 극복했다. 결국 알리바바는 글로벌 최대 전자 상거래 업체인 이베이를 몰아내고, 전자 상거래, 입점, 타깃 마케팅, 판매를 포함하는 중국 최고의 종합 서비스 제공 업체로 성장하였다.

마윈의 성공 철학
'절대로 포기하지 마라'

마윈은 일찍이 대외경제무역대학에서 행한 연설을 통해 성공에 관한 자신의 철학을 이야기한 바 있다. 그중 핵심은 '영원히 포기하지 마라. 그리고 웃음으로 인생을 마주하라.'였다. 연설이 끝나고 어느 기자가 '남성들이 가장 존경할 만한 자신의 성격은 무엇인가?'라는 질문을 하자, 마윈은 '낙관적으로 자신을 대하는 것'이라고 대답하였다. 그는 한번 한번의 착오를 끊임없이 아꼈다. 그는 "오늘 당신의 삶이 참담하고, 내일 당신의 삶이 더욱 비참할 수 있지만, 모레 당신의 삶은 엄청나게 찬란할 수 있다. 그러나 대다수의 사람은 내일 저녁에 죽는다. 그러므로 모든 사람은 오늘을 포기하지 않아야 한다."라고 하였다.

'사람의 마음을 얻는 것이 모든 것을 얻는 것이다'

마윈은 동양학적 사고를 사업에 활용하는 데 능했다. 특히 맹자가 주장한 '천시(天時), 지리(地利), 인화(人和)'의 개념을 중요시했다. 즉, '좋은 시기는 유리한 지형보다 못하고, 유리한 지형은 사람의 화합보다 못하다.'라는 것이다. 그는 사람의 마음을 얻는 것이 사업의 시작이자 끝이라고 판단하였다. 알리바바닷컴이 위기에서 벗어나는 과정에는 중소기업이 저렴한 경비로 이용할 수 있는 중국공급망 서비스가 있었다. 타오바오닷컴이 이베이와의 경쟁에서 승리하는 과정에도 사이트를 무료로 이용할 수 있도록 개방한 서비스가 있었다. 이들은 고객 중심적 사고가 결국엔 사업의 성과를 가져다준다는 것을 보여 주는 대표적인 예이다.

'미치지 않으면 미칠 수 없다(불광불급[不狂不及])'

인간 마윈을 이야기할 때 빼놓을 수 없는 말이 바로 '미치지 않으면 미칠 수 없다'는 것이다. 그는 대학을 삼수로 들어갔지만, 고등학교 때의 목표 대학이 베이징 대학이었다고 한다. 놀라운 사실은 그가 베이징 대학에 시험 쳤을 때 수학 점수가 겨우 1점이었다는 점이다. 그는 왜 이 무모한 짓을 했을까? 바로 꿈 때문이었다. 그는 그 꿈에 다가가기 위한 노력이 없으면 그것으로 희망이 없다고 보았다. 그가 세계 최초의 B2B 사이트를 만들었던 것도, 지불자 보증 시스템인 알리페이를 개발했던 것도 바로 '미치지 않으면 안 된다'는 절박함과 꿈이 있었기 때문에 가능하였다.

더불어 조화되는 인생, 삼장법사 리더십

세계 최고의 IT 기업을 이끌어 온 마윈이 조직을 이끄는 리더십은 삼장법사 리더십이라 할 수 있다. 잘 알려져 있듯이, 삼장법사는『서유기』의 인물이다. 조직을 이끌고 있는 삼장법사는 무언가 빼어난 재주는 없지만 가장 큰 목표인 불경을 구해 오겠다는 의지가 있다. 또한 손오공, 저팔계, 사오정을 각각의 능력에 맞게 잘 조율하며 그들과 끝까지 함께 하는 리더십이 있다. 마윈에게 기업이란 손오공, 저팔계, 사오정과 같이 다양한 능력과 경험이 있는 사람들이 모이는 곳이다. 중요한 것은 이런 다양한 사람들에게 동기를 부여하여 한 가지 목표를 향해 뛸 수 있게 만드는 리더십이 필요한데, 그것이 바로 삼장법사 리더십이며, 마윈은 이러한 리더십을 잘 발휘하였다.

일찍이 원자바오 총리는 마윈을 '이상을 품고 사는 사람'이며 '위축되지 않은 영혼의 소유자'라고 평가한 바 있다. 마윈은 키가 불과 153센티미터이며, 몸무게는 45킬로그램으로, 체형은 흡사 어린아이 같다. 하지만 그는 외모와 달리 나폴레옹과 같은 의지와 품격을 가지고 있다.

중국 최대 식음료 기업 와하하(娃哈哈) 그룹과 쭝칭허우(宗慶後) 회장

중국 최대 식음료 기업인 와하하 그룹의 쭝칭허우 회장은 1945년 11월 16일에 장쑤성(江蘇省) 쑤첸시(宿遷市)에서 태어났다. 쭝칭허우 회장은 2010년 후룬 부자연구소 선정 '중국 대륙 내 최고의 부자'로 처음 꼽혔고, 2012년 후룬 부자연구소 발표에서도 105억 달러의 자산으로 '전 세계 부호 중 78위'이자 '중국 국내 부자 중 최고 부호'로 등극하였다. 2013년 2월 28일에 발표된 후룬 부자연구소 부호 랭킹에서도 830억 달러의 자산으로 대륙 내 최고 부자로 선정되었으니, 쭝칭허우 회장은 이같이 세 번에 걸쳐 중국 내 최고의 부자로 꼽혔다.

쭝칭허우는 그의 부친이 국민당 정부에서 관원 생활을 한 관계로, 1949년에 중국이 해방된 후 쑤첸에서의 일자리를 잃어버리고, 쭝칭허우가 4세 때 온 가족이 조부의 원적인 항저우로 옮겨 왔다. 1949년 이후 쭝칭허우 가정은 매우 비참하게 살았다. 그에게는 모두 다섯 명의 형제가 있었으나 출신성분이 좋지 않아, 부친이 항저우로 옮겨오고 난 뒤에도 일자리를 찾지 못하여, 온 가족의 생계는 항저우의 초등학교에서 교사로 일하는 모친의 급여에 의존할 수밖에 없었다. 쭝칭허우는 1963년에 중학교를 졸업한 후, 집에 경제적 부담을 주기 싫어 저우산(舟山)의 농장으로 일하러 갔다가 몇 년 후에 샤오싱(紹興)의 차 농장으로 일자리를 옮기게 된다. 1978년이 되자 쭝칭허우의 어머니가 퇴직함에 따라, 당시 33세이던 쭝칭허우는 어머니를 대신해 상자 회사의 영업사원이 되었다.

와하하 그룹은 1987년에 쭝칭허우가 학교 내 매점을 맡으면서 시작되었다. 이후 쭝칭허우는 1989년에 항저우 와하하 영양식품 회사를 창립하게 되고, 1991년부터 지금까지 항저우 와하하 식품유한공사 회장 자리를 맡고 있다. 1991년에는 기업 매출이 처음으로 1억 위안을 돌파하여 2.17억 위안에 다다랐다. 1994년, 와하하는 창장(長江) 삼협 이주민 계획에 맞춰 영업의 방점을 서부 개발에 두게 되고, 이에 충칭 등지에서 세 곳의 특별히 어려운 기업을 합병하게 되었다. 이후 와하하의 '서진북상(西進北上)' 전략이 강화되었고, 전국의 29개 성·시·자치구에 160여 개의 분사를 설립하게 된다. 1996년에 쭝칭허우는 생수 시장을 주목했고, 이에 따라 와하하 순정수가 탄생하였다. 일부 경제학자들은 와하하 순정수의 출현은 바로 '쭝칭허우 상업 제국' 건설에 가장 중요한 역할을 하였다고 평가한 바 있다. 1999년에 쭝칭허우는 미국 영주권을 받았으나 문제가 되자 이를 취소했다.

쭝칭허우에 대한 소문은 매우 많다. 보통 중국의 기자들은 그를 '패왕(覇王)'으로 표현하는데, 이는 그가 마오쩌둥을 존경하고 마오쩌둥의 군사전략 사상과 치인(治人) 이념을 관리에 응용했기 때문이다. 그는 열다섯 개가 넘는 자회사와 3만여 명이 넘은 직원을 보유한 대기업가이지만, 아직도 혼자서 회장직과 사장직을 모두 다 맡고 있다. 어떤 때는 매월 판매 현황을 스스로 작성하기도 하며, 전동 지게차 구매도 스스로 결정하여 구매하며, 합작회사의 경리직 역시 혼자 맡은 바 있다. 와하하 그룹의 51%의 지분을 가졌던 최대 주주 다농 그룹 역시 11년 동안 쭝칭허우 상업 제국을 넘지는 못하였다. 와하하 그룹과 다농 그룹이 결별을 택했을 때, 후진타오와 사르코지는 어쩔 수 없이 이 문제를 거론했는데, 상무부가 나서서 조정을 하고 국제 여론이 상대 쪽으로 기울었지만, 쭝칭허우는 뚝심으로 2년을 버티고 결국엔 승리하였다. 그리고 다농과의 결별 첫해인 2008년에 와하하의 매출 총액은 250억 위안, 이윤은 50.53억 위안을 달성하여, 전년 대비 50.3% 증가함으로써 자신의 선택이 틀리지 않았음을 스스로 증명하였다.

와하하 내부에서 쭝칭허우는 질문을 용납하지 않는다. 그의 휘하에 있는 10여 명의 부장이 하는 일은 일반 기업의 부총경리가 하는 일로, 회사 내 권력이라는 측면에서 본다면 모두 그들과는 일정한 거리가 있다. 쭝칭허우 회장이 이렇게 하는 이유는 한편으로는 관리의 단계를 간소화함으로써 업무 효율을 높이는 것이기 위한 것이고, 다른 한편으로는 다른 사람들을 경계하는 심리 때문이다. 그는 자신의 관리 이념을 두 가지로 표현하고 있는데, 첫 번째는 가족 문화이고, 두 번째는 일을 강력히 추진하지만 깨어 있는 사고를 하는 것이다. 그는 기업을 운영하는 데 있어 기업주가 강력하지 않아서 종업원들이 말을 듣지 않으면 안 되고, 반대로 기업주가 너무 독재에 가까우면 사람들이 일을 하지 않는다고 보았다. 그러므로 직원들을 엄격하게 관리함과 동시에 그들의 이익을 고려해야 한다는 것이 그의 생각이다. 그는 이렇게 말한다.

> 기업 발전에 따른 수입은 직원들과 나눠야 하며, 직원들의 생활수준이 높이 올라가야지만 일처리가 공정해진다. 여기에 약간의 교육이 부가되면 사람들은 나의 말에 신뢰를 가지게 된다. 나는 다른 사람을 욕할 줄 모르고 누군가를 사퇴시킬 줄도 모른다. 우리 직원들의

이직률은 아주 낮다. 단지 경쟁에서 이기지 못해서 스스로 체면이 깎인다고 생각할 때 스스로 나가는 것이며, 나간다 하더라도 나에 대해 나쁜 말을 하는 것을 보지 못했다. 수십 년 동안 직원들을 보았는데, 모두들 나에 대해 아주 충성스럽다.

- 〈바이두 백과사전(http://baike.baidu.com)〉, '宗庆后'(쭝칭허우), 2014년 12월 20일 검색 참조

사실 쭝칭허우 회장의 이러한 자신감이 근거 없는 것도 아니다. 2007년에 그가 다농과의 합작회사 회장직에서 내려온 다음 날, 와하하의 전국 판매상, 시장부와 공급부서 직원들은 단체로 여섯 통의 공개 서신을 발표하였다. 여기에는 "다농을 저지하고 쭝칭허우를 살리자."라고 적혀 있었다. 특히 다농의 상하이에서의 언론 매체 대상 회견장에서 40여 명의 와하하 직원들이 노란색 상의를 입고 현수막을 들고서 단체로 "우리는 쭝칭허우를 원한다. 다농을 원하지 않는다."라고 외치기도 하였다.

서구의 언론 매체로부터 '시장 네트워크 조직 대사'로 불리는 그의 연쇄점 모델은 몇천 개의 1급 공급상과 몇만 개의 2급 도매상 및 각 급 최종 소매상과 연결되어 중국의 광대한 시장을 커버하고 있다. 이에 많은 전문가들이 그의 사례에서 보듯이 중국의 기업들은 대부분 강력한 추진력이 있는 지도자가 있어야지 성공할 수 있다고 한다. 왜냐하면 중국인은 외국인에 비해 관리하기 어렵기 때문이라는 것이다.

그렇다면, 쭝칭허우 회장의 성공 경영 비법은 과연 무엇일까?

첫 번째는 '자신만의 유통망을 건설하라' 전략을 구사한 것이다. 쭝칭

허우 회장의 성공 비법을 이야기할 때, 많은 이들이 시대를 앞서가는 아이템 선정과 애국심 마케팅을 언급하지만, 이보다 더욱 강력한 효과를 발휘한 것은 바로 그 자신만의 유통망 건설 전략이었다. 그는 중국 정부가 1994년에 창장삼협댐을 건설하기 시작하자, 이곳의 기업에 투자를 하고 이를 바탕으로 서부 내륙 지방으로의 진출을 본격화하였다. 특히 그는 다른 다국적 기업과는 달리 중국 내륙 시장 공략을 중점적으로 추진하고, 이를 위해 자체 유통망 건설에 전력을 다했다. 1990년대에 다국적 기업은 중국 동부 연해 도시 진출만으로도 중국에서 충분한 시장을 형성하고 있다며, 중서부 내륙까지 진출하는 것은 물류망 확보 등의 현실적인 이유 때문에 주저하였다. 그러나 쭝칭허우 회장은 달랐다. 남들이 보지 않은 내륙 지방의 가능성을 일찌감치 간파하고, 자체 유통망 건설에 심혈을 기울였다. 그 결과, 와하하는 1급 공급상 3,000여 명, 그리고 2급 도매상 3만여 명이라는 충성스런 유통 채널을 보유하게 된다. 또한 이들을 관리함에 있어서도 탁월한 전략을 구사하였다. 즉, 본사가 도매상에 보증금을 미리 받고 이에 대한 이자는 은행보다 많이 쳐 주면서, 연말에 영업 이익이 나면 일정 부분을 돌려주는 방식이었다. 이에 많은 도매상들이 와하하 상품 공급상으로 등록하였고, 이는 중국에서 유일무이한 막강한 유통 채널을 건설하는 배경이 되었다. 덕분에 와하하 그룹은 전체 판매 수익의 60%를 농촌 지역에서 창출할 만큼 2, 3선(線)[9] 도

9 중국에서는 GDP 규모, 유명 브랜드 매장수와 밀집도, 1인당 소득수준, 100대 중점대학, 세계 500대 기업 진출 수, 항공화물 물동량, 국제공항 및 항만 노선 수, 대기업의 중점 전략 도시 등 10개 항목에 순위를 매겨 1선 도시부터 5선 도시까지 구분하고 있다. 2013년

시 및 농촌에서 절대 우위를 지켰다.

두 번째는 '남들보다 반걸음만 앞서가라' 전략을 구사한 것이다. 쭝칭허우 회장의 '반걸음만 앞서가라' 전략을 구사한 사례로는 크게 어린이 밥맛 나는 음료를 개발한 것과 다농과의 합작을 통해 생수 시장에 진출한 것을 대표적으로 들 수 있다.

쭝칭허우 회장은 1989년에 어린이 밥맛 나는 음료를 개발하였다. 당시 중국에는 1979년에 실시된 가족계획의 여파로 어린이 관련 시장의 규모가 줄고 있었다. 이에 대다수의 기업들은 어린이 관련 시장의 가능성을 크게 보지 않았지만, 쭝칭허우는 오히려 반대였다. 이전과 달리 중국의 가계 소득은 급속히 높아지고 있으며, 한 가구당 한 명의 자녀는 자녀에 대한 관심과 투자를 급격히 불러일으킨다는 것이었다. 이에 쭝칭허우 회장은 저장대 의과대학에 의뢰하여 중국 한방 재료로 만든 어린이 입맛 살리는 음료를 출시하였고, 이는 대박을 쳤다. 시장을 보는 눈이 남달랐기 때문에 가능한 일이었다.

1996년에 다농과 합작하여 추진한 사업 역시 시장의 흐름을 읽는 그의 혜안이 빛을 발한 결과였다. 당시 중국은 개혁개방 17년의 성과로 삶의 질에 대한 국민들의 요구가 폭발적으로 증가하고 있었다. 그중 대표적인 예가 바로 마시는 물에 대한 요구였다. 기존 중국의 물에는 석회질

12월에 발표된 도시 등급을 보면, 중국의 1선 도시는 베이징, 상하이, 광저우, 선전 등 19개 도시, 2선 도시는 닝보, 쿤밍, 장춘, 하얼빈 등 36개 도시, 3선 도시는 바오딩, 단둥 등 73개 도시, 4선 도시는 장자커우, 더저우 등 74개 도시, 5선 도시는 번시, 카이펑 등 200개 도시이다.

이 많이 포함되어 있어, 사람들은 이를 끓여서 마시거나 차로 만들어서 마시고 있었다. 이런 와중에 신선한 물과 안전한 물에 대한 요구가 사회 전반에 걸쳐 조금씩 생겨나고 있었다. 시장의 흐름을 파악한 쭝칭허우 회장의 선택은 바로 다농과의 합작이었다. 이를 통해서 생명과 관련된 물이라는 점에서 다농이라는 브랜드로 순식간에 시장의 믿음을 획득하고, 다농의 선진 기술을 통해 중국 시장에 보다 빨리 진출할 수 있기 때문이었다. 결과는 대성공이었다. 와하하는 다농과의 합작 10년 만에 중국 생수 시장의 23%를 차지하는 중국 최고의 생수 생산 업체로 부상하였다. 다농과의 합작은 결과적으로 '쭝칭허우 상업 제국' 건설의 기반이 되었다.

세 번째는 '애국심보다 더한 마케팅 전략은 없음'을 이용한 것이다. 와하하의 애국심 마케팅은 페이창 콜라[非常可樂]의 출시 과정과 깊은 연관이 있다. 먼저 페이창 콜라의 성공 신화를 살펴보자. 1998년이 되자, 쭝칭허우 회장은 기존의 생수 시장 이외에 콜라 시장으로의 진출을 선언했다. 코카콜라와 펩시콜라가 양분하고 있던 콜라 시장에 와하하 그룹의 시장 진출 소식은 시장의 냉담한 반응을 불러왔다. 이유는 그 어느 지역과 국가에서도 자국 브랜드의 콜라가 시장을 점유한 선례가 없었다는 점 때문이었다. 그러나 페이창 콜라는 성공했다. 그 이유는 첫째로 와하하만의 중서부 내륙 지방에 광대하게 건설되어 있는 유통망의 덕택이다. 코카콜라와 펩시콜라가 들어가지 않던 내륙 지방을 와하하는 적극적으로 공략하면서 틈새시장에서의 우위를 점하게 되었다. 둘째로 바로 애국심 마케팅 덕택이다. 1840년의 아편전쟁 이후 중화민족의 자존심은 서구 제국주의에 의해 여지없이 깨어졌다. 이에 쭝칭허우는 페이창 콜라를 내세우면서 콜라 독립을 주장하였고, 토착 브랜드라는 점을 전 국민에게 호소하였다.

와하하의 애국심 마케팅은 결과적으로 전 국민에 걸친 큰 호응을 얻게 되었다. 1998년에 페이창 콜라의 시장 점유율은 3%에 불과했지만, 1999년에는 10%를 넘어섰으며, 이내 중국의 콜라 시장을 코카콜라, 펩시콜라, 페이창 콜라가 서로 다투는 3강 구도로 정착시켰다. 이렇게 페이창 콜라는 출시 3년 만에 판매량이 코카콜라의 30%선에 도달할 정도로 선전하면서, 펩시콜라에 이어 중국 콜라 시장에서 제3위의 입지를 굳혔다.

사람들은 말한다. "백만 위안의 부는 자신의 것이지만, 천만 위안, 일억 위안의 부는 사회의 것이다."라고. 쭝칭허우도 이 말에 절대적으로 공감하고 있다. 그는 1년 365일 매일매일 하루도 쉬지 않고 일을 하고, 이 중 200일은 일선 시장을 돌아다닌다. 적어도 1급 공급상은 한 차례 이상 만나게 된다. 그 어떤 취미도 없으며, 다른 사람들을 만나지도 않고, 하루 세 끼를 회사 식당에서 매끼 15분 만에 해결한다. 접대도 좋아하지 않고, 시간이 없어 접대에 응하지도 않는다. 하루에 두 갑의 담배를 피우고 두 잔의 차를 마시는 것을 제외하면, 기본적인 소비는 일반 직원들보다도 적다. 골프 등 부자들의 놀이에는 관심 없고 시장을 돌 때 차에서 내려 운동을 한다. 그의 유일한 희망은 90세까지 일하는 것이다. 이것이 바로 쭝칭허우 회장이다.

제11장

두 마리 아기 용의 승천, 홍콩과 타이완의 기업가

세계 속의 화상(華商) 기업

일반적으로 '화교(華僑)'라 함은 '일시적으로 국외를 여행하는 중국인'이라는 의미로, 외국에 거주하는 중국계 민족을 광범위하게 부르는 말이다. '화교'에서 '화(華)'란 중국 사람들이 스스로를 높여 부르는 표현으로, 중국 또는 한족을 가리키며, '교(僑)'는 '타향살이하다' 또는 '임시 거처'라는 뜻으로, 타국에서 장기 또는 임시로 거주하는 것을 의미한다. 이렇게 원래 화교는 중국 혈통으로 중국 국적을 가진 사람을 뜻하였지만, 현재 대부분의 해외 거주 중국인들은 현지화되어 거주국의 국적을 획득하였으므로, 지금은 화교를 대체하는 개념인 '화인(華人)'의 개념을 많이 쓴다. 역사적으로 중국은 1901년에 혈통 중심의 이중 국적법을 제정하고, 해외 거주 중국인을 '화교'라 불렀는데, 세월이 흐른 뒤 1990년에 법률적으로 '화교'와 '화인'을 구분하였다. 그리고 화교와 화인을 직업적으로 구분하여 화공(華工), 화상(華商) 등으로도 세분화하기 시작했다. '화교'라는 말은 1898년 일본 요코하마의 중국 상인들이 자녀 교육을 위해 현지에 학교를 설립하면서 학교 이름을 '화교 학교'로 명명한 데서 유래하였다. '화상'은 화교는 물론이고 화인 가운데 자영업에 종사하는 중국계 상인을 의미한다.

중국인의 해외 이주 역사는 멀리 9세기 당대로 거슬러 올라간다. 당시 실크로드로 대표되는 교통과 무역의 발달로 해외에 거류하며 장사하는 중국인들이 늘어났다. 이후 11세기, 송 왕조는 남양(南洋) 지역과의 무역을 적극적으로 후원하여, 이때 이민자 수가 본격적으로 증가하였다. 무역 지원 정책은 몽골족이 세운 원대에 들어서도 계속되어, 동남아시아로 진출하는 중국 상인의 수는 지속적으로 증가하였다. 특히 13세기 말 이후, 중국인의 해외 이주는 큰 폭으로 증가하였다. 그러나 14세기 중엽에 새로이 들어선 명 황조는 해외무역을 통제하기 시작하여 동남아시아와의 무역은 조공무역만을 허용했을 뿐, 일체의 사(私) 무역을 금지시켰다. 이는 현지에서 활동하던 화인들이 중국으로 돌아가지 못하는 직접적인 이유가 되었다. 이런 이유로 현지에 정착한 화인들의 숫자가 급속도로 늘게 되었다. 이후 명나라는 1567년에 중국 상인들의 사 무역을 다시 허용하였고, 이때부터 중국인의 동남아시아 이주는 더욱 본격화되었다.

청대에 중국인의 해외 이주 역사는 새로운 국면으로 접어든다. 만주족이 세운 청나라는 자신을 직접적으로 위협하던 남부의 한족 저항세력과 남양 무역상들의 접촉을 막기 위해 쇄국정책을 실시하게 되었다. 이는 결과적으로 기존 중국의 패권을 대신하여 17세기부터 19세기까지 서구 국가들이 동남아시아로 집중적으로 진출하게 되는 결정적인 계기가 되었다. 서구 국가들의 동남아시아 진출은 산업화에 따른 원료 확보와 노동력 수요로 이어지게 되었고, 중국인의 해외 이주도 대규모로 이루어지게 되었다. 19세기 중엽까지 청나라는 중국인의 해외 이주를 불법으로 간주하여 외국과 상통하는 사람을 처벌하였다. 그러나 당시 중국에 계속되었던 자연재해와 국내의 정치적 혼란은 중국인의 해외 이주를 촉진하는 또 다른 중요한 요인이 되었다. 특히 아편전쟁 이후 중국인의 해외 이주가 폭발적으로 이루어졌는데, 중화인민공화국이 성립된 1949년까지 해외로 이주한 중국인은 대략 100여만 명에 이르렀다.

이렇게 중국인의 해외 이주 역사는 상당히 길다. 현재 상당수의 화교들은 거주국의 국적을 취득하여 거주국에 동화하며 살고 있기 때문에 전 세계에 분포한 화교의 수를 정확하게 파악하기는 어렵다. 그러나 2008년 「세계화상발전보고서」의 통계에 따르면, 전 세계 화교의 수는 약 4,800만 명으로 추정되고 있다. 이 중 광둥성 출신이 54%를 차지하며, 푸젠성 출신이 25%, 하이난다오 출신이 6%를 차지하고 있다. 화교와 화인의 해외 거주 지역은 아시아가 77%를 차지하고, 미주 지역이 18%를 차지한다. 이는 아시아 지역이 중국과 지리적으로 근접하고 생활환경도 비슷하기 때문이다. 물론 미주 지역 화교의 숫자도 계속 늘어나고 있는데, 이는 20세기 들어 미주 지역 국가들의 이민 정책 확대와 중국의 개혁개방의 결과로 다양한 계층의 사람들이 미주 지역으로 이주하였기 때문이다. 이 밖에 중국의 해외 영사관 통계는 전 세계 161개국에 분포한 중국 화교 수를 대략 6,000만 명으로 추정하고 있다.

주지하는 바와 같이, 전 세계 화교들은 전통을 중시하는 태도, 단결력, 탁월한 적응력, 근면과 인내, 특유의 낙천성을 바탕으로 이주 지역에서 아주 빠른 속도로 자리를 잡았다. 2007년 현재, 전 세계 90여 개국 화교들의 경제 규모는 6,000억 달러로 추산되는데, 이는 같은 해 우리나라의 국민총생산 수준이다. 실제로 화교 자본은 유대인의 그것에 이어 세계 경제를 좌우하는 2대 파워그룹으로 성장하였다.

화교들은 일반적으로 자신들이 활동하는 국가에서 단체 활동을 통해 네트워크를 형성하고 점차 활동 범위를 확대한다. 초기 화교 네트워크는 화교의 경제적 이익과 안전을 확보하기 위해 형성되기 시작되었으며, '방(幇)'이라고 하는 독자적인 상부상조의 형태를 보이고 있었다. 방은 오늘날까지 일관되게 화교 사회를 구성하는 기본요소가 되고 있으며, 정치·경제적으로 불안정한 사회 환경들에 대응하기 위한 자위적·자치적 집단조직으로서의 의미를 가진다. 이렇게 방을 중심으로 한 화교 간의 유대와 상호신뢰는 '혈연(血緣), 지연(地緣), 업연(業緣)'이라는 삼연(三緣)으로 더욱더 강화되었다.

1910년대에 화교들은 방을 중심으로 '중화총상회(中華總商會)'라는 업연 조직을 만들었고, 1940년대에는 중화총상회를 중심으로 개별 국가에서 통합 네트워크로 확대·발전하기 시작하였다. 역사적으로 화교 네트워크는 자기 보호와 상부상조의 필요성에 따라 화교들의 활동 근거지 역할을 하였는데, 1970년대에 동남아시아에서는 이미 국경을 초월한 네트워크가 형성되기도 하였다. 이러한 화교 네트워크는 1980년대 초반에 중국이 개혁개방 정책을 본격적으로 추진하면서 새로운 추진력을 얻게 되었다. 중국 정부 차원의 화교 네트워크에 대한 필요성이 대두되기 시작한 것이다. 개혁개방을 위해 특별히 지정된 선전, 주하이, 샨터우, 샤먼 등의 경제특구는 역사적으로 해외 화상들의 방이나 객가(客家)와 관련된 지역으로, 중국의 개방 정책은 해외 화상들과의 경제적 협력 관계를 강화시키는 직접적인 계기가 되었다.

화상이 중국 경제에서 차지하는 비중과 역할은 우리의 상상 이상이다. 현재 중국의 비약적인 성공 뒤에는 강력한 화교 네트워크가 존재한다. 화교 네트워크의 글로벌화를 보여 주는 가장 좋은 예는 세계 화상 대회이다. 중국 화교들은 1991년 싱가포르의 리콴유(李光耀) 총리의 주도로 화상들의 경제 협력 강화와 상호 이해 증진을 목표로 제1회 세계 화상 대회를 개최하였다. 세계 화상 대회는 화교들의 막강한 자본을 기반으로 전 세계 화교 사회의 협력과 이해를 증진시키고 있다. 2004년 기준으로 화교 자본은 대략 2조 5천억 달러에 이르며, 이 중 2조 달러 규모로 파악되는 유동자산은 중국 GDP의 2배 규모이다. 또한 재산이 5억 달러 이상인 화교 기업인은 150여 명이며, 아시아 1,000대 기업 중 517개 기업이 화상 기업이다. 홍콩의 주간지 『아주주간(亞洲週刊)』에 의하면, 2011년 7월 말에 중국인이 소유한 세계 1,000대 화상 기업의 시가 총액은 6조 4천억 달러이고, 총자산은 16조 7천억 달러였다.

중국이 개혁개방 정책을 추진하는 데 있어 가장 적극적으로 동조한 이들 역시 동남아시아의 화교 기업인들이었다. 개혁개방 초기에 중국의 개방에 대해 서구의 기업들조차 확신을 못하는 상황에서 동남아시아 화교 기업은 조국에 가장 먼저 투자의 손길을 내밀었다. 태국 최대 화교 기업인 CP 그룹은 1978년에 해외 기업으로서는 최초로 투자 허가를 받고 대륙에 진출하였다. 서구 자본이 진출을 꺼려할 때 동남아시아 화교 자본은 중국에 과감하게 진출함으로써 중국 경제 발전에 단비와 같은 역할을 하였다. 타이완 기업들 역시 중국 경제 성장에 괄목할 만한 역할을 담당하였다. 1991년 중국 정부가 간접 투자를 허용하자, 타이완 기업들은 중국에 대한 대대적인 투자를 감행하였다. 초기 타이완 기업의 투자는 라면, 음료와 같은 소비재에서 시작되어 2000년대 IT 제조업까지 폭넓게 확대되었다. 이렇게 화교는 세계 2대 경제대국 중국의 오늘이 있게 한 견인차 역할을 하였다.

『메가트렌드(Megatrend)』의 저자인 미국의 미래학자 존 나이스비트(John Naisbitt) 교수는 중국과 러시아의 경제 개혁과 외자 유치를 비교하면서 "중국의 경제적 성공은 상당 부분 해외 화인의 적극적인 참여와 지지가 있었기에 가능하였고, 상대적으로 러시아는 이러한 화인과 같은 존재가 없었다."라고 지적한 바 있다. 화상이 이렇게 중국에 본격적으로 투자를 하게 된 이유는 무엇보다 중국에서 사업의 기회가 무궁무진하다고 보았고, 중국이 자신들의 고향인 데다가 이를 기반으로 네트워크가 잘 형성되어 있어, 사업 정보 취득과 리스크 관리에 유리하였기 때문이다. 실제로 화상 기업은 꽌시(關係), 선점, 자원, 제품 및 서비스 경쟁력에서 상대적으로 우위를 점하고 있었다. 그 요인은 다음 표에서와 같다.

화교 기업의 대중국 진출 시 경쟁 우위 요인

경쟁 우위 요인	주요 내용
꽌시	정서적·문화적 유대는 화상의 경쟁 원천이 됨.
선점	화교 기업은 최초의 투자자 꽌시와의 결합 시 사업 확장에 중요함
자원	동남아시아 화교 기업의 자원 가공 경험을 전수함
제품 및 서비스 경쟁력	타이완 IT 기업의 제품 경쟁력, 동남아시아 화교 기업의 운영 노하우

출처: 박번순, 2012, 「중국 시장에서 만나는 우리 기업과 화교 자본」, 『친디아 저널』, Vol. 74.

이렇게 화상의 투자는 초기에는 호텔, 유통, 식품, 금융 등 소비재 상업 분야에서 시작되어, 현재는 사회간접자본 투자에 이르기까지 광범위하게 이루어지고 있다.

화상 기업가 중 가장 대표적인 인물로는 아시아 최대 갑부인 홍콩 창장 그룹의 리자청(李嘉誠) 회장, 타이완 포모사 플라스틱 그룹의 왕융칭(王永慶) 회장을 들 수 있다. 리자청 회장은 '사업의 신'으로, 왕융칭 회장은 '경영의 신'으로 추앙받는 인물이다. 천안문 광장 옆에 있는 아시아 최대 빌딩인 동방플라자는 리자청 회장의 작품이며, 리자청 회장의 창장 그룹은 상하이 등 아홉 개 도시의 항만 건설 및 관리와 의료 사업에 수십억 달러를 투자하였다. 왕융칭의 포모사 플라스틱 그룹 역시 중국 쑤저우에 70억 달러 규모의 석유화학 단지를 건설하는 등, 중국 내 화상 기업으로서의 위상을 드높이고 있다.

사업의 신 - 홍콩 창장(長江) 그룹의 리자청(李嘉誠) 회장

광둥 상인으로 홍콩을 대표하는 화상 기업가인 리자청 창장 그룹 회장은 2012년 미국의 경제전문지 『포브스』가 뽑은 '세계 억만장자 순위 9위'의 인물이며, 아시아 최고 갑부로서 '2010년 중국 500대 기업가' 중 '대중 이미지 만족도 1위'에 선정된 기업인이다.

리자청은 1928년에 중국 광둥성 차오안현(潮安縣)에서 태어났다. 부친이 초등학교 교장이었던 리자청의 어린 시절은 그리 어렵지 않았다. 그러나 1940년에 일본군의 침략을 피해 홍콩으로 이주하였고 부친이 폐병으로 쓰러지자, 그 후 가세가 급격히 기울어, 리자청은 13세에 학업을 포기하였다. 조그만 완구 회사의 판매원으로 일을 시작한 리자청은 모든 일에 혼신의 노력을 기울인 결과, 불과 5년 만인 17세에 총지배인이 되었다. 그리고 다시 5년 후인 1950년에 독립하여 창장(長江)이란 소규모 플라스틱 제조 공장을 탄생시키면서 사업을 시작하게 되었다.

무(無)에서 시작해 아시아 최고의 부자가 된 리자청 회장의 성공 비결은 무엇일까?

리자청 회장의 첫 번째 성공 요인은 시대를 읽는 동물적인 감각과 장기적 안목으로 사업을 바라보는 혜안이다. 리자청은 13세부터 22세까지 남 밑에서 심부름을 했다. 그리고 9년 동안 어렵게 번 돈 수천 위안을 종잣돈으로 해서 플라스틱 제조 회사를 차렸다. 1950년대에 플라스틱 제품은 소재의 참신성과 실용성, 화려함을 무기로 기존 목제품과 금속가구를 압도하고 있었다. 이런 와중에 1950년대 후반에 유럽과 미국에서 플라스틱으로 만든 조화가 출현하였다. 리자청은 특유의 동물적인 후각을 바탕으로 플라스틱 조화 사업의 성공을 확신했다. 그리고 신속하게 기존 공장을 플라스틱 조화 생산 체제로 전환하고 생산 규모를 전폭적으로 확대하였다. 그 결과, 생화는 몰라도 지구상의 조화는 모두 홍콩에서 나온다는 말이 생길 만큼, 리자청은 전 세계 조화 시장을 석권했다. 그는 여기서 번 돈을 밑천 삼아 제2의 도약을 꿈꾼다.

1960년대에 들어서자, 홍콩의 경제는 비약적으로 발전하였다. 홍콩의 무역센터, 금융센터가 활황을 누리기 시작했고, 각국의 투자자와 기업가가 무리를 지어 홍콩으로 몰려왔다. 이를 본 리자청은 앞으로 홍콩 땅값이 천정부지로 뛰어오를 것이라 확신하였다. 부동산 투자가 새로운 주력 사업이 된 것이다. 그는 싼값에 수많은 토지와 빌딩을 사들였다. 이렇게 하여 1981년에 그가 보유한 빌딩의 면적은 1,500만 평방미터였으며, 토지 면적은 2,900만 평방미터였다. 1980년 창장실업의 순이익은 9억 홍콩달러에 달했는데, 그는 회사 순이익 대부분을 다시 부동산에 투자하여 120만 평방미터의 나대지와 60만 평방미터의 농지를 취득했다. 이렇게 해서 그는 홍콩 정부를 제외하면 홍콩 최대의 부동산 소유자가 되었다.

1970년대에 접어들어, 리자청은 미래 경쟁력의 핵심이 금융과 자본에 있음을 인지하였다. 이를 위해 창장실업을 상장하고 대량의 자금을 축적하였다. 1979년에 그는 부동산 투자와 창장실업 상장을 통해 획득한 자금으로 영국 자본 회사였던 영자양행(英資商行)과 화기황포(和記黃埔)를 사들였다. 이는 중국 자본으로서는 최초로 영국 기업을 인수한 충격적인 사건이었다. 리자청의 화기황포 인수 전략은 진화타겁(趁火打劫), 즉 '불난 틈을 타 훔쳐라' 전략이었다. 공격을 할 것이냐, 수비를 할 것이냐 하는 판단은 적의 정세에 따라 달라진다. 적의 세력이 강할 때는 그들이 지치도록 기다려야 하며, 적의 힘이 약화되었을 때는 기다림 없이 단숨에 공격을 하는 것이 이 전략의 요점이다. 다시 말해, 상대의 약점을 발견하면 지체 없이 공격하여 상대를 무력하게 만든다는 것이다. 기업 경영의 성공 여부는 시기를 잘 잡는 것이다. 좋은 시기에 출격하면 마치 순풍에 돛 단 것처럼 힘은 적게 들고 효과는 매우 좋다. 반면 좋지 않은 기회에 손을 쓰면, 힘은 들고 결과는 좋지 않아, 일은 곱절하면서 성과는 반으로 줄어드는 이치인 것이다.

1980년대에 리자청의 사업은 보다 큰 성공을 이루었다. 그는 부동산 사업을 지속적으로 발전시키는 동시에 새로운 사업에도 투자하였다. 금융업에 손을 대어, 홍콩 회풍은행(匯豐銀行)의 동사장을 맡았다. 또 10억 홍콩달러를 투자해 중국 자본 화교 회사와 합작으로 중국 시멘트 공사를 창립하였다. 또한 3.9억 홍콩달러로 사전발전철로역의 종합센터를 건설하였다. 이렇게 하여, 1980년대 말에 그가 소유한 창장 그룹의 계열사는 모두 103개에 이르렀다.

1990년대부터 리자청은 투자 지역을 베이징과 상하이, 푸저우와 광둥으로 확대하고, 부동산에서 발전소에 이르기까지 사업 영역을 다각화하였다. 총 35억 위안을 투자하여 푸저우시 재개발에 참여하였고, 베이징의 창안(長安)대로에 동양 최대의 쇼핑몰과 호텔, 오피스 빌딩을 건설했다.

2000년대의 성과 역시 보는 이로 하여금 탄성을 금치 못하게 한다. 대표적인 예로 2007년에 그는 페이스북(Facebook)에 4억 5천만 달러를 투자해 3%의 지분을 확보하였다. 이후 페이스북의 주가가 폭등하여 기업가치가 1,000억 달러에 이르면서 그의 보유 주식가치 역시 20억 달러까지 상승하였다. 거의 450%에 이르는 어마어마한 투자수익이다. 리자청은 홍콩 비즈니스계의 '미다스의 손'으로, 그가 이룩한 부의 규모는 실로 엄청나다. 현재 홍콩 상장 기업의 4분의 1이 그의 소유이다. 홍콩에서 누군가 1달러를 쓰면 그중 5센트는 그의 주머니 속으로 들어간다고 하니, 그의 홍콩 내 영향력이 어느 정도인지 쉽게 가늠해 볼 수 있다.

리자청 회장의 두 번째 성공 요인은 타인과 차별화된 전문성과 집요함이다. 리자청 회장은 사업 성공의 가장 중요한 요인으로 전문성을 꼽는다. 그리고 전문성을 획득하기 위한 교육과 학습의 중요성을 지속적으로 강조한다. 유년기에 그는 낮에는 학교를 다니고 방과 후에는 견습공 생활을 하였는데, 후일 이때를 가리켜 "남들은 학문을 구하지만, 나는 학문을 탐했다."라고 하면서, 학습의 중요성을 강조한 바 있다.

그의 전문성과 학습에 관한 열정을 보여 주는 대표적인 사례인 위장 취업 일화를 살펴보자. 1950년대에 플라스틱 완구와 일상용품을 만들어 팔던 리자청은 평범한 플라스틱 제조업자에 불과하였다. 그러던 어느 날, 그는『플라스틱』이라는 잡지에서 눈에 띄는 기사를 접하게 된다. 이탈리아의 한 회사가 플라스틱 조화의 제조에 성공하여 곧 대량 생산에 들어갈 예정이며, 이 상품으로 유럽과 미국의 시장을 공략할 것이라는 내용이었다. 1957년 봄, 당시 29세이던 리자청은 한 치의 망설임도 없이 이탈리아로 향했다. 먼저 잡지에 소개된 회사를 찾아가 플라스틱 조화를 홍콩에서 판매하겠다고 한 후, 회사를 둘러보면서 몇 가지의 제품을 샀다. 그러나 그것만으로 플라스틱 조화의 생산 공정을 알 수는 없었다. 그때 그는 그 회사에서 생산직 사원을 모집하는 공고를 보았다. 그는 취직을 결심했다. 회사는 취업 비자가 없는 외국의 젊은이에게 적은 임금으로 힘든 일을 시키려고 자리를 주었다. 회사에서 그가 맡은 일은 폐기물을 처리하는 일이었다. 공장에서 가장 힘든 일이었지만, 대신 하루 종일 공장 곳곳을 돌아다니며 모든 공정을 관찰할 수 있는 자리였다. 그는 근무 기간 동안 주요 공정의 숙련공들을 집중적으로 사귀었다. 휴일이면 친구들을 중국음식점으로 불러 식사를 대접하고, 잘 모르는 기술에 대해 은근슬쩍 질문했다. 시간이 어느 정도 지나면서 리자청은 플라스틱 조화 제조에 대한 요령을 마스터했다. 목적을 달성한 리자청은 큰 트렁크 몇 개에 플라스틱 조화 샘플과 자료를 가득 담아 귀국하였다. 귀국 후에는 고품질 저가격을 무기로 단 몇 주일 만에 홍콩의 꽃가게를 점령했다. 그리고 모든 가정과 사무실에 창장실업의 플라스틱 조화가 자리 잡게 되었다. 이로부터 창장실업의 세계 시장 제패가 시작되었음은 물론이다.

리자청 회장의 세 번째 성공 요인은 스스로를 속이지 않는 근면함과 절약 정신이다. 리자청은 세계적인 부자이지만, 평생 근검절약을 실천하며 살았다. 찻집 종업원으로 사회생활을 시작한 리자청은 특유의 부지런함으로 사람들의 신뢰를 얻었다. 그는 자신의 경험에 비추어 이렇게 말하곤 한다.

> 부지런하면 부족한 점을 보충할 수 있다. 다른 사람이 여덟 시간 일하면 나는 열여섯 시간을 일한다. 부지런함으로 부족함을 메우는 수밖에 달리 방법이 없었다. 하지만 대부분의 사람들은 반대로 말한다. 효율성이 더 중요하다고. 그러나 양이 뒷받침되지 않으면 절대로 질이 좋아지지 않는다. 부지런함을 근거로 시간을 투자해야 하며, 그 과정을 통해 방법을 터득하는 것이 바로 효율성, 바로 질이다.
>
> - 〈바이두 백과사전(http://baike.baidu.com)〉, '李嘉诚'(리자청), 2014년 12월 20일 검색 참조

특유의 근면함과 더불어 그는 매우 검소했다. 그에게 돈이란 한 푼이라도 헛되이 쓸 수 있는 것이 아니며, 세상에서 계속해서 돌고 돌아야지 그 가치가 유지되고 확대되는 것이었다. 그는 모든 것에 진실하게 대하고 믿음으로 일한다. 그는 평소에 "성공한 상인과 그렇지 못한 상인의 차이점이 있다. 성공한 상인은 어제보다 지혜롭고 어제보다 너그러우며 어제보다 삶을 잘 알고 어제보다 잘 베풀며 어제보다 여유롭다."라는 말의 의미를 무엇보다도 강조한다.

리자청 회장의 네 번째 성공 비결은 인(仁)에 바탕을 둔 인본주의(人本主義) 경영이다. 리자청은 유가(儒家)에 기반한 유상(儒商)의 정신을 계승한 기업가다. 예전에 홍콩의 한 언론 매체와의 인터뷰에서 그는 "나는 소박하게 입고 먹고 자고 생활하는 것을 좋아합니다. 물질적인 삶은 30년 전과 똑같이 생활하고 있습니다."라고 말한 적이 있다. 그는 부를 이룬 후에도 결혼하기 전에 구입한 집에서 상당 기간 동안 살았다. 그는

"어떤 브랜드의 옷과 신발을 구입하는지에 대해 별다른 관심이 없습니다. 내가 사용하고 있는 손목시계 역시 일반 사람들이 주로 사용하는 브랜드입니다. 이것도 이미 몇 년이나 사용한 겁니다."라고 말했다. 리자청 회장은 값비싼 음식을 먹는 대신, 직원식당에서 직원들과 함께 식사하는 것을 좋아한다고 한다. 세계 최고의 거부 반열에 오른 사람 치고는 너무나 소박한 삶을 살고 있는 것이다.

이러한 그의 청빈한 삶의 방식은 바로 그가 유가의 영향을 받았기 때문이다. 그는 기업 경영의 가장 중요한 원칙은 바로 직원들을 가족의 일원으로 대하는 것이라고 말한다. 예를 들어 보자. 리자청에게는 창업 초기에 건설한 공장이 있었다. 그 공장은 사업 성공의 기틀을 제공했지만, 시간이 지나면서 이익이 줄어들고 마침내 회사의 애물단지로 전락해 버렸다. 기업은 기본적으로 이익을 추구하는 조직이기 때문에 기업가는 이윤을 내지 못하는 사업을 정리하는 것이 자연스러운 일이다. 그러나 리자청은 "한 기업은 가정과 같다. 공장의 직원들은 우리 회사의 공신들이다. 시간이 흘러 직원들이 늙었으니, 이제 그들을 보살필 의무가 있다."라며 직원들의 고용을 보장했다.

리자청의 이러한 일화에 나타난 행동은 일반적인 기업가들의 그것과는 사뭇 다르다. 리자청의 기업 경영에는 인을 바탕으로 한 인본주의 경영이념이 자리 잡고 있다. 인은 공자의 핵심 사상이자 가치로, 공자는 "인이란 바로 사람을 사랑하는 것이다."라고 강조한 바 있다. 세계화 추세 속에 정작 존중받아야 할 인간에 대한 관심과 배려가 줄어들자, 리자청은 사람이 움직이는 조직의 중요성을 절감하고, 조직에서 상호 협력과 신뢰라는 무형의 가치를 강조하였다. 지나치게 과열된 경쟁 체제가 오히려 사람을 소외시키고, 구성원 간의 신뢰 관계를 무너뜨리며, 그 결과 비효율이 발생한다고 본 것이다. 이렇게 리자청의 '인을 바탕으로 한 유교적 가치 경영'은 우리에게 많은 시사점을 제시하고 있다.

이렇게 우리는 리자청의 기업 경영 성공 비결을 네 가지 관점에서 살펴보았다. 그의 성공 비법에 관하여는 2010년 9월 7일에 중국 관영통신사인 신화(新華)사가 발표한 '리자청의 성공 명언 14구'를 참고해 볼 필요가 있다. 리자청의 성공 명언 14구를 천천히 가슴으로 읽어 보자.

1 20세까지의 사업 성과는 100% 두 손으로 일한 것에 대한 대가였다. 사업의 기초를 다진 후, 30세까지는 10% 정도 운이 따른 것 같다. 이후 사업에서 기회나 운이 차지하는 비율이 조금씩 높아져 지금은 30~40% 정도 되는 것 같다.

2 운명이 없다고 말할 수는 없지만, 모든 일은 천시(天时), 지리(地利), 인화(人和)에 부합하지 않고서는 성공할 수 없다. 경솔하게 일을 하다가 실패하고 운명을 탓하는 것은 잘못된 것이다.

3 옛 친구든 새 친구든, 친구를 사귈 때는 성실해야 하며 호언장담하지 않아야 한다. 말을 했으면 반드시 행하여야 하고, 공포탄을 쏘는 것처럼 행동해서는 안 된다. 못할 것 같으면 차라리 말을 하지 않는 것이 좋다.

4 세상 모든 사람들이 총명하고 민첩하다는 것을 알아야 한다. 그리고 사람들이 나를 믿고 따르며 나와 왕래하기를 좋아하도록 만드

는 것이 중요하다.

5 보통 100 정도의 힘이 필요한 일이 있으면, 나는 200의 힘으로 공격했다. 매순간 아무렇게나 무모하게 도박을 하지 않았다.

6 나는 잘 알려지지 않았지만 인류에 공헌한 사람들을 존경하며, 그들에 관한 책 읽기를 아주 좋아한다. 의료, 정치, 교육, 사회복지 등 분야를 막론하고 인류를 위해 공헌한 사람들을 보면 저절로 탄복해 마지않는다.

7 인재는 아무리 취하여도 다함이 없고, 아무리 써도 없어지지 않는다. 당신이 타인에게 좋은 사람이 되면 그들도 당신에게 좋게 대하는 것이 자연의 섭리이다. 세상 어떤 사람도 모두 당신의 핵심 인재가 될 수 있다.

8 사람의 덕과 재능을 알고 합리적으로 등용해야 한다. 모든 사람은 장점과 단점이 있다. 모두 자신의 능력에 따라 일하고, 사람마다 필요한 곳이 다르다. 능력을 살펴보고 적시적소에 사람을 쓰는 원칙이 필요하다.

9 사람을 대하는 것이 가장 중요하다. 사람들이 마음으로부터 당신을 좋아하도록 해야 한다. 당신의 재력 때문에 하는 형식적인 복종이 아니라, 마음으로부터 당신을 존경하도록 해야 한다.

10 어떤 결정을 내릴 때는 조심스럽고 주도면밀해야 한다. 그러나 일단 결정을 내리면 용기를 가지고 흔들림 없이 추진해야 한다.

11 치열한 경쟁 속에서 한 발짝 더 앞서가도록 힘써야 한다. 올림픽에서 1, 2, 3등이 결정나는 것은 단지 한 걸음의 차이인 것과 같은 이치다.

12 인생에는 흥망성쇠가 있다. 생활의 어려움과 아픔을 감내하는 것을 배워야 한다. 그럴 때 비로소 성공이 무엇인지, 진정한 행복이 무엇인지 말할 수 있다.

13 나는 인생의 고난기에 스스로를 가장 많이 단련했다고 생각한다. 특히 판촉사원으로 근무할 때, 많은 것을 배우고 깨달았다. 이러한 경험과 교훈은 지금 10억, 20억 원을 주고서도 살 수 없는 것이다.

14 사업의 성공에 절대적인 공식은 없다. 그러나 성공을 위한 일련의 원칙을 따른다면 성공의 가능성을 상당히 높일 수 있다.

15 사람들은 나를 초인(超人)이라 부르지만, 사실 나는 타고난 경영자가 아니다. 많은 좌절과 역경을 겪은 후에야 경영의 비결을 어느 정도 깨달을 수 있었다.

리자청은 진정한 의미에서 노블레스 오블리주를 실천한 기업가로도 유명하다. 그는 세계에서 가장 많은 돈을 사회에 환원하는 기업가 중의 한 사람이다. 리자청은 1980년에 리자청 기금회를 설립하고, 이를 자신의 세 번째 아들이라고 말할 정도로 많은 애착을 가졌다. 2012년까지 그가 이미 기부를 했거나 기부를 확정한 액수는 대략 9,000억 원에 달하며, 이 중 70% 이상이 리자청의 개인 재산에서 나왔다. 이 기금을 통해 그는 중국에 대학을 세우고, 장애인, 소년 가장, 이재민을 활발히 돕고 있다. 그의 기부와 관련한 재미있는 에피소드가 있다. 2004년에 동남아시아에서 지진 해일 사고가 발생하였을 때, 한국 정부는 지원금을 300만 달러로 결정하였다. 그런데 리자청 개인이 310만 달러를 기부했다는 소식을 접하자, 부랴부랴 500만 달러로 지원금액을 수정했다는 것이다.

『맹자』 「고자편(告子篇)」에 이런 이야기가 있다. "하늘은 어떤 사람에게 큰 소임을 맡기기 전에 반드시 그 사람의 생각과 의지를 시험한다(天將降大任於是人也 必先苦其心志)." 소년 시절, 소년 가장으로 자신의 학업을 포기하고 가족의 생계를 책임져야 했던 리자청. 그는 주어진 환경에서도 포기하지 않고, 남보다 두 배 이상 일을 하고, 누구보다 전투적으로 학문을 탐하였다. 그리고 시기를 적극적으로 활용하고 남보다 먼저 실천하여, 아시아 최고의 거부의 대열에 올랐다.

경영의 신 - 타이완 포모사(台塑) 그룹의 왕융칭(王永慶) 회장

왕융칭 회장의 원적은 푸젠성 취안저우(泉州) 안시(安溪)이다. 리자청 회장이 광둥성 출신의 대표적인 화교 기업가라면, 왕융칭 회장은 푸젠성에 기반을 둔 타이완 원주민 출신 기업가라고 할 수 있다. 왕융칭 회장은 일제 식민지 시기인 1917년 1월 18일에 타이완 타이베이 근교에서 태어났으며, 2008년 10월 15일에 미국 뉴저지에서 사망했다. 그는 타이완 플라스틱 그룹으로 불리는 포모사 그룹의 창업자로, 홍콩의 리자청 회장이 '사업의 신'으로 불린다면, 타이완의 왕융칭 회장은 '경영의 신'으로 불린다.

왕융칭이 어렸을 때, 그의 아버지는 타이베이현에서 차 농사를 짓고 있었다. 왕융칭은 6세에 초등학교에 입학하였지만 학교가 집에서 10km

떨어져 있어서 매일 20km 거리를 왕복하였다고 한다. 그는 어려운 가정 형편에 장남이었으므로, 1932년에 15세의 나이에 아버지로 인해 어쩔 수 없이 자이(嘉義)에 있는 쌀가게에 견습 사원으로 취직된다. 이 쌀가게에서의 1년의 경험은 이후 그가 타이완 최고의 부자가 될 수 있는 기반을 제공한다. 1년간의 견습 생활 후 그는 아버지에게 200위안을 빌려서 쌀가게를 차렸다.

당시 자이에는 이미 30여 개의 쌀가게가 치열하게 경쟁을 벌이고 있었다. 단돈 200위안으로 창업한 왕융칭의 가게는 어느 골목 후미진 곳에 자리 잡고 있었다. 다른 쌀가게와 일반적인 경쟁을 해서는 승산이 없었다. 이때 왕융칭은 바로 '고객 만족 서비스'라는 차별화된 판매 전략을 구사한다. 먼저 왕융칭은 1년간 쌀가게 사환으로 근무한 경험에 비추어서, 쌀 속에 포함되어 있는 돌을 무료로 골라내어 주는 서비스를 실시하게 된다. 당시에는 오늘날과 같이 도정 기술이 발전되지 않아 쌀 속에 돌이 섞여 있는 일이 비일비재하였다. 이에 왕융칭은 비록 손이 가더라도 고객 만족의 입장에서 정성스레 돌을 골라내어 줌으로써 첫 번째 고객 확보에 성공하게 된다. 이렇게 고객의 마음을 사로잡은 왕융칭은 이에 더해 당시로서는 획기적인 배달 서비스까지 선보인다. 당시 쌀을 사러 오는 고객들은 대부분 집을 지키던 노인들이었는데, 이들이 무거운 쌀을 들고 가는 것이 말처럼 쉬운 일이 아니었다. 이 점을 눈여겨본 왕융칭은 무료 쌀 배달 서비스를 실시한다. 결과는 어떠했을까? 손님이 구름처럼 몰려들었음은 불문가지다. 왕융칭은 여기에 만족하지 않고, 고객 만족 서비스 3종 세트의 마지막인 쌀 독 비워 주기 서비스마저 시행한다. 즉,

남은 쌀을 쌀독에서 꺼내고 새 쌀을 독 밑으로 부어서 기존의 쌀을 처리하게 좋게 만들어 준 것이다. 또한 고객의 집에서 쌀을 먹는 기간을 파악해 두었다가 쌀이 떨어질 때가 다가오면 알아서 배달해 주는 서비스도 도입하였다. 그의 인생에서 첫 번째 사업이었지만, 그는 돈이 없어도 어떻게 사업에 성공할 수 있는지 그 요령을 그 누구보다도 잘 알고 있었다.

1942년에 왕융칭은 쌀가게를 접고, 10년 동안 모은 돈으로 땅 50묘(1묘는 약 667제곱미터)를 구매하여 소지주가 되었다. 1943년에 그는 목재업으로 사업 영역을 발전시키고, 제2차 세계 대전 후 경기가 좋아짐에 따라 5,000만 위안의 돈을 벌게 되었다. 이어 1954년에는 플라스틱 회사를 창업하여 PVC를 생산하게 된다.

그는 일찍이 타이완의 어느 관리의 꼬드김에 사업을 시작하였다고 회고한 바 있다. 당시의 그는 '한 마리 마른 거위'였으며, 그 어떤 물건도 먹을 수 있을 만큼 굶어 있었다. 그는 타이완이 미국의 원조를 받아 제1차 경제개발계획을 집행하는 과정에 정부의 권유로 사업에 참여하게 된 것이다. 그러나 낙후된 원료 가공업자들 때문에 왕융칭은 거의 파산 지경에 이르렀고, 이에 1958년에 직접 플라스틱 가공·판매 회사를 세워서 같이 운영하게 되었다. 1960년이 되자, 타이완 플라스틱 회사는 매월 생산량 1,200톤을 돌파하였고 해외 판매도 시작하였다. 1978년, 타이완 플라스틱 회사는 영업액이 10억 달러를 돌파하는 기록을 세우게 된다. 이어 1980년, 그는 PVC 원료 부족 문제를 해결하기 위해 미국 텍사스주의 석유화학 회사를 인수하게 되고, 이로써 그의 회사는 전 세계 최대의 PVC 공장이 되었다. 1994년에 왕융칭은 타이완 남부에 90억 위안(타이완 화폐 기준)을 투자해 석유화학 전용 공단을 지었고, 대륙에도 광둥 지역과 안후이 지역에 투자를 하였다. 2000년 9월, 타이완 플라스틱 석유화학 회사가 정식으로 석유제품을 출시하게 되었고, 전 성을 대상으로 기름을 공급하는 첫 번째 민영기업이 되었다.

2008년 5월, 쓰촨성 원촨(汶川)에 대지진이 발생하자, 왕융칭은 1억 위안(한화 약 170억 원)을 기부하여 재해지역 구호에 보탬이 되었다. 2008년 6월에 『포브스』가 공포한 왕융칭의 자산은 68억 달러로, 당시 왕융칭은 타이완 2대 부자에 꼽혔다. 그는 2008년 10월 15일에 향년 92세를 일기로 세상을 떠났다.

왕융칭의 경영 비결

수십 년 동안, 전 세계 화학공업계에서는 왕융칭을 '경영의 신'이라고 불렀으며, 다수의 타이완 기업들도 왕융칭의 관리 경험을 가장 실용적인 교과서로 삼을 만큼, 왕융칭은 경영의 달인이었다.

궈타이(郭泰)라는 작가는 왕융칭의 개인사를 20여 년 동안 연구하고, 40여 년 동안 왕융칭의 연설문, 신문, 잡지, 방송 관련 보도들을 모아 『왕융칭이 젊은이들에게 보내는 8교시 수업』이라는 책을 출간하였다. 이 책은 인간에 대한 왕융칭의 근본적인 태도와 원칙에 대해 진솔하게 적혀 있다. 그렇다면 이 내용을 통해 왕융칭의 경영 비결은 과연 무엇인지 지금부터 살펴보자.

제1교시 원인을 끝까지 물고 들어가야 한다. 즉, 직면한 문제에 대해서는 답이 나올 때까지 노력해야 하며, 결코 포기해서는 안 된다.

제2교시 근본을 중시해라. 모든 일은 근본만을 추구해야 하며, 그 결과는 묻지 않아야 한다. 일을 처리함에 있어 자질구레하게 스스로를 합리화해서는 안 된다.

제3교시 마른 거위 이론을 추구해라. 즉, 굶주림을 견디는 비쩍 마른 거위에게서 배워야 한다는 것이다. 이렇게 비쩍 마른 거위는 고통과 어려움을 참고 견디면서 기회가 오기만을 기다린다. 우리가 인재를 쓸 때에도 바로 이런 갖은 어려움을 겪으면서도 포기하지 않는 마른 거위 같은 인재를 골라야 한다.(이 이론은 왕융칭이 가장 많이 언급하는 인생 경험 이론이다.)

제4교시 밑바닥에서부터 한걸음씩 발을 딛고 올라야 한다. 순서대로 한 걸음 한 걸음 정진해야 하며, 반드시 목표를 정해 놓고 절대로 물러나지 않으며, 최선을 다해야 한다.

제5교시 학력은 실력과 동일하지 않다. 실질적인 경험에서부터 진정으로 다른 사람이 인정하는 실력을 키워 낼 수 있다. 실무 경험이 풍부할수록 성공의 기회는 점점 커진다.

제6교시 주인의식이 필요하다. 기업의 관리 제도에서 직원들이 주인의식을 느낄 수 있게 한다면, 그들의 잠재능력은 자연스레 발휘될 수밖에 없다.(왕융칭은 직원들에게 이렇게 말하곤 하였다. "비록 한 푼의 돈이지만 이 돈을 주워서 써야 한다. 이것은 통이 좁아서 그런 것이 아니라 하나의 정신이자 좋은 습관이기 때문이다.")

제7교시 상품 질도 좋고 물건 값도 싸게 하라. 기업은 생산하는 상품의 질도 좋고 물건 값도 쌀 때에만 발전할 수 있다.(이 점에서 왕융칭은 저렴하고 질 좋은 원재료를 가공하는 기업들에 제공하였다.)

제8교시 고객만이 정답이다. 매매 쌍방이 서로 밀접하고 의존하는 관계를 만들어라. 그리고 고객의 이익을 보호하는 것만이 자신의 이익을 최대화하는 것임을 기억하라.

- 〈바이두 백과사전(http://baike.baidu.com)〉, '王永庆'(왕융칭), 2014년 12월 20일 검색 참조

이 외에 왕융칭의 경영 이론 중 가장 많이 인구에 회자되는 이론이 바로 '압박 관리 이론'과 '장려 관리 이론'이다.

압박 관리 이론[压迫理論]

소위 압박 관리 이론이란 업무 과정의 압박감으로 직원들을 단련하는 관리를 말한다. 즉, 기업 내에 인위적으로 긴장감을 형성하여 그 구성원들이 이 분위기에서 적응하며 일을 하도록 하는 것이다. '근면하면 천하에 두려운 일은 없다.' 이 말은 바로 왕융칭의 인생 신조다. 그는 적당히 스트레스를 받아들이거나 이를 적극적으로 활용하면 인생에서 왕성한 생명력이 솟구친다고 보았다. 이에 본인뿐만 아니라 다른 사람에게도 이를 엄격히 요구하였다.

왕융칭 회장의 생전에 포모사 그룹의 직원들이 가장 두려워한 것은 바로 '오찬 보고'였다고 한다. 즉, 왕융칭은 매일 점심 회사에서 15분 만에 도시락을 먹고서는 회의실에서 각 부문 담당자들을 소집하였다. 먼저

그들의 보고를 듣고 난 후, 아주 구체적이고 날카로운 질문을 퍼부었다. 업무 담당자들은 '오찬 보고'에 대비하기 위해서 매주 업무 시간이 적어도 70시간 이상이었으며, 자신의 부서에서 벌어지는 모든 일들을 자세하게 알고 있어야 했다. 문제가 발생할 경우, 이에 대한 해결책을 제시해야지만 회의를 통과할 수 있었다고 한다. 왕융칭 회장 본인 역시 매주 100시간 이상 일을 하였다.

이렇게 그는 적당한 긴장감으로 직원들의 집중력을 높이고 미세경영을 통한 업무의 효율을 극대화하였다. 그는 구체적인 업무를 개선하여 두 명이 할 일을 한 명이 할 수 있게 된다면 생산력이 두 배 증대되는 셈이고, 한 명이 두 대의 기계를 돌릴 수 있다면 생산력이 네 배 늘어나는 것이라며, 무조건적인 사업의 확장보다 경영의 효율을 개선함으로써 나타나는 기업의 성과에 주목하였다. 그는 이렇게 말하였다. "1%의 실수가 100%의 실패를 가지고 온다. 누구나 부주의로 실수할 수 있지만, 그런 실수가 바로 그 사람의 능력을 대변하는 것이다."

장려 관리 이론

포모사 그룹의 또 다른 경영상의 특징은 상과 벌이 분명하다는 점이다. 직원에 대한 왕융칭 회장의 요구는 가혹할 정도였지만, 동시에 포모사 그룹의 소속원에 대한 장려 제도 역시 사람들의 주목을 받는다.

일반적으로 포모사 그룹의 장려 제도는 두 가지이다. 첫째는 물질적인 것으로, 금전적인 보상을 말한다. 둘째는 정신적인 격려를 말한다. 금전적인 보상은 다시 연말 상여금과 업무 개선 상여금으로 나뉜다. 이 밖에도 왕융칭 회장은 개인적으로 관리 직원들에게 별도의 상여금을 전달하였다. 1986년에 왕융칭 회장은 개인 사비로 과장급에는 10만~20만 위안을, 처장급에는 20~30만 위안을, 경리급에는 100만 위안을 지급하였다. 업무 성과가 좋은 경리들은 매년 수입과 상여를 합쳐 400~500만 위안의 급여를 받았다고 한다. 일반 직원들에게는 회사 이윤 창출에 기여한 명목으로 상여금을 준다. 이렇게 포모사 그룹 직원들은 자신의 노력에 상응하는 처우를 보장받게 되므로 최선을 다해 일을 하게 되었고, 왕융칭의 장려 제도는 '1+1=3'의 효과를 거두게 된다.

왕융칭 회장은 자신의 성공을 회고했을 때, 가장 효과적이었던 방법은 '영원히 보다 나은 공헌을 추구한다'라는 기업 목표를 선정한 것이었다고 하였다. 그는 "나는 다른 사람과 경쟁할 뿐만 아니라 내 자신에 대해서도 그 누구보다도 엄격하다."라고 하였다.

지금까지 살펴본 바와 같이, 왕융칭은 고객의 입장에서 한결음 앞선 서비스를 기반으로, 진정성을 가지고 사업에 임하였다. 작은 것 하나에서 큰 성공의 기틀을 창조하였고, 평생 성실과 절약을 실천하며 살았다. 왕융칭은 2008년 10월, 향년 92세를 일기로 사망하였지만, 유산 2,222억 대만달러(당시 기준 한화 약 8조 4,582억 원)를 사회에 기증함으로써 다시 한번 세상을 놀라게 하였다. 2,222억 대만달러는 대만 최고층 빌딩인 101빌딩을 4채, 보잉 747 기종을 44대 구매할 수 있을 정도로 막대한 규모다. 이로써 그가 살아생전에 근검절약을 몸소 실천한 고결한 정신은 그가 죽은 후에도 영원히 남게 되었다.

왕융칭 회장은 유서를 통해 다음의 말을 남겼다.

누구나 부(富)를 바라지만, 태어날 때부터 가지고 태어난 사람은 없다. 떠날 때 가지고 떠날 수 있는 사람도 없다. 돈은 하늘이 우리에게 좋은 용도로 사용하라고 잠시 맡긴 것일 뿐, 누구도 이를 완전히 소유할 수 없다. 인생 최대의 가치는 자신의 능력을 발휘하여 사회에 공헌하고 아름다운 비전을 제시하는 것이다. 나는 이 목표를 달성하기 위하여 긴 세월 동안 결코 나태할 수 없었다.

- '永庆遗书全文曝光: 透视财富的本质', 「환구시보(环球时报)」, 2008년 11월 11일자(http://finance.qq.com/a/20081111/002483.htm) 참조

제12장

새로운 부자의 탄생과 중국의 미래

태자상(太子商)의 의미와 태자상 대표 기업가

'태자상(太子商)'은 '태자당(太子党)'과 비교되는 용어이다. 먼저 태자당에 대해 알아보자. '태자당'은 원래 중국 봉건시대에 생성된 특유의 정치 명사로, 당(唐) 고조(高祖)의 태자 이건성(李建成)이 결성한 도당이나 강희(康熙) 연간에 태자 윤잉(允礽)을 중심으로 한 정치집단을 지칭하였으나, 현대 중국에서는 당정군(黨政軍) 고위층 인사들의 자녀들로 정치나 공직에 종사하는 사람들을 가리키는 의미로 변화하였다.

엄밀히 말하면, 태자상은 태자당 출신의 기업가를 의미한다. 즉, 중국의 당정군 고위층 인사의 자녀 가운데 기업 활동에 종사하는 사람을 '태자상'이라고 부른다. 태자상은 1949년 신중국 성립 초기에는 거의 존재하지 않았으나, 개혁개방이 추진되고 당 원로의 자제들이 정치 이외의 영역에 본격적으로 진출함에 따라 중국에서 새로운 형태의 부자로 자리 잡고 있다. 태자상은 1980년대에 출현하기 시작하여 1990년대에 본격적으로 성장하였으며, 2000년대에 이르러 태자상이 직간접적으로 관여하는 기업은 중국 경제의 20%에 이르게 되었다. 현재 태자상 대다수는 국유기업을 기반으로 개인적인 꽌시가 중요한 금융이나 로비업계, 국가 기간산업 등에 깊숙이 관여하고 있다.

태자당과 태자상의 출현은 중국의 역사와 직접적인 관련이 있다. 과거 중국에는 아버지의 대를 이어 자녀들이 관직을 이어받는 문화가 있었다. 이는 세월이 지나 공산당 집권기라고 해도 별반 다르지 않았다. 특히 다수의 중국 공산당 지도자들은 문화대혁명 시기에 10대 청소년기를 맞이해 시골로 쫓겨나 정치·경제적으로 어려움을 겪었던 경험을 공유하고 있다. 이들은 체계적인 교육을 제대로 받지 못하고 사회주의 혁명의 나쁜 면을 목도한 세대로, 이들이 역사에서 얻은 교훈은 이 세상에서 믿을 수 있는 것은 오직 가족뿐이라는 것이었다. 이에 중국 공산당 원로들은 인지상정(人之常情)의 차원에서 서로의 자녀들을 챙겨 주게 되었고, 그들의 자녀들은 부모의 후광을 업고 자연스럽게 정치권에 입문하게 되었다.

문제는 공산당 원로의 자녀들이 너도나도 공직에 진출하려고 하다 보니, 그들과 관련한 안 좋은 소문과 비판이 여러 곳에서 제기되었다는 점이다. 이에 중국의 혁명 원로인 보이보(薄一波)가 공산당 원로의 자녀 중 한 명에게만 고위 공직자 자리를 보장하고 나머지는 모두 사퇴시켜 자리를 정화하자는 제안을 하였다. 결국 보이보의 제안이 받아들여져, 각 집안당 한 명은 태자당으로 고위공직에 진출하고 나머지는 정계에서 은퇴하여 기업가가 되었다. 그리고 경제 활동에 종사하는 중국 고위층의 자녀들을 '태자상(太子商)'이라 불렀다. 그리고 같은 맥락에서 당 원로들의 자제 중 군에 진출한 자녀들을 '태자군(太子軍)'이라고 부르게 되었다.

1979년 개혁개방 이래 중국 정치는 9인으로 구성된 정치국 상무위원회에 의해 주도되어 왔다. 2012년을 기점으로 7인으로 조정된 정치국 상무위원회는 전통적으로 상하이파(上海派)와 공청단(共青團)을 중심으로 하는 베이징파(北京派), 그리고 혁명 원로의 자제들로 구성된 태자당이 상호 경쟁하며 권력을 분점하는 형태로 유지되어 왔다. 이 중 그동안 권력의 핵심으로 자리 잡았던 태자당의 면면을 살펴보면, 실로 화려하기 그지없다. 1990년대 초에 총리를 역임했던 리펑(李鵬)은 저우언라이(周恩來) 초대 총리의 양자이며, 시진핑(習進平) 당서기는 국가 부총리를 지낸 시중쉰(習仲勳)의 아들이다. 왕치산(王岐山) 부총리는 야오이린(姚依林) 전 부총리의 사위이며, 장더장(張德江) 전인대회 상무위원장 역시 인민해방군 고위 장성의 아들이다.

정치 전면에서 막대한 영향력을 행사하는 태자당에 비해, 태자상은 최근에야 외부에 부각되기 시작하였다. 그 이유는 태자상 기업가들은 부모의 후광에 힘입어 사업을 한다고 보는 주변의 시선이 부담스러워, 적극적으로 대외 활동을 하기보다는 기업의 배후에서 영향력을 발휘하는 경우가 많았기 때문이다. 그러나 막상 안을 들여다보면 태자상의 실체에 놀라지 않을 수 없다.

장쩌민 전 국가주석의 아들인 장몐헝(江綿恒)은 거대 통신업체인 차이나넷컴(CND)의 대주주이자, 왕융칭 타이완 포모사 그룹 회장의 장남인 왕원양(王文洋)과 공동으로 훙리(宏力) 반도체를 소유하고 있는 것으로 알려져 있다. 1990년대 후반에 총리를 지낸 주룽지(朱鎔基)의 아들 주윈라이(朱云來)는 중국 최대 규모의 투자은행인 중국국제금융공사(CICC) 회장으로 근무하였다. 원자바오(溫家寶) 전임 총리의 아들인 원윈쑹(溫雲松)은 국영 통신기업인 중국위성통신(CSC)의 회장이었다. 후진타오(胡錦濤) 전임 공산당 총서기의 아들인 후하이펑(胡海峰) 역시 칭화홀딩스의 자회사에서 사장으로 일하였다. 이 밖에도 리펑 전 총리의 딸인 리샤오린(李小琳)이 중국전력 회장으로 근무하고 있는 등, 국가 지도자의 자제들 중 상당수가 국영기업의 대표로 있다.

태자상의 득세는 아버지 세대의 청렴한 이미지와 무관하게 일반적인 현상이 되어 가고 있다. 특히 서민적인 이미지로 널리 알려진 원자바오 총리의 경우, 아들 원윈쑹의 고속 승진, 동생의 의료 폐기물 시장 및 환경보호 사업 독점 등이 문제가 되기도 하였다. 익명의 보고서는 광둥성과 장쑤성의 대형 부동산 업체 중 각각 열두 개와 스물두 개가 고관 자제들의 소유라고 지적하고 있다.

현재 중국에서는 '관얼다이(官二代)', '푸얼다이(富二代)'[10]라는 말이 유행하고 있다. 이는 부모의 관직과 재산을 자식에게 물려주는 것이 만연한 현상임을 보여 준다. 물론 태자당과 태자상 중에는 출중한 능력을

10 고위 관료의 자녀로서 부모의 영향력만 믿고 법을 무시하고 안하무인으로 행동하는 세대를 '관얼다이(官二代)'라고 하고, 경제적으로 성공한 부모에게서 부를 세습받은 세대를 '푸얼다이(富二代)'라고 한다.

보여 주는 이들도 많은 것이 사실이다. 다만 일부의 경우, 축재의 과정이 투명하지 못하여 중국 국민들의 비판의 대상이 되고 있다. 2012년 12월 26일, 미국의 블룸버그통신은 덩샤오핑과 왕전(王震) 전 국가부주석, 천윈(陳雲) 전 부총리 등 중국 8대 혁명 원로의 자제들이 보유한 국유기업 자산이 1조 6,000억 달러에 달하며, 이는 2011년 중국 국내총생산(GDP)의 5분의 1을 넘어서는 수준이라고 보도한 바 있다. 『블룸버그』는 2012년 6월에도 시진핑(習近平) 중국 공산당 총서기 일가의 재산이 모두 4억 3,160만 달러에 달한다고 보도하였다. 같은 해 10월에는 「뉴욕타임스」가 원자바오 총리 일가 재산이 27억 달러에 달한다고 폭로했다. 『블룸버그』는 8대 원로 일가를 중심으로 총 103명의 태자당 일가 재산을 추적했으며 수천 쪽에 달하는 기업 보고서와 부동산 기록, 웹사이트 등을 조사했다고 전했다. 조사 대상 인물 중 26명은 국유기업 최고 경영자이고 43명은 사업체를 직접 운영하고 있는 것으로 밝혀졌다.

물론 태자상의 개인 재산을 그가 소속된 회사의 전체 자산과 동일시하고 그들의 축재 과정을 대부분 불법으로 치부하는 것은 지나친 비약이다. 그 근거를 100% 신뢰하기도 어렵다. 다만 우리가 간파해야 할 점은 그 태자상의 형성 과정이나 축재 과정과 상관없이 태자상 기업가는 이미 중국 경제의 한 축으로 자리 잡고 있다는 것이다. 태자상은 공산당 중심의 사회주의 체제와 자본주의 시장경제를 동시에 추진해 온 중국의 현대화 과정에서 생겨난 특수한 산물이다.

중국의 파워우먼, 뉘창런(女强人)

중국의 여성 기업가 – 화웨이(華爲) 쑨야팡(孫亞芳) 회장

사회주의 국가 중국은 다른 나라와 비교하여 상대적으로 여권(女權)이 강한 나라로 평가받는다. 중국은 매년 3월 8일의 '세계 여성의 날'을 부녀절(婦女節)로 지정하여 국가 차원에서 여성의 평등권을 인정하고 노고를 격려한다. 중국은 1949년에 사회주의 정권이 출범한 이래, 여성의 사회진출이 비교적으로 활발하게 진행되었다. 특히 1979년 개혁개방 이후 다수의 여성 정치인과 기업가들이 본격적으로 사회에 진출함으로써 상당한 영향력을 발휘하게 되었다. 중국에서는 사회·경제적인 지위와 영향력을 가지고 남성 못지않게 활동하는 파워우먼들을 '뉘창런(女强人)'이라고 부르고 있다.

2001년, 중국 「난팡르바오(南方日報)」는 국무원이 발표한 「중국 부녀자 발전 개요」라는 보고서를 인용·보도하였다. 이 보도에 따르면, 중국의 22개 성정부(省政府)에 소속된 성급(省級) 고위 간부는 230여 명인데, 이 중 여성 간부의 비율은 40%에 달하는 것으로 나타났다. 또한 전체 성정부 가운데 87.1%가 여성 부성장을 보유하고 있어, 여성의 정치 참여가 얼마나 활발한지를 보여 주고 있다.

중국을 대표하는 여성 정치인으로는 전 국무원 부총리 우이(吳儀)와 현 정치국 국무위원인 류옌둥(劉延東)을 들 수 있다. '철의 여인(鐵娘子)'으로 불리는 우이 전 부총리는 2010년 『포브스』 선정 '세계 10대 여걸' 중 3위에 선정된 바 있다. 그녀는 지연, 학연, 혈연을 중시하는 중국 정계에 아무런 연고 없이 혈혈단신으로 뛰어들어, 베이징 시장직을 거쳐 중국 대외 무역부 부장 자리에 올라 대외 무역을 관장하였고, 이후 뛰어난 리더십과 외교력을 인정받아 국무원 부총리의 자리에 오른 입지전적인 인물이다. 우이는 석유화학 공장에서 엔지니어로 일한 경험을 바탕으로 중국 석유화학 산업을 진두지휘하였고, 그랜드 경제무역 전략을 내세워 중국을 글로벌 수출 1위의 국가로 변모시켰다. 특히 2003년 사스 파동 때는 보건부 부장을 겸임하여, 단기간에 사스의 전파를 막아 내어 국민의 신임을 한몸에 받은 바 있다. 류옌둥은 우이 전 부총리의 은퇴 후 가장 주목받는 여성 정치인이다. 류옌둥의 아버지는 농업부 부부장을 지낸 혁명 원로 류루이룽(劉瑞龍)이다. 그녀는 공청단 출신에 칭화 대학 졸업으로 철저히 엘리트 코스를 밟으며 정계에 입문했다. 흔히 그녀는 태자당이면서 공청단 파벌로 분류된다. 류옌둥은 공청단에서의 경험을 바탕으로 통일전선 전문가로서 꾸준히 활약해 왔다. 1991년부터 2003년까지 중국 공산당 중앙위원회 통일전선 공작부 부장으로 재직했고, 2003년부터는 전국정치협상회의 부주석으로, 2008년부터는 전국인민대표대회에서 교육, 과학, 문화를 책임지는 국무위원으로 활동해 왔다.

정치권에서의 여성의 비상만큼 경제계에서 여성 기업가들의 활약도 눈부시다. 세계경제포럼(WEF)이 발표한 「2011년 남녀 격차 보고」를 보면, 전체 조사 대상 국가 135개국 중 중국은 61위를 차지하여, 107위를 차지한 한국에 비해 남녀 간 격차가 훨씬 적은 것으로 나타났다. 기업 데이터와 리서치를 전문으로 하는 '그랜드 손튼(Grant Thornton)'의 보고에 의하면, 중국의 기업 고위 간부 중 여성의 비중은 34%로, 태국에 이어 전 세계 2위를 기록하고 있다. 특히 기업의 CEO 가운데 여성의 비율은 19%로 나타났다. 이는 세계 전체 기업의 여성 CEO 비율인 8%보다 월등히 높은 수준이다. 또한 2012년에 『포춘』이 발표한 '세계 여성 기업인 50인' 가운데 중국 여성 기업인이 무려 7명이나 포함될 정도로 중국 여성 기업가의 위상은 대단하다.

『포브스』 발표에 따르면, 2010년 당시 세계의 억만장자(10억 달러 이상 자산가)는 모두 1,011명이었는데, 이 중 자수성가한 사람은 남자가 665명, 여성은 14명이었다. 이 중 7명이 중국 여성이었다. 『포브스』는 자수성가한 여성 부호가 적은 이유로 사업 규모가 작은 점, 자금 조달력이 약한 점, 그리고 목표가 다른 점을 제시하였다. 즉, 남성은 금전적 성공을 추구하는 데 비해 여성은 비전과 사명에 집중하는 경향이 있다는 것이다.

반면 「파이낸셜타임스」는 세계 여성 갑부의 절반이 중국인인 이유를 세 가지 측면에서 분석하였다. 첫 번째는 모든 여성이 일하는 중국의 정치·사회적 특징 때문이다. 두 번째는 조부모에 육아를 맡겨 여성의 육아 부담이 가벼운 점과, 싼 인건비로 인해 육아 비용이 저렴한 점 때문이다. 즉, 서구의 여성에 비해 보육 걱정 없이 직장에 전념할 수 있는 환경이 조성되어 있다는 것이다. 세 번째는 중국 여성 특유의 높은 성취욕 때문이다. 실제 회사 내 고위직을 목표로 하는 여성의 비율이 중국은 76%인데 비해, 미국은 52%로, 양국 간에 상당한 격차가 있음을 알 수 있다.

그렇다면 중국 최고의 여성 부호는 누구일까? 중국 부자 연구소인 후룬 부자연구소가 발표한 '2012 후룬 여성 부호 리스트'와 '2012 후룬 글로벌 자수성가 여성 기업가 랭킹'을 살펴보면, 룽후(龍湖) 부동산의 우야쥔(吳亞軍) 회장이 중국 최고의 여성 부자로 선정되었다. 이 명단에 오른 50명의 여성 기업인 중에서 우야쥔 회장은 총 자산 380억 위안으로 중국 최고 여성 갑부의 반열에 올랐다. 우야쥔 회장에 이어 부동산 개발 업체인 푸화(富華) 그룹 천리화(陳麗華) 회장의 재산이 340억 위안, 비구이위안(碧桂園) 부동산 양후이옌(楊惠妍)이 총 재산 330억 원 위안으로, 각각 2위와 3위 자리를 차지했다. 관련 자료에 따르면, 50명의 여성 기업가 중 30명은 자수성가형 기업가로 전체의 60%를 차지하였고, 이 중 광둥성 출신 여성 기업가가 14명으로 가장 많은 것으로 나타났다. 또한 부동산 업계의 CEO가 모두 22%로 가장 많은 비중을 차지하였고, 그다음이 금융투자 17%, 제조업 14% 순으로 나타났다.

2014년 10월에 후룬 부자연구소가 발표한 보고서에는 2012년에 3위로 기록된, 비구이위안 창업주 양궈창(楊國强)의 딸인 양후이옌이 440억 위안(약 7조 5,671억 원)의 재산으로 중국 여성 부자 1위에 등극했다. 반면 2012년에 2위로 기록된 푸화 부동산의 천리화 회장은 400억 위안의 재산으로 2위를 유지했고, 장인(張茵) 지우룽제지(玖龍紙業) 회장이 3위에 올랐다.

그렇다면 부모의 재산을 물려받아 거부가 된 인물이 아닌, 순수하게 자신의 능력만으로 부자가 된 자수성가형 여성 기업가로는 누가 있을까? 대표적인 자수성가형 여성 기업가로는 장신(張欣) 소호차이나 최고경영자, 동밍주(董明珠) 거리디엔치(格力電器) 총재, 양멘멘(楊綿綿) 하이얼 총재, 장인 지우룽제지 회장, 쑨야팡(孫亞芳) 화웨이(華爲) 회장 등을 꼽을 수 있다. 이 중 쑨야팡 화웨이 회장은 단연 중국을 대표하는 여성 기업가이다. 그녀는 2010년에 미국 경제 전문지 『포브스』가 선정한 '세계에서 가장 영향력 있는 여성 100인' 중에서 미셸 오바마, 레이디 가가에 이어 90위에 올랐다. 또한 2011년 『포브스』 중문판이 선정한 '중국에서 가장 영향력 있는 비즈니스 업계 여성' 1위, 『포브스』가 선정한 '세계에서 가장 영향력 있는 비즈니스계 여성' 17위, '2012년 중국에서 가장 영향력 있는 지도자' 14위, 『포춘』 선정 '2012년 세계 50인 여성 기업인' 18위, 2013년 『포춘』 중문판 선정 '중국에서 가장 영향력 있는 비즈니스 업계 25명' 1위에 올라, 명실공히 중국 최고의 여성 기업가 반열에 섰다.

쑨야팡 회장이 이끄는 화웨이 그룹은 2013년 기준으로 세계 이동통신 네트워크 장비 시장 2위, 세계 스마트폰 시장 3위, 세계 특허출원 3위, 중국 소프트웨어 시장 1위를 자랑하는 중국 대표 기업이다. 화웨이는 1988년에는 직원 5명으로 시작한 네트워크 장비 벤처기업이었지만, 25년 만인 2013년에는 매출 42조 원에 직원 15만 명을 거느린 세계 2위 이동통신장비 기업으로 성장하였다. 특히 화웨이는 2010년에 처음으로 스마트폰 시장에 진출했으나, 불과 3년 만인 2012년 4분기 1,080만 대를 판매하여 세계 시장 점유율 4.9%를 차지하면서 글로벌 판매 3위 업체에 올랐다. 2014년 『포춘』지는 화웨이를 세계 500대 기업 중 285위로 선정해, 화웨이가 레노버 이후 중국 기업으로서는 두 번째로 세계 500대 기업에 진입하였다. 화웨이의 스마트폰은 삼성과 애플이 공략하지 않는 저가 시장을 공략해 품질보다 가격에서 강점을 보이고 있으며, 점차 고

사양 스마트폰 시장으로 판매를 확대하고 있다. IT 통신 업계에서 지속적인 성공 신화를 써 온 화웨이는 연간 매출액의 10% 이상을 연구개발(R&D)에 투자하고 있고, 미국과 스웨덴, 러시아, 인도 등 세계 17개국에서 18개 연구센터를 보유하고 있다.

화웨이 그룹의 쑨야팡 회장은 1955년에 태어나 1982년에 쓰촨성 청두(成都)의 전자과학기술대학을 졸업했다. 이후 국영기업에서 일하다가 1992년에 화웨이에 시장 담당 엔지니어로 입사하였다. 그녀는 화웨이의 창업 공신도 로열패밀리도 아니었지만 입사 7년 만인 1998년에 회장 겸 상무 부총재의 자리에 오른 입지전적인 인물이다. 현재 화웨이 회사 내에서 런정페이(任正非) 총재를 이을 유력한 후보로 거론되고 있으며, '화웨이의 여황제' 또는 '화웨이의 국무총리'로 불리고 있다. 그녀는 화웨이 입사 후 인사팀, 창사(長沙) 사무소 주임을 거쳐, 마케팅 시장 관리, 인적 자원 관리를 담당하는 상무 부총재 자리에 올랐다. 특히 화웨이의 런정페이 총재는 1998년에 화웨이가 일련의 위기를 극복하는 과정에서 쑨야팡의 대외 업무 수행 능력을 인정하여, 회사운영체계를 내부 관리 업무는 자신으로, 대외 업무는 쑨야팡으로 이원화하였다.

쑨야팡은 인적 자원 훈련과 시장 관리 전문가이다. 그녀는 회사 최초로 화웨이의 인적 자원 관리 체계 수립을 주장하고 직접 조직화하였다. 쑨야팡은 화웨이의 모든 부서 중에서 시장, 연구개발, 인적 자원 등, 이 세 부문의 역할이 가장 중요하다고 판단하였다. 실제 화웨이의 경쟁 업체들이 화웨이를 두려워한 것도 화웨이 특유의 그물망식 시장 관리 시스템이었지, 기술에서의 우위 문제가 아니었다고 한다. 경쟁 업체와 비교해 기술적으로 특별한 우위가 없는 상황에서도 화웨이가 지속적인 우위를 점할 수 있었던 것은 화웨이 내부 조직의 전투력 때문이었고, 이는 조직화된 시장 관리 시스템 덕분에 가능한 것이었다. 쑨야팡은 시장 관리 분야에서의 탁월한 성공과 함께 인적 자원 시스템 구축에서도 걸출한 성과를 거두었다. 그녀는 1996년부터 회사 내부에 인적 자원 시스템을 구축하기 시작하였는데, 그 이유는 화웨이와 같은 하이테크 기업에 인재가 없다면 이는 비어 있는 창고와 별반 다를 것이 없다는 인식 때문이었다. 그래서 '선발(選), 교육(育), 활용(用), 잔류(留)'라는 4단계 인적 자원 관리 시스템을 구축하여 경쟁 업체 대비 인재 풀(Pool) 구축에 성공하였다. 이는 1996년 이후에 화웨이가 중국 통신제조업에서 맏형의 역할을 할 수 있는 기반이 되었다.

시장 관리와 인적 자원 관리에 탁월한 능력을 보인 그녀는 본격적인 경영자의 길을 걷게 된다. 경영인으로서 그녀는 1998년 런정페이 총재에게 회사 발전을 위한 세 가지 의견을 제시하였다. 첫째, 현대는 지식경제의 시대로, 부의 창출 방법에도 변화가 발생하였으므로, 이에 새로운 부를 창출하기 위해서 지식과 관리의 혁신과 시스템의 개혁을 이루어야 한다는 것이다. 둘째, 회사 내에서 성취 욕구가 있는 사람은 영웅으로 만들고 사회적 책임이 있는 사람은 관리자로 만들어 회사의 발전에 균형을 이루어야 한다는 것이다. 셋째, 장기적이고 안정적인 기업 발전의 기초는 기업의 후계자가 기업의 핵심 가치관을 계승하는 데 있으며, 동시에 스스로 자아비판 능력을 가지도록 해야 한다는 것이다. 그녀가 제출한 보고서는 훗날 런정페이 총재가 "화웨이의 붉은 깃발은 얼마나 오래 휘날릴 것인가?"라는 자신의 경영 지침을 발표하는 자리에서 구체적으로 인용함으로써 화웨이의 기본 방침이 되었다.

쑨야팡은 자신의 부하들에게 엄격한 것으로도 매우 유명하다. 화웨이의 영업 부문 직원들 사이에 떠도는 전설 같은 이야기가 하나 있다. 만일 영업사원 한 명이 전시회에서 넥타이를 매지 않은 모습으로 쑨 회장에게 발견된다면 쑨 회장의 날 선 비판에 혼쭐이 나서 출구조차 찾지 못할 것이라는 것이다. 화웨이 직원들에 의하면, 회사 내에서 그녀와 가까운 부총재 한 명을 제외하고는 어느 누구도 감히 그녀에게 말을 걸지 못할 정도이다. 또 그녀는 화웨이의 기업정신인 이리론을 진두지휘하는 것으로도 유명하다. 이리론이란 런정페이 총재의 기업 이론으로, 기업이 성공하려면 절대 굴복하지 않는 이리처럼 과감한 공격 정신을 가져야 하며, 무리 지어 다니는 이리의 특성처럼 모든 임직원들이 대동단결해야 한다는 것이다.

쑨야팡은 중국을 대표하는 여성 기업가이자 자수성가한 기업가이다. 태자상과 같이 강력한 배경도 없고, 특별히 물려받은 재산이 있는 것도 아니지만, 그녀는 여성 특유의 섬세함과 치밀한 관리력을 바탕으로 중국 제일의 민영 기업인 화웨이를 세계 최고의 통신 기업으로 이끌었다. 이런 의미에서 그녀는 진정 '중국을 대표하는 뉘창런(女强人)'이라 할 수 있다.

부록

중국 역사상 최고 부자들 이야기

중국의 대표 관영지인 「런민르바오」는 2006년 10월 4일에 중국 1,000년 역사상 최고 부자를 1위부터 10위까지 발표했다. 주목할 만한 사실은 역사 속의 중국 부호들 대부분이 권력을 등에 업고 막대한 뇌물을 끌어 모아 최고 부자의 자리에 오른 것으로 나타났다는 것이다. 다음은 중국 역사상 최고 부자들의 이야기로, 당시의 역사·사회적 배경과 함께 살펴보면 훨씬 재미있으리라 생각된다.

서한 등통(鄧通)

서한(西漢) 시대 문제(文帝)의 측근 신하였던 등통은 중국 역사상 최고 부자 5위에 오른 인물이다. 등통은 문제와의 특수한 관계를 이용하여, 동(銅) 탄광을 개발해 당시 최고의 부자가 되었지만, 이후 경제(京帝)가 즉위하자 신임을 잃고 재산도 몰수당한 역사 속의 중국 부자이다.

등통은 촉군 남안현 사람으로 알려져 있다. 젊어서 그는 노를 잘 저었기 때문에 선박 운행을 맡는 황두랑(黃頭郎)이 되었다. 어느 날, 문제는 꿈을 꾸었다. 꿈에서 하늘로 올라가려 하였지만 오를 수가 없었는데 어떤 황두랑이 뒤에서 밀어 주는 바람에 하늘로 올라가게 되었다. 그는 고마운 마음에 뒤를 돌아보았는데 그 황두랑이 입은 옷의 등쪽이 터져 있었다. 잠에서 깨어난 문제는 꿈에서 본 황두랑을 은밀히 찾았다. 마침 등통의 옷 등쪽이 터져 있는 게 꿈과 같았다. 문제는 크게 기뻐하고 이날부터 등통을 가까이 두며 날이 갈수록 총애하였다. 등통 역시 성실하고 몸가짐이 조심스럽고 사람들과 어울리는 것을 싫어하여 휴가를 주어도 궐 밖으로 나가지 않았다. 등통을 마음에 들어 한 문제는 등통을 치하하여 억만 전을 열 차례 넘게 하사하였으며, 등통의 벼슬 역시 최고직인 상대부에 이르렀다. 그리고 문제는 종종 등통의 집에 가서 놀기도 하였다. 사실 등통은 특별한 재주도 없었고 훌륭한 인재를 추천할 줄도 몰랐지만, 문제에 대한 충성만큼은 남달랐다.

그러던 어느 날, 문제가 용한 관상가에게 등통을 보여 준 일이 있었다. 그런데 관상가가 뜻밖의 말을 하였다. "굶어 죽을 상입니다." 문제는 웃으며 말했다. "등통에게는 짐이 있다. 등통이 굶어 죽을 상이라니, 그럴 리 없다." 그러고는 보란듯이 등통에게 촉군의 엄도현에 있는 구리 광산을 주고 맘대로 돈을 만들어 쓰라고 하였다. 여기서 만들어진 등씨전(鄧氏錢)은 천하에 널리 퍼졌으며 등통은 일약 천하제일의 부자가 되었다.

등통의 충성심을 알 수 있는 일화도 있다. 하루는 문제가 종기가 나서 고생하고 있었는데, 등통이 문제를 위해 입으로 종기의 고름을 빨아 냈다. 문제는 병 때문에 울적한 마음이 들어 조용히 등통에게 물었다. "이 세상에서 누가 가장 짐을 사랑하겠는가?" 등통은 "당연히 태자가 그러하실 것이옵니다." 하였다. 마침 태자가 문병을 왔다. 문제는 태자에게 종기의 고름을 빨아 내라 하였다. 태자는 내키지 않아 하면서 고름을 빨았다. 얼마 후 태자는 등통이 문제를 위해 시도 때도 없이 고름을 빨아 낸다는 말을 전해 듣고 이를 부끄러워하는 한편, 등통을 싫어하게 되었다.

문제가 죽고 경제가 즉위하자 등통은 벼슬에서 물러났다. 그리고 얼마 후 누군가가 등통이 국경 밖으로 등씨전을 빼돌렸다고 고발하여, 경제가 사람을 시켜 조사하게 하였는데, 이는 사실로 드러났다. 죗값으로 등통의 재산은 모조리 몰수되었고 등통은 엄청난 빚을 지게 되었다. 문제의 큰딸인 장공주(長公主)가 이를 불쌍히 여겨 등통에게 재물을 내렸으나, 이마저도 관리가 몰수해 버렸다.

이렇듯 등통은 광산 채굴과 화폐 주조를 통해 전국 제일의 거부가 되었으나, 결국에는 제 앞으로 단 한 푼의 등씨전도 가지지 못한 채 전 재산을 몰수당하고 옥살이를 하다가, 일찍이 관상가가 예언한 바와 같이 거지가 되어 굶어 죽었다.

동한 양기(梁冀)

동한(東漢) 시대의 외척인 양기는 중국 역사상 최고 부자 6위에 올랐다. 양기는 그 누이가 황후가 되면서 많은 재산을 축적한 것으로 알려져 있다. 그의 사후에 몰수된 재산은 현재 가치로 대략 30억 위안(한화 약 5,100억 원) 규모에 달하는 것으로 알려져 있다.

양기는 자가 백거(伯車)이며 간쑤성(甘肅省) 징촨현(涇川縣) 출생이다. 동한의 대장군 양상(梁商)의 아들인 양기는 젊어서부터 술과 도박과

사냥에 미쳐 있었지만, 아버지의 후광과 당시 황후였던 여동생의 권세에 기대어 관직이 갈수록 높아졌다. 이후 아버지의 뒤를 이어 대장군이 된 그는 여덟 살밖에 안 된 유찬(劉纘)을 황제로 추대하여 권력을 장악하려 하였다. 그러나 황제는 비록 어렸지만 총명하였다. 어린 황제는 여러 신하들 앞에서 양기를 가리키며 이렇게 말했다. "이 사람은 발호장군(跋扈將軍)이다." 여기서 '발호(跋扈)'란 '횡포를 부리다, 마음대로 한다'는 의미이다. 황제 앞에서 공개적으로 수모를 당한 양기는 수하를 시켜 독이 든 떡을 황제에게 먹여 살해한다. 그리고 황족 중에서 자신의 여동생과 혼담이 오가던 유지(劉志)를 황제로 추대하고 이를 반대하는 신하들을 무자비하게 죽였다. 유지(환제[桓帝])가 황제가 되자 황태후와 황후가 모두 누이인 양기의 권세는 갈수록 커지게 되었다. 기록에 따르면, 그가 섭정을 하던 20년 동안 그의 일족에서 봉후(封侯) 7인, 황후 3인, 귀인(貴人) 6인, 대장군 2인을 배출했다고 한다.

그의 악행은 천하에 유명하였다. 사손분(士孫奮)이라는 부자는 5천만 전을 꾸어 달라는 양기의 요청에 3천만 전만 보냈다가 무고를 당해 옥사하였다. 완현령(宛縣令) 오수(吳樹)는 현(縣)에서 못된 짓을 일삼는 양기의 수하들을 잡아 죽였다가 오히려 양기에 의해 독살되었다. 양기는 무소불위의 권력으로 막대한 재산을 축적하여 호화로운 주택과 원림, 광대한 수렵장을 지었다.

한편 환제는 즉위하고 얼마 지나지 않아 양귀인(梁貴人)이라 불리는 여인을 총애하게 되었다. 양귀인의 본명은 등맹(鄧猛)이었다. 부친이 죽고 모친 선(宣)씨가 양기의 친척에게 개가를 하니, 양기가 등맹의 수려함을 보고 수양딸로 삼아 성을 양씨로 고치고 궁중에 보내어 황제의 총애를 얻게 한 것이다. 그런데 양기는 등맹의 모친 선씨가 이러한 사실을 발설할까 염려하여 암살하려고 하였다. 우여곡절 끝에 암살은 실패하고 가까스로 죽음을 면한 선씨는 황제에게 사건의 전말을 알렸다. 양기의 전횡발호(專橫跋扈)에 넌더리가 난 황제는 환관과 모의하여 천 명의 무사를 보내 양기의 집을 포위하고, 대장군의 직인을 회수하였다. 그제서야 양기는 위험을 벗어날 길이 없음을 알고 처와 함께 목숨을 끊어 세상을 달리했다. 그의 사후, 그의 일족은 모조리 목이 잘리고 거리에 내다버려졌다. 양기가 죽고 환제에 의해 몰수된 가산은 무려 30억 냥이 넘었다고 한다.

양기가 죽자 백성들은 모두 기뻐하였지만 그것도 잠시, 궁정은 다시 미궁에 빠져 혼란만 가중되었다. 특히 양기를 몰아낸 다섯 환관들의 세력이 강해져, 관직이 매매되고 관리들의 횡포는 점점 심해졌다. 이렇게 후한의 국세는 급속히 쇠퇴하였으며, 사회의 혼란을 틈타 황건(黃巾)의 난이 발생하게 되었다.

서진 석숭(石崇)

서진(西晉) 시대에 형주 지방에서 운송업을 통해 거금을 모은 석숭은 중국 역사상 최고 부자 8위로 선정되었다. 석숭은 중국 서진 시대의 문인이자 관리로, 항해와 무역으로 큰 부자가 되어 매우 사치스러운 생활을 하였다고 전해진다.

석숭은 석포(石苞)의 막내아들이며, 자는 계륜(季倫), 아명은 제노(齊奴)이고, 청주(青州) 발해군(渤海郡) 남피현(南皮縣) 사람이다. 무제

(武帝) 때 수무령(修武令)으로 관직을 시작해 성양태수(城陽太守) 등을 지내고 안양향후(安陽鄕侯)로 봉해졌다. 혜제(惠帝) 때 중랑장(中郎將), 형주자사(荊州刺史) 등의 벼슬을 하였다. 형주자사에 부임하면서 항해와 무역으로 큰 부자가 되었는데, 『진서(晉書)』에는 "멀리 가는 상인과 상인을 위협하여 치부하였다."라고 기록되어 있다. 사마충의 황후인 가남풍(賈南風)이 조정에서 전권을 휘두르며 가씨(賈氏) 일족의 권세가 커지자, 가남풍의 조카인 가밀(賈謐)과 가까이 지내며, 이른바 '24명의 벗[二十四友]' 가운데 하나로 불렸다. 학문과 시에도 능통하여 문인으로서의 명성도 높았다. 6권으로 된 문집이 있었던 것으로 알려져 있으며, 오늘날에도 「사귀인(思歸引)」, 「사귀탄(思歸歎)」 등의 시가 전해진다.

'대귀당시부석숭(大貴當時富石崇)'이란 구절은 흔히 석숭을 부자의 대명사로 표현할 때 자주 쓰는 말이다. 석숭은 아주 특이한 개성의 소유자로 알려져 있다. '인무횡재불귀(人無橫財不富, 사람은 횡재를 얻지 못하면 부자가 되지 못한다)'라는 말이 있다. 석숭은 조상으로부터 물려받은 재산이 얼마 되지 않았으나, 역사상 감히 비교할 자가 없을 정도로 대단한 부자가 되었다. 그가 부자가 된 비결은 무엇이었을까? 그는 형주자사로 있을 때 가렴주구(苛斂誅求)로 백성들의 고혈을 짜내었다. 또한 해상의 상선으로부터 물건을 강제로 약탈하여 적지 않은 재물을 모았다. 이런 이유로 그는 '위부불인(爲富不仁, 부자가 되려면 자연히 어질지 못한 짓을 많이 한다)'의 대표적인 예로 꼽힌다.

엄청난 재산을 모은 석숭은 당시 부자를 대표하는 왕씨 집안과 부를 겨루었다. 당시 최고의 부자들은 왕개(王愷), 왕제(王濟), 양수(羊琇) 등이었는데, 이들은 전무후무한 사치로 세상 사람들을 놀라게 하곤 하였다. 이 중에서 왕제는 언젠가 진 무제가 자기 집에 친림하였을 때 화려하기 그지없는 주연을 베풀었다. 그중 상에 올려진 돼지고기가 특히 맛이 있어, 무제가 이렇게 물었다. "이 돼지고기는 참으로 맛이 있구나. 요리에 무슨 비결이라도 있는가?" 이에 대한 그의 대답이 걸작이다. "예, 그 돼지고기는 사람의 젖으로 키운 것이옵니다."

이렇게 당시 부자 중의 부자였던 왕씨 집안을 압도한 것이 바로 석숭이다. 왕개가 집안에서 엿물로 솥을 닦으면, 석숭은 자기 집 부엌을 밝힐 때 쓰는 촛불 대신 장작을 태워 주위를 휘황찬란하게 했다. 왕개가 자기 집 문 앞 양쪽 40리에 걸쳐 자사포(紫絲布)로 막을 치면, 석숭은 이보다 비싼 비단으로 만든 포막으로 50리에 걸쳐 막을 쳤다. 석숭과 왕개는 이런 식으로 사치 경쟁을 벌였는데, 그들의 이야기는 끝도 없이 이어진다.

사실 왕개는 진 무제의 외척이었는데, 어느 날 진 무제가 그에게 산호수(珊瑚樹) 한 그루를 선사했다. 산호수는 높이가 두 척이 넘고, 가지가 무성하며 빽빽했다. 실로 세상에서 보기 드문 극히 진귀한 보물이었다. 왕개는 이를 귀하게 여겨 손에서 떼지 못하였다. 그러던 어느 날, 왕개는 이를 석숭에게 보였다. 이에 석숭은 안색 하나 바꾸지 않고 산호수를 낚아채서 철여의(鐵如意, 철로 만든, 몸이 가려울 때 긁는 기구)로 가루가 되도록 부수어 버렸다. 워낙 급작스럽게 벌어진 일이라 왕개는 이를 미처 제지하지 못하였다. 바닥을 보니 산호 파편이 어지럽게 나뒹굴고 있었다. 마음이 찢어질 듯 아픈 왕개는 석숭에게 이렇게 말한다. "여보게, 석숭. 자네가 간덩이가 큰 줄은 알겠네만, 감히 내 척수를 깨뜨릴 수 있는가? 이게 얼마나 진귀한 보물인지 모른단 말인가? 자네가 필시 내게 무엇인가 말하고자 함이 있으렷다." 석숭이 아무렇지도 않은 듯 답하였다. "그게 뭐가 대단한 일이라고, 하나 배상하면 되지 않는가?" 왕개가 꾸짖어 말하였다. "배상이라! 네가 지금 배상이라고 했는가?" 석숭이 말한다. "심부름꾼을 보내라. 내 집에 있는 산호수를 전부 꺼낼 테니 그대가 친히 보고는 하나 골라 가져가시게나." 석숭이 이리 말하자, 하인들이 산호수를 몇 개 가져왔다. 석숭의 산호수는 가지, 줄기마다 광채가 눈이 부시도록 빛이 났다. 그중 높이가 3, 4척이 넘는 게 예닐곱이고, 2, 3척짜리는 부지기수였다. 왕개가 이를 보고는 어안이 벙벙해지고 만다. 석숭의 재력이 황제조차 못 따라올 지경이었음을 보여 주는 대표적인 대목이다. 왕개는 사뭇 낭패인지라 결국엔 그중 하나를 택하고 고개를 늘어뜨리고는 기가 죽어 집으로 돌아갔다고 한다.

한편 석숭은 평균 3일에 한 번 잔치를 벌이고, 5일에 한 번은 향연 수준의 큰 잔치를 벌였다. 손님은 끊이지 않았다. 한번은 승상 왕도(王導)와 대장군 왕돈(王敦)이 초대되었다. 석숭은 자신이 초대한 귀한 손님에 대한 대접이 소홀할까 두려워 집안에서 제일 아름다운 하녀들로 하여금 술을 권하도록 분부했다. 그리고 그들에게 이리 일렀다. "만약 누구든 손님이 사양하여 술을 마시지 않으면 나는 이에 대해 책임을 물어 너희들을 죽이겠다."

손님 중 왕도는 평소 술을 많이 먹지 않았다. 하지만 석숭이 시중드는 여자에게 격살령(格殺令)을 내렸음을 알았기에 열심히 술을 먹어 주었다. 한잔 한잔 연이어 들이켜다 마침내 대취하였다. 반면 왕돈은 원래

주량은 대단했지만 의도적으로 술을 먹지 않았다. 석숭이 어찌 처리할지 보고 싶었던 것이다. 왕돈이 술을 먹지 않자 석숭은 왕돈에게 술을 권하지 못한 여인네를 셋이나 죽여 버렸다. 왕도는 더는 볼 수 없어 왕돈을 책하여 말하였다. "대장군, 당신은 어찌 여인들의 목숨을 희롱하십니까? 너무 지나치지 않습니까?" 그의 대답 역시 걸작이다. "승상은 어찌 저를 이리 책망하십니까? 석숭은 자기 집 사람을 죽였을 뿐입니다. 나하고 무슨 관계가 있사옵니까?"

석숭은 관직과 권력과의 결탁을 이용해 향료 무역을 독점하여 큰 부자가 되었다. 집에는 백여 명의 처첩을 거느렸으며, 하인도 8백여 명이나 되었다고 한다. 그래서 중국은 물론 한국 등 동아시아 지역에서 오랜 기간 동안 부자의 대명사처럼 여겨졌다. 중국에서 석숭은 현재 '복(福), 녹(祿), 수(壽)'의 삼선(三仙) 가운데 '녹(祿)'을 상징하는 인물로 숭상되고 있다.

조 여불위(呂不爲)

여불위는 역대 중국 최고 부자 7위에 선정된 인물이다. 여불위는 춘추전국시대 조(趙)나라의 거상으로, 기록에는 '장사를 해서 돈을 모아 집에는 천 금이 있었다'고 전해진다. 일반적으로 그가 역사에 회자되는 가장 큰 이유는 그가 단순한 거상이었기 때문이 아니라, 조나라에 생포된 진나라의 황손 이인(異人)을 풀어 주었는데, 후에 그가 황제로 등극하자 최대의 권세를 누렸기 때문이라는 것이다. 우리가 익히 알고 있는 진시황 역시 여불위의 친자식이라 전해져 오니, 그는 가히 천하를 거래한 장사꾼이라 하겠다.

여불위는 원래 위나라 복양 출신으로, 상인 집안에서 태어나 어릴 때부터 각국을 돌아다니며 장사를 하며 부를 축적했다. 한나라 수도 양책에서 소금과 비단을 품목으로 장사를 시작한 그는 뛰어난 장사 수완으로 어렵지 않게 대상인이 되었다. 그러던 어느 날, 여불위는 조나라의 인질로 와 있던 진나라의 공자 이인(후에 자초로 개명)을 우연히 보고 '이인은 드문 물건이니 반드시 이를 사 두어야 한다'고 생각하였다. 이어 낙양으로 돌아간 여불위는 아버지와 이 문제를 상의하고 미래를 위해 진의 공자에게 투자하기로 하였다. 그는, 밭을 팔았을 때는 열 배의 이익이 남고 보석을 거래했을 때는 백 배의 이익이 남지만, 나라의 주군을 세우면 그 이익을 따질 수 없다고 생각하고, 이인에게 투자하여 그를 왕으로 만들기로 결심하였다. 이인은 당시 진나라의 왕이었던 소양왕(昭襄王)의 태자 안국군(후의 효문왕[孝文王])의 서자로, 안국군에게는 이미 20명 이상의 자식이 있었던 데다 이인의 어머니 하씨는 이미 안국군의 총애를 잃은 후였기 때문에 이인이 왕위를 이을 가능성은 매우 낮았다. 그리고 당시 진나라는 인접한 조나라와 사이가 매우 좋지 않아, 조나라에 보낸 인질은 진나라 입장에서 죽어도 아깝지 않은 인물임을 의미하였다. 이런 이유로 이인은 언제나 조나라의 감시를 받고 생활은 나날이 궁핍해져만 갔다.

아무도 주목하지 않던 이인에게 여불위는 인생을 걸었다. 여불위는 장기적인 포석하에 이인의 대권 확보를 위한 구체적인 행동에 착수한다. 먼저 미래의 국모가 될 것으로 예상되는 화양 부인이 초나라 사람이라는 것을 염두에 두고 이인의 이름을 자초(子楚)로 개명하게 한다. 그리고 뒷돈을 대어 그가 조나라 사교계에서 유명해지도록 함과 동시에, 자신은 진나라에 들어가 안국군의 총애를 받던 화양 부인을 만난다. 여불위는 화양 부인을 만난 자리에서 화양 부인에게 이인의 현명함을 칭찬하고 더불어 그가 화양 부인을 진짜 어머니와 같이 그리워한다는 말을 전한다. 또한 화양 부인의 언니를 만나 많은 재물을 건네고 화양 부인에게 이인에 대해 좋은 말을 하도록 부추겼다. 당시 화양 부인은 안국군의 총애를 받고 있었지만 아직 아이가 없었기 때문에 나이를 먹어 총애를 잃게 되면 자신의 지위가 위험해지지 않을까 두려워하고 있었다. 이런 차에 여불위를 통해 이인의 존재를 알게 되어, 이인을 양자로 삼아 후사를 잇기로 결심하고 안국군의 승낙을 받아 이인을 세자로 삼기로 하였다.

조나라로 돌아간 여불위는 자초에게 이 사실을 알리고 자초의 공식적인 후견인이 되었다. 당시 여불위에게는 조희(朝嬉)라고 하는 총애하는 기생이 있었는데 자초가 마음에 들어하자 그에게 조희를 넘겨주었다. 당시 조희는 이미 여불위의 아이를 임신하고 있었지만 자초에게 이 사실을 숨기고 그대로 자초의 아이라고 하였다. 이 아이가 바로 영정(嬴政)으로, 후에 진나라 시황제가 된다. 사마천의 『사기』 역시 조희가 자초의 사람이 되기 전에 이미 여불위의 아이를 임신한 상태였다고 전하고 있다.

기원전 252년, 진나라 소양왕이 재위 55년 만에 죽고 효문왕이 즉위하자 자초는 진나라로 돌아가 태자가 되었고, 얼마 되지 않아 효문왕이 죽자 장양왕으로 즉위했다. 자초의 시대가 되자, 여불위는 승상이 되었고 이내 문신후(文信侯)가 되어 낙양의 10만 호를 영지로 하사받아 막강한 권세를 휘두르게 되었다. 기원전 246년, 장양왕이 젊은 나이에 죽고 태자 정이 왕이 되자 여불위는 상국이 되었고, 중부(仲父)라는 칭호까지 하사받아 그의 세력이 더욱 높아지게 되었다.

당시에는 맹상군이나 신릉군 등이 널리 식객을 모아 인재를 대우함으로써 천하에 명성을 떨치고 있었다. 여불위 역시 세상에 널리 인재를 모집하였는데 그의 집에는 항시 3,000여 명의 식객으로 넘쳐났다고 한다. 그리고 여불위 집의 하인 숫자만 해도 무려 1만 명을 넘었다고 하니, 여불위의 권세와 재부가 어느 정도였는지는 쉽게 가늠해 볼 수 있다. 여불위는 이렇게 자신을 찾아온 문객들을 지극히 대접하였고, 그들의 다양한 학설과 사건, 설화 등을 모아 책을 편찬하기도 하였다. 이것이 바로 그 유명한 『여씨춘추(呂氏春秋)』다. 『여씨춘추』는 백과사전류의 책으로, 도가 사상을 비롯하여 농가, 묵가, 종횡가, 음양가 등의 내용을 담고 있다. 여불위는 『여씨춘추』에 대한 자부심이 매우 강해, 수도 함양의 성벽 한가운데에 책을 진열해 놓고, 한 자라도 더하거나 뺄 수 있는 사람에게는 천 금을 주겠다고 말할 정도였다. 그리고 자신의 참모인 이사를 영정에게 천거하여, 후에 영정이 천하를 통일할 기반을 마련하였다.

이렇게 권세가 하늘같던 여불위는 한 가지 위험한 거래를 하고 있었는데 이는 바로 예전 애인이었던 태후와 밀통을 하였다는 점이다. 사실 여불위는 자신보다 신분이 높은 태후와 관계를 유지하는 것이 위험하다고 생각했으나 태후가 색을 밝히는 여자였으므로 쉽게 떨쳐 버리기가 어려웠다고 한다. 이에 그는 노애라는 남자를 내시라고 속여 태후전에 들여보내 둘의 사이에서 아이가 둘 생기게 한다. 이후 이들은 진왕 정을 죽이고 자신들의 아이를 왕으로 세우려 했으나 이 사실이 진왕 정에게 들통 나, 노애는 주살당하고 두 아이도 처형을 당하였다. 진왕 정은 이 기회에 여불위까지 제거하고자 했으나 과거 여불위에게 도움을 받았던 식객들이 모두 총동원되어 구명 운동을 하여, 결국 그때까지의 공적을 존중하여 승상에서 파면하고 칩거하는 선에서 일이 마무리되었다.

그러나 이후에도 여불위는 사람들과의 교류를 멈추지 않았고 그 명성 또한 나날이 높아졌다. 이 때문에 진왕 정은 그가 반란을 일으키지 않을까 전전긍긍했다. 결국 그는 여불위를 힐문하는 편지를 보낸 후 촉 땅으로 유배를 떠나도록 하였고, 여불위는 자신의 말로에 절망하며 음독자살한다.

명 유근(劉瑾)

명(明)나라 정덕제(正德帝) 시절의 환관인 유근은 중국 역사상 최고의 부자 중 1위를 차지한 인물이다. 명대에는 유근뿐 아니라 왕직, 위충현 등 많은 환관들이 득세하였는데, 이렇게 환관이 득세한 이유는 바로 명대의 재상부 폐지와 민간 감시기구인 동창(東廠) 때문이었다. 재상부 폐지는 명 태조 주원장(朱元璋)의 유언과 직접적인 관련이 있다. 태조 주원장은 역대 왕조의 권력 누수 원인을 두 가지로 꼽았다. 하나는 권력에 눈이 먼 관료들이 어린 황제를 이용한 것이고, 또 하나는 황제 옆에서 시중을 드는 환관들이 자신의 권력과 돈을 생각해 황제를 여색과 놀이에 빠지게 했다는 것이다. 그리하여 그는 재상제를 폐지하고 환관에게 글을 가르치지 말 것을 유언으로 남겼다. 결과적으로 재상제 폐지는 명나라가 멸망할 때까지 지켜졌으나, 환관에게 글을 가르치지 말라는 당부는 지켜

지지 않았다. 두 번째 유언이 지켜지지 않는 이유는, 환관에게 글을 가르치지 않자 환관이 교체될 때면 업무 인수인계가 제대로 되지 않아 궁중의 일이 원만하게 진행되지 않았고, 동시에 시간이 지나면서 황제가 점점 게을러져서 자신의 일을 환관에게 전가하게 되고, 이에 황제를 보좌하던 환관의 일이 많아졌기 때문이다.

한편 태조 주원장은 자신의 권력을 더욱 강화하기 위해 전 국민을 하나의 감시 체제로 묶는 이인(里隣) 제도를 포함한 명률(明律)을 제정하였다. 당시 그가 제정한 명률은 조선과 일본 도쿠가와 막부의 법률에도 큰 영향을 끼쳤다. 명률은 기본적으로 사회의 최저계층까지 감시하는 법률이었는데, 이러한 감시체제를 유지하기 위해서는 환관의 역할이 중요했다. 명나라에서 환관 집단이 득세한 이유는 황제가 민란의 싹을 없애고, 관료들을 감시하기 위해 환관 집단에 민간 관리 및 비밀경찰의 임무를 부여하였기 때문이다. 또한 명대에는 재상제가 없었기 때문에 황제 옆에서 시중을 들던 환관이 황제 앞에 올리는 문서에 수정을 가하거나 심지어 문서를 없앨 수도 있었다. 또한 환관은 직업의 특성상 황제의 곁을 항상 지켰기 때문에 황제의 기호를 잘 알고 있어, 황제가 좋아할 만한 여자와 진기한 물건을 진상함으로써 황제를 정치로부터 자연스럽게 멀어지게 할 수 있었다.

유근 역시 환관이 되고 정덕제의 총애를 받기 시작하면서 권력을 좌지우지하고 매관매직을 일삼았다. 유근이 모셨던 효종의 아들인 무종(武宗) 정덕제는 열다섯의 나이로 황제에 올랐지만 영명한 임금은 아니었다. 놀기 좋아하고 세상 물정 모르는 어린 황제는 유근을 필두로 한

'팔호(八虎)'라 불리는 여덟 명의 환관들에 휩싸여 유흥에 탐닉하며 걷잡을 수 없는 탕아가 되었다. 정무를 보기 싫어하는 무종의 성격을 이용해 유근은 정무를 대신 볼 수 있는 백지 위임장을 받아 정권을 농단하였다. 정덕 2년, 유근은 거짓 칙령으로 반대파를 숙청하고 정적들을 변경으로 귀양 보냈으며, 관리 300명을 옥에 가두었다. 특히 유근은 매관매직에 항의하던 진사 정만(鄭曼)을 어머니와 여동생을 범했다고 모함하여 능지(凌遲)형에 처하는 과오를 범하게 된다. 능지형이란 달리 백각형으로도 불리는데, 중국에서 가장 무거운 형벌의 하나로, 말 그대로 사람을 천천히 회를 떠서 죽이는 형벌이다. 원래 '능지'라는 말은 '완만하게 편안하게 갈 수 있는 길'이라는 뜻인데, 여기에는 '사람을 천천히 고통스럽게 죽이는 형벌'이라는 뜻도 담겨 있다. 중국에서는 능지형을 받게 되면, 죄인의 입에 재갈을 물린 뒤 기둥에 묶고, 손가락과 발가락의 살을 발라낸 뒤 상처가 아물면 다시 발라내는 과정을 반복한다. 기본적으로 2,000번 이상의 칼질을 할 동안 형벌을 받는 사람이 죽게 되면 살을 도려내는 사람도 같이 사형을 당하였다. 이 때문에 능지형을 수행하는 이는 어떤 의미에서 최고의 기술자였으며, 실제 어떤 이는 1만 번 이상의 칼질을 하면서도 사람을 살려 놓았다고 한다. 결국 정만은 3,600번 동안 칼질을 당하고 마지막엔 가슴을 도끼로 찍혀 죽음을 당했다.

하지만 유근 역시 자신이 누구의 덕으로 절대권력을 휘두르고 있는지를 망각하고 있었다. 유근은 환관으로서 자신의 위치에 만족하지 못하고 결국 정덕제의 명나라 황위를 찬탈하려 하였다. 결과적으로 유근의 역모는 실패로 돌아갔고, 정덕 5년에 유근은 체포되어 자신이 모함한 정만과 같은 능지형을 당했다. 이 과정에서 유근에게는 도합 6,000번의 칼질이 가해졌다고 한다. 모두 3일에 걸쳐 하루 평균 2,000회의 칼질이 가해졌는데, 사실 이틀째 되던 날 유근은 이미 죽어 있었다. 셋째 날, 몸통과 머리만 남은 유근의 시체는 장대에서 끌어내려졌고, 가슴을 도끼로 찍은 후 장기를 꺼내고, 목을 잘라 장대 위에 다시 걸어 보임으로써 형 집행이 모두 끝났다. 갈기갈기 찢긴 그의 몸통을 본 군중 가운데 그에게 핍박을 당했거나 그의 모함으로 처형을 당한 이의 유족들이 너나 할 것 없이 달려들어 시신을 물어뜯었는데, 어떤 남자의 입에는 유근의 성기가 물려 있었다고 전해진다.

기록에 의하면, 유근은 자신의 권력을 남용하여 모두 330톤의 황금과 8,050톤의 은을 뇌물로 수수했다고 한다. 청나라를 건국한 리즈청(李自成)이 베이징성을 함락시키고 1년 동안 전국에서 거둔 재정 수입이 은 200톤이었다고 하니, 유근이 받은 뇌물의 액수가 어느 정도의 규모였는지 쉽게 가늠해 볼 수 있다. 더 나아가, 1510년에 유근이 체포될 당시 유근의 집에서 나온 재물이 모두 황금 1,205만 냥, 백은 25,958만 냥이었다 하니, 중국 역사상 최고 부자로 유근이 꼽히는 것은 어찌 보면 당연하다 할 수 있겠다.

명 심만삼(沈萬三)

명대의 심만삼은 역대 중국 최고 부자 9위로 꼽혔다. 심만삼은 원대 말기, 명대 초기의 강남 거부였다. 자는 중영(仲榮)이며 저장성 우싱(吳興) 출신이다. 심만삼은 초기에 쑤저우를 근거지로 삼아 사업을 벌였다.

쑤저우를 기반으로 사업을 확장하던 그는 원대 말기 혼란기 때에는 장사성(張士誠)의 대주(大周) 정권을 지지하였다. 이후 주원장이 천하를 통일하고 난징에 도읍을 정하자, 그는 난징성 성벽 축조 비용의 3분의 1을 부담하였다.

그가 돈을 번 방법에 대해서는 여러 가지 설이 있다. 그중 하나의 전설에 의하면, 심만삼이 젊어서 청개구리를 구해 준 적이 있는데, 이를 계기로 못에서 취보분(聚寶盆)을 하나 얻었다고 한다. 이 취보분에 돈을 넣으면 돈이 순식간에 넘칠 정도로 쌓이고, 금이나 은을 넣으면 금이나 은이 넘쳤다고 한다. 이렇게 하여 심만삼이 부자가 되었다는 것인데, 이는 그야말로 전설에 불과하다. 일반적으로 심만삼이 부자가 된 방법에 관한 설을 크게 세 가지로 나누어 볼 수 있다.

첫째, 개간설이다. 쿤산(崑山)의 천자오홍(陳趙紅)이 명대 경제사 학술토론회에서 발표한 「명초 거부 심만삼의 치부와 쇠락」이라는 글에 의하면, 심만삼은 농사로 집안을 일으켰고, 계속해서 전답을 늘려 부를 쌓았는데, 그의 논밭은 천하에 퍼져 있었다고 한다. 즉, 그는 주로 토지 개간 및 확대에 의존하여 부를 쌓았다는 것이다.

둘째, 분재설이다. 일설에 의하면, 심만삼의 부는 육씨 집안의 재산을 나누어 받은 것 때문이라고 한다. 원나라 때 천하의 부자였던 육도원(陸道源)이 평소 재산 관리를 두 사람에게 맡겼고, 말년에 그 재산을 이들에게 넘겨주었는데, 심만삼이 바로 육도원의 재산 관리인 중 한 명이라는 것이다.

셋째, 무역설이다. 즉, 심만삼이 무역을 통해서 돈을 벌었다는 것이다.

저명한 역사학자인 우한(吳晗)은 쑤저우의 심만삼이 최고의 부를 이루게 된 것은 해외무역 때문이라고 말하고 있다.

보통은 심만삼이 위의 세 가지 방법 모두에 의해 부자가 된 것으로 보고 있으며, 그중 어떤 하나의 방법에 의존한 것은 아닌 것으로 보고 있다. 육씨의 재산을 물려받은 것이 부의 기초가 되기는 하였으나, 이후 개간과 무역 등으로 막대한 부를 축적하게 되었다고 보는 것이 일반적이라 할 것이다.

이렇게 천하제일의 부자 심만삼의 일가도 주원장에 의해 세 번의 타격을 받고 쇠락의 길에 들어서게 되는데, 그 세 번의 타격을 소개하면 다음과 같다.

첫 번째 타격은 1373년에 심만삼이 난징성 축조 비용의 3분의 1을 자신이 부담하고, 이에 대한 포상으로 병사들에게 향응을 내려 달라고 주원장에게 청하면서부터 받게 되었다. 이를 들은 주원장은 "일개 필부가 어찌 천자의 군대에 향응을 내려 달라고 청하는가? 이는 흑심을 품고 나라를 어지럽히겠다는 것이 아닌가?"라고 하며 심만삼을 죽이고자 하였다. 이에 황후가 "제가 듣기로, 법은 불법을 저지른 경우에 죽이는 것이고, 불길한 일을 했나고 죽이는 것은 아니라고 합니나. 백성의 돈이 소정보다 많다면 이것은 불길한 것입니다. 불길한 사람은 하늘이 벌할 것입니다. 황제께서 죽이실 필요가 있겠습니까?"라고 간하여, 심만삼을 죽이지 않고 운남으로 귀양을 보내게 되었다고 한다. 이렇게 심만삼은 성벽을 쌓는 데 큰돈을 썼을 뿐 아니라, 귀양을 가게 되면서 본인과 많은 친족들이 연루되는 바람에 재산의 절반을 날렸다고 한다.

두 번째 타격은 홍무(洪武) 19년인 1386년의 일로 인해 받았다. 당시 심만삼의 두 손자인 심지와 심장이 모종의 사건에 연루되어 심장이 옥에서 사망하는 사건이 발생하였다. 이 사건으로 인해 심씨 집안은 가업을 이어갈 자식을 잃게 되고, 이는 가문의 발전에 직접적인 타격을 주게 되었다.

세 번째 타격은 홍무 26년부터 31년 사이 남옥 반란 사건에 연루되어 심만삼의 증손인 덕전 등 여섯 명과 셋째 사위인 고학문의 일가가 모두 죽임을 당하고 전답을 몰수당한 일로 인해 받았다. 비록 이때까지 심씨 집안은 상당한 부를 자랑하고 있었지만, 이때의 큰 타격으로 가업이 급격하게 몰락하게 되었다는 것이다.

역사·문화적으로 유명한, 주장(周庄)의 심청(沈廳)은 명대와 청대에 60% 이상이 건축되었다. 이렇게 주장이 발전한 것은 바로 거부 심만삼 때문이다. 『명사(明史)』에는 주원장이 심만삼의 재력에 도움을 받아 서수휘, 진우량, 장사성 등의 세력을 격파했다고 나온다. 그러나 심만삼은 개인 출자로 난징성벽을 쌓고, 군대를 포상하는 주제넘은 짓을 하여, 결국 주원장의 미움을 받아 운남으로 귀향을 가게 된 것이다. 심청은 그의 자손이 건륭제 7년에 건조한 것이다. 주장에는 심만삼의 이름을 딴 것이 많다. 주장의 명물 요리의 하나인 만삼제(万三蹄)도 심만삼의 유명세를 이용한 요리 중의 하나이다.

청 화신(和珅)

청(淸)대 건륭제 때의 탐관오리인 화신(和珅)은 중국의 최고 부자 2

위로 꼽혔다. 화신은 대표적인 탐관오리로, 가경(嘉慶) 연간에 그가 모은 뇌물은 건륭제 시절 가장 흥성했던 18년간의 전국 세금과 같았다고 전해진다. 화신은 건륭제의 총애를 받아 중국 역사상 최대의 재물을 끌어모았다. 그는 만주족 출신으로 만주어, 몽골어, 한어 등에 능통하였으며, 1772년에 황제 친위대의 삼등시위가 된 후에 건륭제의 눈에 들어 건청문과 어전시위가 됨으로써 본격적인 권력 기반을 갖추게 되었다. 이후 1781년에 간쑤성(甘肅省)에서 회족(回族)이 반란을 일으키자, 화신은 아계(阿桂)와 함께 진압에 나섰지만 전쟁에 패하면서 건륭제의 신임을 잃게 된다. 그러나 화신은 얼마 후 간쑤성 순무(巡撫)인 왕단망(王亶望)의 비리를 밝히면서 단숨에 이를 만회하였다. 왕단망은 건륭제의 구호자금을 백성들의 구호에 쓰지 않고 착복하고서 이를 거짓으로 정부에 보고하였다. 이 사실은 얼마 후 왕단망이 저장성 순무로 이동하게 된 후에 발생한 뇌물 사건을 조사하던 화신에 의해 밝혀졌다. 조사 결과, 1774년부터 왕단망 개인이 200만 냥을 착복한 것을 비롯해 간쑤성 전체 관리가 1,500만 냥을 착복한 사실이 드러났다. 이에 대해 건륭제는 2만 냥 이상을 착복한 관리들을 사형에 처하고, 착복된 자금을 국고로 환수하는 데 큰 공을 세운 화신을 호부상서로 승진시키면서 화신의 전성기가 도래하였다.

호부의 수장인 된 화신은 황제의 총애와 자신의 권력을 바탕으로 각 지역의 총독과 순무들이 돈을 상납하면 대역죄를 제외한 모든 죄를 사면해 주는 방식으로 재산을 축적하였다. 동시에 국고가 비면 자신의 창고를 열어 국고를 채웠고, 뛰어난 외국어 실력을 바탕으로 4개 국어로 국서를 쓰며 다양한 정책을 제안하면서 황제의 신임을 얻게 되었다. 더욱이 당시 건륭제는 라마교를 믿었는데, 화신 역시 라마교를 믿고 있었다. 그렇기에 건륭제는 교우로서 화신을 더욱 신뢰하였으며, 건륭제가 봉헌을 드리러 가는 날엔 화신 역시 빠지지 않고 건륭제를 수행하였다. 이렇게 건륭제의 두터운 신임과 뛰어난 정치 능력을 바탕으로 화신은 승진에 승진을 거듭하게 되어 이부상서, 병부상서, 형부상서 등 6부의 상서를 모두 지내고 국자감 교장 등을 거치며 황실에 관련된 사무를 총괄하는 내무부 총관, 그리고 30대 후반의 나이에 사실상의 재상인 문화전대학사(文和殿大學士) 겸 군기대신에까지 이르게 되었다. 그 후 40대 때에는 군기대신의 수장이자 사실상의 수상인 수석군기대신(首席軍機大臣)에 이르며, 조정의 영수로서 막강한 영향력을 행사하였다. 더불어 1789년에 자신의 아들인 풍신은덕(豊紳殷德)이 건륭제의 막내딸 고륜화효(固倫和孝) 공주와 혼인함에 따라, 건륭제의 사돈으로서 권력의 정점에 도달하였다. 화신은 자신의 정책에 반대하는 상소가 올라오면 이를 빼돌려 건륭제에게 보여 주지 않았고, 조정의 모든 대신들을 자신의 파당에 속하게 하여 자신을 탄핵하지 못하게 하였다.

그러나 화무십일홍(花無十日紅)이라고 했던가? 1795년 건륭제가 양위를 결정하고, 1796년 가경제(嘉慶帝)가 즉위하면서 화신의 시대는 급격히 저물게 되었다. 화신의 버팀목이었던 건륭제가 죽자 가경제는 노골적으로 화신을 탄압하기 시작하였다. 가경제는 먼저 화신을 건륭제의 국상을 책임지는 장의도감으로 삼았지만 이내 파직하고 20개의 죄목을 발표하였다. 여기에는 가경제가 황자일 때 화신이 달려와 가경제가 후계자라고 누설한 죄, 무엄하게 가마를 타고 궁에 들어온 죄, 건륭제가 병환에 있을 때 아무렇지도 않게 행동한 죄, 부정부패를 야기한 죄 등이 포함되어 있었다. 가경제는 화신의 가족을 모두 잡아들이고 화신의 재산을 몰수하여 국고로 환수한 뒤, 1799년 2월 22일, 즉 건륭제가 죽은 지 보름 뒤에 자진하도록 하였다. 본래 가경제는 능지형을 내리려 하였으나, 화신의 며느리인 고륜화효 공주가 간곡히 청하여서 형량을 낮추었다. 화신은 하얀 비단으로 목을 매어 자진하였으니, 그때 그의 나이 50세였다. 이에 가경제는 화신이 처벌되었으니 나머지는 죄를 묻지 않는다는 대사령을 발표하고 매듭지었다. 당시 가경제가 몰수한 화신의 재산은 은 5천만 냥에 75개의 전당포, 7만 개의 모피를 포함해 총 9억 냥으로, 이는 청나라 국가 총 예산의 12년치를 훨씬 뛰어넘는 금액이었다. 그러나 가경제는 몰수한 재산을 가져가 자신의 내탕금으로 써 버려, 이에 대해 민간에서는 "화신이 죽으니 가경이 배불리 먹었다."라며 마구 비꼬았다고 한다.

화신의 영욕의 역사는 청나라가 최대의 전성기를 누릴 때 발생한 명과 암을 직접적으로 보여 주는 전형적인 예라고 할 수 있다.

청 오병감(伍秉鑒)

청대에 독점적인 대외무역권 행사를 통해 부를 축적한 오병감은 중국 역대 최고 부자 4위로 선정되었다. 기록에 따르면, 오병감은 1834년에 이미 2,600만 위안의 자산을 축적했다고 알려졌으며, 서구 학자들이 그를 '세계에서 가장 큰 상업 자산가', '천하제일의 부호'라고 칭할 정도로 대단한 부호였다.

오병감은 오돈원(伍敦元)으로도 불리며, 그의 조상은 강희제 때부터 광둥에 거주하면서 장사를 시작했다. 오병감의 부친인 오국영(伍國瑩) 때부터는 직접 대외무역에도 가담하였다. 이때 부친 오국영은 이화행(怡和行)을 설립하고, 스스로를 호관(浩官)이라고 칭하였다. 호관이라는 칭호는 이후 자손들도 계속 이어서 사용하게 되었고, 오국영은 1800년대 초에 국제무역 업계에서 저명한 인사가 되었다.

오병감 집안의 성공은 청나라 정부의 정책 변화와 직접적인 연관이 있다. 1686년 봄, 광둥 순무였던 이사정(李士禎)이 광저우에서 공고를 반포하였는데, 매년 일정한 백은(白銀)을 납부하면 관상(官商)이 되어 대외무역을 독점할 수 있도록 해 준다는 것이었다. 실제 광둥 지방정부는 13개의 실력 있는 상인 집단을 모아, 그들이 서양 상인들과 거래하게 하는 대신에 그들에게 관세를 대납하도록 하였다. 이것이 바로 근대 중국 역사상 유명한 광저우십삼행(廣州十三行)이다. 광저우십삼행은 그 일처리 효율이 높고 임기응변 능력도 뛰어나며 신용을 잘 지켜, 정부뿐만 아니라 외국 상인들에게도 환영을 받았다.

이후 청나라 정부는 1757년에 쇄국정책을 실시하지만, 예외적으로 광저우 지역에서만은 대외통상을 할 수 있도록 허용하여 광저우십삼행이 당시 중국에서 유일한 합법적 대외무역 창구로서 역할을 하도록 해주었다. 이로써 광저우십삼행 상인들은 엄청난 사업 기회를 잡게 되었다. 실제로 이후 100년간 광저우십삼행은 청나라 정부에 40%의 관세 수입을 제공했다. 그리하여 광저우는 천자의 남쪽 금고가 되었다. 1805년에 전체 중국의 재정 수입이 800만 냥이었는데 이 중 광저우에서 걷은 관세가 164만 냥에 이를 정도로 광저우는 국세의 상당 부분을 차지하고 있었다.

보통 광저우십삼행이라고 하지만, 실제는 열세 개가 아니라, 많을 때는 수십 개, 적을 때는 네 개로, 그 수는 때에 따라 유동적이었다. 이들은 해상무역 독점의 권한을 가지고 있어서, 외국 상인이 차, 비단을 구입하거나 외국 상품을 중국 국내에 수입하고자 하는 경우에 이 단체를 통해야 했다. 그리하여 광저우십삼행은 점차 산시의 진상, 양회의 염상인 휘상과 어깨를 나란히 할 정도의 상인 집단으로 성장한다. 그리고 재산이 축적되면서 광저우십삼행에는 일련의 거부들이 탄생하게 된다. 예를 들어, 반진승(潘振承), 반유도(潘有度), 노문금(盧文錦), 오병감(伍秉鑒), 섭상림(葉上林) 등이 그들이다. 이들은 당시 세계에서 가장 돈이 많은 사람들이었다. 기록에 따르면, 1822년 광저우십삼행이 있는 거리에 대화재가 발생한 적이 있는데, 백은 4,000만 냥어치의 상품이 불에 탔다고 한다. 이로써 광저우십삼행의 규모를 짐작해 볼 수 있다. 광저우십삼행 중에서는 동문행(同文行), 광리행(廣利行), 이화행(怡和行), 의성행(義成行)이 가장 유명했다. 그 가운데 이화행은 특히 주인인 오병감으로 인하여 천하에 이름을 떨쳤다.

오병감은 32세 때인 1801년에 부친으로부터 이화행을 넘겨받았으며 이후 오씨 집안의 사업은 신속히 발전한다. 비즈니스 측면에서 오병감은 선진 경영 이념을 토대로 대외무역에서 괄목할 만한 성과를 거둔다. 특히 그는 구미 각국의 중요한 고객들과 밀접한 관계를 유지하였다. 1834년 전, 오씨 집안이 영국 상인 및 미국 상인들과 거래했던 무역액이 매년

100만 은원에 달하였다. 그리고 오병감은 당시 영국 동인도 회사의 최대 채권자였다. 동인도 회사는 자금 회전이 원활하지 않을 때 오씨 집안에 차입을 요청할 정도였다. 이로 인해 오병감은 당시 서양 상인들에게 유명했으며, 일부 서구 학자들은 그를 '천하제일의 부자'라고 부르기도 하였다. 당시 유럽 상인들의 차의 품질에 대한 요구는 매우 까다로웠는데, 오병감이 공급한 차는 영국의 회사에서 최고의 차로 감정받았고, 높은 가격에 날개 돋친 듯 팔려 나갔다. 이후 포장지에 오씨 집안의 표기가 있는 차는 국제시장에서 높은 품질을 대표하는 상품으로 인정받게 되었다.

비즈니스 측면에서 오병감은 국내에 다양한 부동산과 차 농장, 점포를 가지고 있었을 뿐 아니라, 미국의 철도에도 투자하였고, 증권업, 보험업에도 손을 대었다. 실제 이화행은 당시 명실상부한 다국적 기업이었다. 외국인들의 눈에 오병감은 재부의 화신이었다. 그의 상인명 호관은 갑부의 대명사였다. 일례로 미국 보스턴의 한 상선의 소유자는 그 배 이름을 '호관호'로 지은 것에 자부심을 느낄 정도였다. 또한 오병감은 미국인 의아들인 존 포브스에게 50만 냥을 주어 기창양행(旗昌洋行)을 설립하도록 도와주기도 한다. 이러한 그의 행동은 외국 상인들에게 널리 알려졌고, 그의 투자는 미국, 유럽, 인도와 싱가포르에까지 미쳤다. 오병감은 시원시원한 성격으로도 유명했다. 전해지는 일화에 따르면, 미국 보스턴의 한 상인이 오병감과 사업을 공동으로 하다가 사업이 잘되지 않아 오병감에게 7만 2천 달러의 채무를 지게 되었다. 미국 상인은 이 빚을 상환할 방법이 없어서 미국으로 돌아가지도 못하고 있었는데, 오병감은 이 사실을 안 후, 차용증을 가져오게 해서 보스턴 상인의 눈앞에서 찢어버리고 더 이상의 채무는 없다고 선언하였다고 한다.

이렇듯 오병감의 노력으로, 이화행은 시작이 비록 늦었지만 이내 당시 최대의 상인 조직인 동문행을 뛰어넘어 광저우십삼행의 영수가 되었다. 그러나 봉건왕조 몰락 시기의 부자로서 오병감의 전성기는 영원하지 못했다. 오병감 몰락의 계기는 1840년 6월에 발발한 아편전쟁이다. 오병감은 자신의 사업을 위해 일찍이 조정에 거액을 바치고 3품 관직을 따놓았지만, 이것만으로 그의 사업을 구할 수는 없었다. 그는 영국의 아편 상인들과 복잡한 관계를 가지고 있어, 임칙서로부터 질책과 징계를 여러 차례 받았다. 이를 해결하기 위해 계속해서 재산을 청나라 정부에 헌납하였지만 임시방편일 뿐이었다. 그리고 아편전쟁의 결과로 체결된 난징조약의 제4조와 제7조는 중국이 영국에 2,100만 냥의 은원을 배상하여야 한다고 명시하였다. 그러나 이때 청나라의 국고에 남아 있던 은은 겨우 700만 냥에 불과했다. 청나라의 배상금 해결을 위해 오씨 집안은 100만 냥, 행상공소는 134만 냥, 다른 행상들은 66만 냥을 나누어 부담한다. 그렇지만 이런 노력에도 불구하고 영국은 아편전쟁을 계기로 행상 제도를 없애 버리게 된다. 난징조약의 규정에 따라 광저우십삼행은 더 이상 무역을 독점하지 못하게 되었고, 새로이 다섯 개의 항구가 개방되었으며, 십삼행의 무역특권은 더 이상 존속하지 못하게 되었다. 이렇게 아편전쟁을 계기로 오병감과 광저우십삼행은 점차 몰락하기 시작하였다. 결국 1843년 9월, 오병감은 내우외환 중에 오씨 화원에서 향년 74세를 일기로 병사하게 된다.

오병감은 일개 상인으로서 국가의 흥망에 책임을 다하고자 하였지만, 이는 세계 최고 부자이던 그도 감당할 수 없는 수준이었다. 아편전쟁은 오병감을 비롯한 광저우십삼행의 경제적 몰락의 계기가 되었다. 그리고 오병감의 사후에 1856년 제2차 아편전쟁 때는 분노한 광저우의 민중들이 외국 상인들이 밀집했던 지역에 불을 지르게 되어, 광저우십삼행이 소멸되는 직접적인 계기가 되었다. 100여 년 역사의 광저우십삼행은 이렇게 오병감의 몰락과 함께 역사의 뒤안길로 사라져 버렸다.

이상과 같이 중국 역사 속 최고 부자들에 관해서 살펴보았다. 흥미로운 사실은 이들이 대부분 부당한 방법을 통해서 부를 축적하였다는 사실이며, 이것이 원인이 되어 그들의 말로 역시 매우 비참하였다는 것이다. 자신의 분수에 걸맞는 처신을 했던 도주공 범려만이 천수를 누렸을 뿐, 특히 대부분의 고대 중국 부자들은 참혹한 형벌로 세상의 비아냥을 들으며 이 세상과 이별을 고해야만 했다.

> 만천전재금하재, 천고류하유매명(萬千錢財今何在, 千古留下唯罵名).
> (천만금의 재산은 지금 어디에 있는가? 역사에 더러운 이름만 남겼네.)

위 문구처럼 천만금의 재산은 부질없고, 역사 속에 더러운 이름만 남은 것을 보면서, 앞서 말한 '위부불인(爲富不仁, 부자가 되려면 자연히 어질지 못한 짓을 많이 한다)'의 의미를 새삼 되새겨 보게 된다.

이 밖에 2006년에 「런민르바오」가 역대 중국 최고 부자로 선정한 인물로 범려와 쑹즈원이 있다. 범려는 이 책의 제3장(「재물신의 강림」)에서

'문(文)을 대표하는 재물신 – 비간(比干)과 범려(范蠡)'에, 쑹즈원은 이 책의 제6장(「근대화 시기, 기회를 잡아라」)에서 '권력과 자본의 결탁, 쑹즈원(宋子文)'에 자세히 언급되어 있으므로, 이를 살펴보기 바란다.

참고문헌

국내 단행본 · 논문

김교빈 외. 2012.『유학, 시대와 통하다』. 자음과모음.

박번순. 2012.「중국 시장에서 만나는 우리 기업과 화교 자본」.『친디아 저널』. Vol. 74.

박병석. 2001.『중국 상인 문화』. 교문사.

박원고. 2000.『명청시대 휘주의 시진과 종족』.『명청사연구』 제12집. pp. 65~83.

사마천. 정범진 역. 1995.『사기열전』. 상·하권. 까치.

서갑성 외. 2010.『중국 비즈니스 문화론』. 대진.

오금성. 2007.『명청시대 사회 경제사』. 이산.

오용석. 2009.「중국인의 경제 마인드 연원 고찰」.『한중사회과학연구』 제7권 제2호.

이영찬·김명하. 2009.「공자의 경제사상과 노동관」,『한국학논집』. 제38집. pp. 75~116.

자이위중. 홍순도 외 역. 2010.『국부책』. 더숲.

차오티엔셩. 김장호 옮김. 2000.『중국 상인 그 4천 년의 지혜』. 가람기획.

천관런. 2004. 강효백·이해원 역.『중국 각지 상인』. 한길사.

편집부. 2010.『국가급 중국문화 유산 총람』. 도서출판 황매희.

허중림(許仲琳). 서지원 편저. 2010.『봉신연의』. 일송북.

국외 단행본 · 논문

궈오타이(郭泰). 2007.『왕융칭이 젊은이들에게 전하는 8교시 수업(王永庆给年轻人的八堂课』. 공인출판사(工人出版社).

「룽이런 가족 창업사, 면사대왕에서 붉은 자본가까지(荣毅仁家族创业史从棉纱大王到红色资本家)」. 2009년 9월.『난팡런우조우칸(南方人物周刊)』.

리완칭(李万青) 외. 2014.『대결말: 39명의 중화민국 원로들의 후반생(大结局: 39位民国大佬的后半生)』. 동방출판사(东方出版社).

리카이푸(李开复). 2005.『최상의 자신을 만들어라(做最好的自己)』. 중국인민출판사(中

国人民出版社).
사마천. 『사기(史記)』.
시우(西武). 2008. 『리자청성공어록(李嘉诚成功语录)』. 하얼빈출판사(哈尔滨出版社).

보도 기사·인터넷 자료

강진석. '꽌시의 의미와 배경'. 「프레시안」. 2009년 10월 16일자(http://web1.pressian.com/article/author_article_list.asp?article_num=40091015153410).
'리자청의 14구 성공 격언(李嘉诚14句经典财富格言)', 「신화왕(新华网)」, 2010년 9월 7일자. 2014년 7월 2일 검색(http://news.xinhuanet.com/fortune/2010-09/07/c_12524879_2.htm).
「메이드인 차이나 없이 살아 보기」. MBC 다큐멘터리. 2007년 9월 1일자.
「상인의 나라, 중국」 제1편 진상과 휘상. EBS 다큐멘터리. 2002년 9월 17일자.
'세계 2,000대 기업 순위'. 『포브스(Forbes)』. 2012년 4월 18일자.
'세계 억만장자 리스트', 『포브스(Forbes)』. 2014년 3월 3일자.
'송씨 집안의 재산이 얼마인지 아는가? 1950년대 쑹즈원의 재산은 이미 30억 달러를 넘었다(宋家财富知多少？宋子文上世纪50年代积蓄已超30亿美元)'. 「환치우왕(环球网)」. 2014년 3월 11일 검색(http://news.xinhuanet.com/tw/2014-03/11/c_126247641.htm).
'중국 역사상 10대 부자'. 「런민르바오(人民日報)」. 2006년 10월 4일자.
'포춘, 가장 영향력 있는 여성 CEO에 中 여성 6명', 「온바오(Onbao)」(http://www.onbao.com). 2008년 10월 7일자.
'2011년 후룬 부자 보고서', '2012년 후룬 부자 보고서', '2013년 후룬 부자 보고서'. 2014년 10월 24일 검색(http://finance.sina.com.cn/focus/2014hrbfb).
「2012년 남녀 격차 보고(The Global Gender Gap Report 2012)」, 세계경제포럼(WEF). 2014년 3월 11일 검색(http://reports.weforum.org/global-gender-gap-report-2012/#=).
'2013년 후룬 연구소 선정 중국 10대 부자', '2000년~2013년 연도별 중국 최고 부자'. 「시나닷컴(新浪財經)」. 2014년 10월 24일 검색(http://finance.sina.com.cn/focus/2013hrbfb).
〈바이두 백과사전(http://baike.baidu.com)〉, '關羽'(관우, 2014년 4월 4일 검색), '鄧通'

(등통, 2014년 1월 12일 검색), '李嘉诚'(리자청, 2014년 12월 20일 검색), '石崇'(석숭, 2014년 1월 17일 검색), '宋子文'(쑹즈원, 2014년 2월 18일 검색), '沈萬三'(심만삼, 2014년 1월 17일 검색), '王永庆'(왕융칭, 2014년 12월 20일 검색), '程大位'(정대위, 2014년 1월 12일 검색), '宗庆后'(쭝칭허우, 2014년 12월 20일 검색), '鮑志道'(포지도, 2014년 1월 12일 검색), '胡雪巖'(호설암, 2014년 2월 18일 검색), '華僑'(화교, 2014년 4월 4일 검색), '和珅'(화신, 2014년 1월 12일 검색).

〈중국 위키백과(http://zh.wikipedia.org)〉, '趙公明'(조공명), 2014년 8월 5일 검색.